기업법무 매뉴얼 시리즈 1

기업범죄의 이론과 실제

성주목 · 강석민 · 강선일
강성용 · 이장준 · 정재진

세창출판사

이 도서의 국립중앙도서관 출판시도서목록(CIP)은 e-CIP 홈페이지(http://www.nl.go.kr/ecip)에서 이용하실 수 있습니다.(CIP 제어번호: CIP2010000791)

머리말

최근 사회적으로 기업범죄에 대한 관심이 고조되고 있다. 잊을 만하면 터져나오는 매스컴의 발표는 국민들에게 씁쓸함을 느끼게 하고, 한편으로는 왜 기업범죄가 생겨나는 것일까 하는 궁금증을 자아내게 한다.

집필을 위해 중소기업의 CEO들을 인터뷰한 적이 있었다. 한계기업을 현재는 영업상 이익을 내고 있지만 만약 모든 관계법령을 준수해 경영을 한다면 순이익에서 순손실로 전환되는 기업으로 정의한다면 놀랍게도 우리기업들 중에는 한계기업이 다수 존재한다는 사실을 인터뷰 과정을 통해 필자는 발견할 수 있었다.

왜 이런 기업이 다수 존재할까?

인터뷰 관계자들의 이야기를 종합하여 보면 우리나라의 경제규모가 비약적으로 성장하였지만, 일본이나 독일과 다르게 상대적으로 기술과 자본축적의 시간이 길지 않았고, 미국이나 중국과 같이 광대한 국내시장이 존재하지 않아 이윤 축적이 정도가 상대적으로 적은 것이 그 이유라는 결론에 도달하게 되었다.

필자가 기업혁신을 주문하자 한결같이 현실을 도외시하는 이야기라는 답변이 되돌아왔다. 혁신과 창조적 파괴를 완충할 수 있는 제도가 사회적으로 구비되어 있지 아니한 상태에서 사운을 건 무모한 투자는 점증되어 가는 세계경제의 불확실성이라는 현실을 고려할 때 리스크가 너무 높다는 것이 대다수의 답변이었다. 물론 살아남기 위해서는 체질개선과 투자가 필요하다는 부분에 대해서는 모두 공감하였다. 매스컴에 보도되는 신기술 개발과 세계시장에서의 선전은 우리 기업 대부분의 이야기가 아니라 극히 일부분의 성공사례라는 것이 인터뷰의 씁쓸한 결론이었다.

이러한 우리 기업들의 현실이 기업이 저지르는 불법행위를 정당화해주지는 않는다. 그러나 기업의 불법행위에 대해 조금 조

심스럽게 접근할 필요성이 있다는 사실은 부인할 수 없다. 이런 취지에서 필자는 기업범죄 일반에 대해 현실을 바탕으로 균형잡힌 시각에서 바라보고자 노력하였다.

필자는 이 책을 법률 서비스를 충분히 받지 못하고 있는 중소기업 경영자 및 실무자 그리고 직접 법 집행을 담당하고 있는 사람들을 위해 집필하였다. 따라서 학설의 대립과 지나치게 이론적인 부분은 언급하지 않았다.

집필과정에서 필자의 의견에 날카로운 비판을 해준 사랑하는 아내 김지영 검사와 조세법에 대한 해박한 지식으로 많은 도움을 준 김영주 검사에게 감사의 마음을 전한다. 그리고 늦은 밤까지 열띤 토론을 마다하지 않고 신선한 시각을 일깨워 주었던 신강재, 박원철, 차승우, 허정인, 고종완 법무관에게 무운이 함께하길 기원한다. 마지막으로 기업법무 매뉴얼 시리즈 출판을 흔쾌히 받아들여 주시고 기획에서 출판까지 물심양면으로 도와주신 세창출판사 임길남 상무님과 김명희 실장님 그리고 집필과정에서 힘들 때마다 격려를 아끼지 않으셨던 제1군 사령부 법무참모 김현수 선배님께 다시 한 번 감사하다는 말을 전하고 싶다.

2010년 2월
통일대에서
대표집필자 성 주 목

차 례

제 1 장

기업범죄, 비난만 받아야 하는가?

범죄학에는 '낙인이론'이라는 분석도구가 존재한다.

범죄자가 재범을 저지르게 되는 주된 이유가 사회로부터의 낙인에 기인한다는 이론이다.

또한 '생래적 범죄인설'이라는 학설도 존재한다.

유전적, 생리적으로 범죄인이 될 자들이 범죄를 저지른다는 학설이다.

그런데, 우리사회는 기업 내지 기업가를 생래적 범죄인으로 낙인찍고 있는 것은 아닐까?

사회적 역기능은 대중의 낙인에 의한 심리적 위안이 아니라 사회 시스템에 의해 실질적으로 보정되어야 한다.

기업의 법률적 정의가 법률에 명확하게 규정되어 있지 않지만 기업이라는 개념을 사용하고 있는 각종 법률을 종합하여 보면, 기업은 이윤추구를 목적으로 하는 경제활동의 주체로서, 법적 성격에 따라 공·사 법인, 법인격 없는 사단, 조합, 개인 등을 포함하는 '계속적인 생산활동을 행하는 독립적인 경제단위이며 경제성을 활동원리로 하는 사회적 조직체'라고 정의내릴 수 있다.[1)]

이런 관점에서 본다면 기업범죄는 기업 그 자체, 경영자, 종업원이 기업의 이윤추구라는 목적달성과 관련하여 기업을 위하여 행하는 사업활동 과정에서 야기되는 위법행위 중 형사적으로 처벌받는 행위를 말한다고 할 수 있다. 그러나 이렇게 기업범죄의 정의를 한정할 경우 기업의 재산 또는 이익을 침해하는 행위는 제외되어 우리의 현실에 맞지 않게 된다. 따라서 기업범죄란 ① 대외적으로 기업이 주체가 되어 기업의 사업 활동 과정에서 기업의 이윤추구를 위해 소비자, 타기업, 고용인 등에게 인적·물적 손해를 가하는 행위와 ② 대내적으로 기업주, 종업원, 주주 등이 사회적·경제적 실체인 기업의 이익을 침해하는 행위 중 형사적으로 범죄구성요건을 충족시키는 행위로 정의할 수 있을 것이다.

이러한 기업범죄는 피해자가 다수이고, 그 피해액이 크며, 범죄피해의 결과가 한 개인이나 집단을 넘어 국민경제 전체에 영향을 미칠 수 있다는 점에서 반드시 근절되어야 한다.

그러나 글로벌 경쟁에서 힘겹게 버텨나가고 있는 현실에서 기업들은 경쟁력 확보를 위하여 다양한 신종 경영기법을 도입하여 사용하게 되고 이런 경영상 행위들에 대해 사법기관에서 충분한 법적 검토를 간과한 결과 기업 자체가 파국으로 치닫는 경우를 자주 보게 된다. 또한 위법한 행위인 것을 인식하면서도 규제회피 또는 절세 등을 위해 어쩔 수 없이 관행적으로 업무를

1) 경제범죄론, 사법연수원(2008).

처리하다가 형사적으로 처벌받는 경우도 수없이 많다. 따라서 국민경제에 막대한 피해를 미치는 기업범죄는 근절되어야 한다는 대명제와 기업실무상 관행으로 굳어져온 행위 또는 사법당국의 이해가 부족한 신종경영기법에 의한 행위에 대해서까지 무분별하게 형사처벌을 하는 것은 현실을 도외시하고 기업의 경쟁력을 약화시키는 과도한 행태라는 주장 사이에 균형점을 찾는 노력이 절실히 필요하다고 하겠다.

그럼 어떤 프로세스를 통해 그러한 균형점을 찾아갈 것인가? 그 첫 출발점은 형벌은 보충적으로 사용되어야 한다는 형법상의 대원칙에 있다고 본다. 형벌은 가해자와 피해자 사이의 자발적인 문제해결 또는 행정적인 제재나 계도가 불가능할 때 국가권력이 사회질서를 유지하기 위해 사용하는 최후적 수단이다. 따라서 기업범죄에 있어서도 시장기능에 의한 자생적 해결이 가능하거나, 행정적인 제재나 계도로 문제를 해결할 수 있을 때에는 형벌이라는 수단을 동원하는 것은 지양하여야 한다고 생각된다.[2)]

그 다음으로 기업현실에 대한 깊은 이해에 바탕을 둔 형사정책적 판단이 필요하다고 생각된다. 일견 문제되는 행위들은 형법상의 범죄구성요건에 해당하는 것으로 보일 수 있다. 그러나 그러한 행위의 이면에 기업들의 어떤 고민이 있는지 그리고 그 행위의 결과가 경제적으로 순기능을 하는지 혹은 역기능을 하는지에 대한 고민 없이 기계적으로 법을 해석하고 적용한다면 기업들의 범죄행위는 지능화와 음성화의 단계를 거치면서 근절되지

2) 이미 존재하는 형법규정의 구성요건에 해당하는 사항에 대해 형법의 보충성을 논의하는 것은 보충성 원칙과는 무관한 것이라는 비판이 존재한다(김준호, "형법상 경영판단의 원칙 도입론에 관한 비판적 검토," 법조 제636호). 그러나 보충성의 원칙이 구성요건해당성-위법성-책임으로 이어지는 형법 구조 속에서도 충분히 검토될 수 있는 개념이라는 측면에서 위 견해에 찬동하기 어렵다.

않을 것이다. 또한 이를 색출하고 처벌하기 위해 막대한 국가예산과 인력이 필요할 것이므로 이는 경제적 관점에서 보면 그리 바람직한 결과는 아니라고 본다.

마지막 단계로 기업현실에 대한 이해와 고민을 바탕에 두고 좀더 정밀하고 치밀한 법리구성이 필요하다고 생각된다.

일반 기업의 입장에서 비슷한 유형의 행위가 사법당국의 해석 여하에 따라 범죄로 처벌되기도 그렇지 않기도 한다면 기업은 법적으로 불안정한 상태에 놓이게 되고[3] 그로 인해 적극적인 이윤창출 행위가 제한될 것이다. 따라서 적정한 처벌의 기준을 정립하는 것은 기업가 정신을 고무하고 왕성한 활동을 통해 국민경제를 발전시키는 데 결정적 역할을 할 수도 있을 것이다.

이 글에서 필자는 위 세 가지 문제의식을 바탕으로 기업실무에서 나타날 수 있는 범죄유형을 제시하고, 그러한 범죄행위가 발현될 수 있는 환경적 요인과 범죄행위에 대한 판례의 태도를 분석한 후 현실과 유리되지 않고 오롯이 현실을 반영하면서도 일반적 경제정의에 어긋나지 않는 법리들과 그것을 뒷받침할 수 있는 기준을 제시해 보려고 한다.

---

3) 흔히 기업가들은 자신들이 교도소 담장 위를 항상 걸어 다니고 있다는 자조 섞인 불만을 토로한다. 무엇이 국민경제의 한 축을 담당하고 있는 이들에게 이런 좌절감을 안겨주었는지 고민해 보아야 한다.

참고자료

■ 기업범죄에 관한 주요 처벌규정

1. 상 법

조 항	죄 명	법 정 형
제622조	발기인, 이사 기타 임원 등의 특별배임죄	10년↓ 또는 3천만원↓
제623조	사채권자집회의 대표자등의 특별배임죄	7년↓ 또는 2천만원↓
제624조	특별배임죄의 미수	
제625조	회사재산을 위태롭게 하는 죄	5년↓ 또는 1천5백만원↓
제625조의2	주식의 취득제한 등에 위반한 죄	2천만원↓
제626조	부실보고죄	5년↓ 또는 1천5백만원↓
제627조	부실문서행사죄	5년↓ 또는 1천5백만원↓
제628조	납입가장죄	5년↓ 또는 1천5백만원↓
제629조	초과발행죄	5년↓ 또는 1천5백만원↓
제630조	발기인, 이사 기타 임원의 독직죄	5년↓ 또는 1천5백만원↓
제631조	권리행사방해 등에 관한 증수뢰죄	1년↓ 또는 300만원↓
제632조	징역과 벌금의 병과(제622조 내지 제631조)	
제633조	몰수, 추징(제630조 제1항, 제631조 제1항)	
제634조	납입책임면탈죄	1년↓ 또는 300만원↓
제634조의2	주주의 권리행사에 관한 이익공여죄	1년↓ 또는 300만원↓
제637조	법인에 대한 벌칙의 적용	

2. 특정경제범죄 가중처벌 등에 관한 법률(이하 '특경법')

조 항	죄 명	법 정 형
제3조①	특정재산범죄의 가중처벌 【사기, 공갈(상습범포함), 횡령, 배임, 업무상 횡령 · 배임】	• 이득액 50억원↑ (무기 또는 5년↑) • 이득액 5억원 이상 50억원 미만 3년↑
제3조②	이득액 이하의 벌금형 병과가능	

3. 자본시장과 금융투자업에 관한 법률(이하 '자통법/구 증권거래법')

조 항	죄 명	법 정 형
제443조	미공개중요정보 이용행위 금지 위반(제174조) 시세조종행위 등의 금지 위반(제176조) 부정거래행위 등의 금지(제178조 제3항)	• 이익 50억원 이상 무기 또는 5년↑ • 5억원 이상 50억원 미만 3년↑(10년 이하 자격정지 병과가능) • 5억 미만 10년↓ 또는 5억↓(이익×3 〉5억이면 이익 × 3액)
제444조	무인가 영업행위 금지 위반(제11조) 등	5년↓ 또는 2억원↓
제445조	미등록영업행위의 금지 위반(제17조) 등	3년↓ 또는 1억원↓
제446조	대주주 변경 승인 위반(제23조 제1항) 등	1년↓ 또는 3천만원↓
제447조	징역과 벌금형의 병과(제443조 내지 제446조)	
제448조	양벌규정	

4. 주식회사의 외부감사에 관한 법률(이하 '외감법')

조 항	죄 명	법 정 형
제19조	감사인 등의 독직죄	3년↓ 또는 3천만원↓ (이익×5) 3천이면 이익×5액)
제20조①	회계처리기준 위반 작성·공시 죄	5년↓ 또는 5천만원↓
제20조②	내부회계관리제도 위반죄 등	5년↓ 또는 3천만원↓
제20조③	감사인 미선임죄 등	3년↓ 또는 3천만원↓
제20조④	외부감사방해죄 등	2년↓ 또는 2천만원↓
제20조⑤	감사보고서 미제출죄 등	1년↓ 또는 1천만원↓
제21조	양벌규정	

■ **기업범죄 현황**4)

1. 경제범죄 통계(69개 죄명)

(단위: 건수)

	2001	2002	2003	2004	2005
접 수	119,616	129,802	138,261	155,390	140,436
구공판	15,454	16,841	16,856	14,764	12,040
구약식	44,892	53,280	53,930	59,616	45,042
불기소 등	59,270	59,681	67,475	81,010	83,354
기소율	50%	54%	51%	47%	40%

2. 주요 기업범죄 통계(구공판, 약식/접수)

(단위: 건수)

	2001	2002	2003	2004	2005
상 법	732/920	1,294/1,459	926/1,224	268/522	601/1,097
특경(배임)	285/1,378	305/1,343	313/1,621	265/1,809	273/1,963
특경(횡령)	216/1,252	266/1.293	295/1,718	328/2,241	331/2,354
특경(증/수뢰)	77/110	103/133	84/142	76/129	70/142
(구)증권거래법	469/771	367/667	319/626	287/671	280/644
특가(조세)	73/188	71/158	96/187	114/257	137/442

4) 경제범죄론, 사법연수원(2008).

제 2 장

업무상 배임, 모든 것의 연결고리?

글로벌 금융위기로 신자유주의 시대가 종언을 고했다는 이야기를 종종 듣게 된다.

그러나 우리의 경제 시스템을 자본주의라고 정의하는 한, 한 시대의 종언이라는 선언은 진실과 부합하지 않는다.

자본주의는 자유방임주의 시대로부터 신자유주의 시대에 이르기까지 철저한 보정의 역사이고, 한 시대의 시작은 전 시대의 파괴에서가 아니라 전 시대의 성과물을 기반으로 그 과오를 수정하는 것에서 시작했기 때문이다.

제1절 업무상 배임죄의 의의

기업범죄의 대부분은 업무상 배임죄를 수반하여 행하여진다고 할 수 있다. 특히 대내적 기업범죄의 경우 업무상 임무를 충실히 이행한 채 기업의 이익을 해하는 경우는 거의 상정할 수 없기 때문에 더욱 그러하다. 따라서 업무상 배임죄는 기업범죄를 논하는 데 있어 가장 기초가 되고 중요한 범죄라고 할 수 있다.

그러나 과거 프로이센과 일본 형법을 계수한 우리 형법의 배임죄 규정은 구성요건의 포괄성과 이를 구체화하기 위한 판례이론에 의해 적용범위가 무한정 확대될 가능성이 있다. 구체적 사건에 따라 업무상 배임죄의 외연이 점점 확대되면 될수록 기업의 경영자나 직원들은 일일이 자신의 행위에 대해 형법적 판단을 내려야 하는 사태에 직면하게 된다.

이러한 환경에서 형벌권 행사의 주체가 국가(또는 정치권력)라는 사실이 더해지면 사적 영역에 대한 국가권력의 과도한 개입이라는 기억하기 싫은 과거의 망령이 대중영합주의의 탈을 쓰고 다시 준동할 수도 있다는 우려를 낳게 된다. 따라서 이러한 사태를 방지하기 위해서는 다시 형법의 죄형법정주의라는 대원칙을 상기할 필요가 있다. 업무상 배임죄는 죄형법정주의에 의해 제한되어야 하며, 이런 제한요건이 갖추어졌을 때 비로소 한국사회의 병폐를 정확하게 도려낼 수 있는 감마나이프로서 제 역할을 다할 수 있을 것이다.

먼저 우리 형법체계에서 업무상 배임죄를 어떻게 규정하고 있는지를 살펴보는 것에서 논의를 시작하려고 한다. 형법은 타인의 사무를 처리하는 자가 업무상 임무에 위배하는 행위로써 재산상 이익을 취득하거나 제3자로 하여금 이를 취득하게 하여 본인에게 손해를 가한 때에는 10년 이하의 징역 또는 3천만원 이하의 벌금에 처하도록 규정하고 있다(제356조). 또한 특경법은 업무상 배임죄로 인한 이득액이 50억원 이상인 때에는 무기 또는 5년 이상의 징역, 5억원 이상 50억원 미만인 경우에는 3년 이상의 유기징역에 처하고, 이득액 상당의 벌금을 위 징역형에 병과할 수 있도록 규정하고 있다(제3조).

위 규정에 따라서 업무상 배임죄가 성립하기 위해서는 ① 타인의 사무를 처리하는 자가 ② 그 업무상 위배되는 행위로써 ③ 재산상 이익을 취득하거나 제3자로 하여금 재산상 이익을 취득하게 하여 ④ 본인에게 재산상 손해를 가하여야 하고, 주관적으로 ⑤ 위 사실에 대한 인식이 있어야 한다. 그리고 ⑥ 특경법에 의해 가중처벌하기 위해서는 이득액이 특정되어야 한다.

이상의 구성요건 요소 중 실무적으로 문제가 되는 것은 다음과 같은 것들이 있다.

① 어떤 행위를 '업무상 의무에 위배되는 행위'로 볼 것인가?
② '재산상 손해를 가한 때'를 어디까지 확장할 수 있는가?
③ 특경법 적용과 관련하여 '이득액 산정의 기준'을 어떻게 마련할 것인가?
④ 업무상 배임죄의 '고의'를 인정할 수 사실에는 어떤 것들이 있는가?

먼저 업무상 배임죄의 고의 인정과 관련하여 최근에 활발하게 논의되고 있는 경영판단의 원칙에 대해 살펴본다.

제2절 업무상 배임죄와 경영판단의 원칙

1. 의 의

제1절에서 살펴본 바와 같이 업무상 배임죄가 성립하기 위해서는 행위자에게 자신의 행위가 업무상 임무에 위배되는 것이라는 등 객관적 구성요건에 대한 인식이 존재하여야 한다. 그러나 경영자에게는 수많은 불확실한 요소를 종합하여 당장의 위험을 감수하더라도 미래의 이익을 극대화시키는 결단을 내려야 하는 경우가 종종 발생한다. 이런 경영상 결단은 때로는 성공을, 때로는 실패를 기업에게 가져다준나.[1] 민일 의사결정과정에 대한 면밀한 검토 없이 성공에는 사회적 찬사를, 실패에는 형사적 처벌을 부여한다면 한국사회에서 기업가 정신이 살아 숨쉴 수 있는 영역은 사라져 버리게 되고 결국 경영자는 혁신적인 도전은 뒤로 한 채 현상유지에만 급급하게 될 것이다.[2]

따라서 실패한 경영의 경우, 즉 객관적으로 기업에 손해가 발생하였지만 경영자가 사회적으로 합의된 기준에 따라 의사결정을 하였다면 그 행위가 기업에게 손해를 끼치고 자신이나 제3자에게 이익을 창출하기 위한 의도가 아니었다는 것을 인정해 주어야 한다.

---

1) 과거 재벌기업의 총수가 새로운 사업 분야에 진출하기 위해 그룹전체의 역량을 집중시켰던 적이 있었다. 흑자계열사로 하여금 적자계열사를 지원하게 하는 것이 전형적인 모습이었다. 이러한 재벌의 형태는 문어발식 확장이라는 비난과 함께 국민의 지원에 의해 형성된 그룹전체를 위험에 빠뜨리는 행위라는 비난을 받아왔다. 그러나 이러한 결단이 없었다면 지금의 반도체, 조선, 자동차 분야는 외국자본에 종속되는 결과를 낳았을 것이다.

2) 이는 곧바로 신규투자의 억제 → 새로운 일자리의 부재 → 실업률 상승 → 국가경쟁력 저하의 악순환을 양산하게 된다.

이러한 필요성이 대두함에 따라 경영자의 실패한 경영상 결단의 의도를 검증하기 위한 도구인 경영판단의 원칙(business judgement rule)에 대한 논의가 최근 활발해지고 있다.

일각에서는 위 원칙을 광범위하게 도입하여야 한다고 주장하고, 또 다른 일각에서는 소수주주권 보호장치와 상법상 이사의 주의의무에 대한 진지한 고민 없이 경영판단의 원칙을 무비판적으로 도입하는 것은 자칫 경영자의 실패한 경영에 대해 면죄부를 부여하는 것이라는 주장한다. 그러나 이미 판례에서 업무상 배임죄의 고의 판단의 한 요소로 경영판단의 원칙을 계속해서 명시적으로 언급하고 있고, 앞에서 설명한 것과 같이 '경영'에 대한 법적 판단기준 정립의 필요성이 존재한다면 문제되는 것은 경영판단 원칙의 도입여부가 아니라 우리 사회에 적합한 구체적 기준의 설정이라고 생각한다.

일반적으로 경영판단의 원칙(business judgement rule)이란 회사의 이사(경영적 판단에 관여하는 지배주주 포함)가 충분한 정보에 근거하여 이해관계 없이 그리고 성실히 회사의 이익에 합치한다는 믿음을 갖고 회사의 경영에 관한 판단을 한 경우에는 그것이 적절치 못한 판단이어서 결과적으로 회사에 대하여 손해를 초래하였다 하더라도 그러한 판단을 한 이사에 대하여 책임을 묻지 않는다는 원칙을 말한다.[3)]

이러한 경영판단의 원칙은 판례에 의하여 미국의 회사법분야에서 18세기 중반 이후 발전되어 온 것으로 그 명확한 내용과 기준 등에 관하여 미국 내에서도 많은 논란이 있었다. 이에 따라 미국법률협회(American Law Institute)는 1992년 5월 연차총회에서 「회사지배의 원칙: 분석과 권고」(Principle of Corporate Governance: Analysis and Recommendations)를 채택하여 경영판단의 원칙을 성문화함으로

---

3) 최병규, "경영판단과 그의 수용방안"에서 재인용.

써 그 내용과 적용기준을 명확히 하려고 노력하였다.

즉 회사지배의 원칙 제4.01조 제(c)항에서는 경영판단의 원칙을 이사의 주의의무에 관한 원칙으로 명시하고 있는바, 그 내용은 성실하게 경영판단을 내린 이사는 ① 그가 경영판단의 대상에 관하여 이해관계를 가지고 있지 아니하고, ② 그 상황에서 적절한 것이었고 합리적으로 믿을 수 있는 정도로 경영판단의 대상에 관한 정보를 가지고 있는 경우에, ③ 그의 경영판단이 회사에 대해 최상의 이익이 되는 것이라고 이성적으로 믿는 경우에는 주의의무를 이행한 것[4]이라는 것이다.

독일에서도 미국의 영향을 받아 2005년 주식법(AktG)를 개정해 경영판단의 원칙을 입법적으로 수용하였다. 즉 주식법 제93조(이사의 주의의무)에 "회사의 업무에 관한 이사의 결정이 적절한 정보에 근거하고 회사의 이익을 위하여 이루어진 것임이 합리적인 방법으로 인정될 때에는 주의의무 위반으로 보지 아니한다"는 규정을 신설하였다.

미국에서 경영판단의 원칙은 이사의 민사상 책임을 제한(미국 형법체계에는 우리의 업무상 배임죄가 존재하지 않는다)하기 위해 발전되어 온 것으로 이를 인정하는 이유는 다음과 같다.[5]

① 이사들이 어떤 정책적 결정을 요하는 사항에 관하여 개인적인 이해관계 없이, 선의에 기하여, 합리적인 정보를 바탕으로 결정을 내렸다고 하더라도 사후적으로 평가하여 볼 때 이사들의 결정이 경솔한 것이거나 회사에 손해를 끼칠 수밖에 없는 것으로 판명될 수 있다. 이러한 오류 가능성을 인정하여 해당 결정을 내린 이사들이 손해배상책임에 노출되는 것을 보호함으로써, 능력 있는 개인들로 하여금 손해배상책임을 두려워하지 않고 이사직에 취임할 수 있도록 한다.

---

4) 이경열, "경영판단의 과오와 업무상배임죄의 성부"(법조 제603호).
5) 곽병훈, "미국회사법의 경영판단원칙"(재판자료 제98집).

② 경영판단원칙은 향후의 사업전망을 기초로 한 경영판단이 종종 위험과 불확실성을 수반하는 것을 인정함으로써 이사들로 하여금 상당한 위험을 수반하지만 큰 이익을 창출해 낼 수 있는 모험적인 사업에 뛰어들도록 독려한다.

③ 경영판단의 원칙은 복잡한 회사 경영결정에 관하여 전문가가 아닌 법원으로 하여금 관여하지 않도록 해 준다. 이사들은 대부분의 경우에 있어서 판사들보다 경영판단을 내리기에 유능한 사람들이다. 법원이 이사의 경영판단에 대하여 사후적으로 일일이 평가하는 것보다는 경영전문가들에 의하여 내려진 결정을 존중하는 것이 결국에는 회사이익 극대화에 부합한다.

④ 경영판단의 원칙은 주주들이 아닌 이사들로 하여금 회사를 경영하도록 보장해 준다. 주주들에게 이사회의 결정에 대하여 사법적인 심사를 요구할 수 있는 권리가 쉽게 주어진다면 그 결과는 궁극적인 의사결정 권한을 이사들로부터 이의제기를 자주 제기하는 주주들에게 옮기게 하는 것이 된다. 즉 경영판단의 원칙은 회사와 대다수 주주들을 이의제기를 일삼는 일부 주주들로부터 보호해 주는 것이다.

그럼 이제 논의의 평면을 축소해 우리 판례는 업무상 배임죄의 성립여부에 있어 경영판단의 원칙을 어떤 식으로 도입하고 있는지 살펴보겠다.

2. 판례에 나타난 경영판단의 원칙

판례는 전술한 바와 같이 경영판단의 원칙을 업무상 배임죄의 고의가 존재하는지 여부를 판단하는 데 필요한 간접사실들 중 고의를 조각하는 소극적 간접사실들을 선별해 내는 도구로 사용하고 있다.

우선 판례가 업무상 배임죄의 고의 존재여부에 대해 어떤 태도를 취하고 있는지 살펴볼 필요가 있다. 판례(2002도5679, 2002도4229 등)는 "피고인이 본인의 이익을 위하여 문제된 행위를 하였다고 주장하면서 범의를 부인하고 있는 경우에는 사물의 성질상 고의와 상당한 관련성이 있는 간접사실을 증명하는 방법에 의하여 입증할 수밖에 없고, 무엇이 상당한 관련성 있는 간접사실에 해당할 것인가는 정상적인 경험칙에 바탕을 두고 치밀한 관찰력이나 분석력에 의하여 사실의 연결상태를 합리적으로 판단하는 방법에 의하여야 한다"고 판시하고 있다.

이에 더하여 피고인이 문제된 행위가 경영상 판단에 의하여 행하여졌다고 주장한다면 업무상 배임죄의 고의를 어떻게 입증하여야 할까? 판례(2002도5679)는 이에 대하여 "경영상의 판단과 관련하여 기업의 경영자에게 배임의 고의가 있었는지 여부를 판단함에 있어서도 위와 마찬가지의 법리가 적용되어야 함은 물론이지만, 기업의 경영에는 원천적으로 위험이 내재하고 있어서 경영자가 아무런 개인적인 이익을 취할 의도 없이 선의에 기하여 가능한 범위 내에서 수집된 정보를 바탕으로 기업의 이익에 합치된다는 믿음을 가지고 신중하게 결정을 내렸다 하더라도 그 예측이 빗나가 기업에 손해가 발생하는 경우가 있을 수 있는바, 이러한 경우에까지 고의에 관한 해석기준을 완화하여 업무상 배임죄의 형사책임을 묻고자 한다면 이는 죄형법정주의의 원칙에 위배되는 것임은 물론이고 정책적인 차원에서 볼 때에도 영업이익의 원천인 기업가정신을 위축시키는 결과를 낳게 되어 당해 기업뿐만 아니라 사회적으로도 큰 손실이 될 것이다. 따라서 현행 형법상의 배임죄가 위태범이라는 법리를 부인할 수 없다 할지라도, ① 문제된 경영상의 판단에 이르게 된 경위와 동기, ② 판단대상인 사업의 내용, ③ 기업이 처한 경제적 상황, ④ 손실발생의 개연성과 이익획득의 개연성 등 제반 사정에 비추어 자기 또는 제3자가 재산상 이익을 취득한다는 인식과 본인에게 손해를 가한다는 인식(미필적 인식을 포함)하의 의도적 행위임이 인정되는 경우에 한하여 배임죄의 고의를 인정하는 엄격한 해석기준은 유지되어야 할 것이고, 그러한 인식이 없는데 단순히 본인에게 손해가 발생하였다는 결과만으로 책임을 묻거나 주의의무를 소홀히 한 과실이 있다는 이유로 책임을 물을 수는 없다"고 판시하고 있다.

결국 판례의 태도를 종합하여 보면 피고인이 경영상 판단의 항변을 하는 경우 검찰은 판례에서 설시한 간접증거들에 의해 피고인의 행위가 자신이나 제3자의 이익을 취득하기 위한 것이라는 인식과 본인에게 손해를 가한다는 인식하의 의도적 행위임을 입증하여야 하는 책임을 져야 한다.

다음에서는 업무상 배임죄의 고의가 부정된 사안과 인정된 사안을 구체적으로 분석하여 보고 판례를 바탕으로 해서 경영판단의 원칙이 인정되기 위한 요건을 정리해 보자.

(1) 업무상 배임죄 성립부정 사례분석[6)]

판례가 경영판단의 원칙을 도입하고 있지만, 이에 따라 업무상 배임의 고의가 부정된 사례는 드물다. 아래의 판결들 중에는 직접적으로 경영판단의 원칙을 설시한 경우도 있지만, 설시내용 중에 경영판단의 원칙을 간접적으로 반영한 판결도 존재한다. 논의의 폭을 넓히기 위해 후자의 경우도 사례에 포함시킨다.

1) 2002도4429 판결(한보철강에 대한 지급보증 사건)

가. 사실관계

① 1996.10 초: 한보철강이 제59회 회사채(399억원)에 대하여 보증보험회사에게 지급보증 요청

---

6) 경영판단의 원칙의 인정요건을 세밀하게 도출하기 위해 부득이 사실관계를 자세히 소개한다.

② 1996.10: 심사등급(B) → 인수조건인 물적 담보 25% 제공 미충족으로 거절.

③ 1996.11: 전환사채(340억원)담보로 회사채 지급보증 인수(1995. 우대업체 지정이용 등급심사 완화조치)

④ 1997.1: 부도처리

나. 원심 판단

① 1996.11. 당시 재정상태 극도악화(1996.9. 한국신용정보에서 부실징후기업으로 선정, 금융기관에서 한보 어음/수표 진성어음여부 실사)

② 보증보험회사의 실무자들이 회사채 지급보증 인수반대/물적 담보 제공 의견피력

③ 회사의 영업지침을 준수하였다 하더라도 고의 인정 가능

다. 대법원 판단

① 보증보험회사의 업무의 특수성(시중은행과 구별)

② 부채비율이 높은 것은 대규모 시설투자시 발생하는 문제(준공 2년/이미 철근과 핫코일 생산/신제철공법에 의한 경쟁력 인정)

③ 한국기업평가/한국신용평가 등에서는 한보철강의 신용도를 높게 평가함.

④ 실무자들의 의견에 따라 인수거절함(전환사채 담보에 대해서는 실무자들이 반대하지 않음).

⑤ 제60회, 제63회 회사채에 대해서는 시중은행이 지급보증함.

⑥ 한보철강과 어떠한 개인적인 친분/정실관계 없음.

2) 2004도520 판결(공영토건에 대한 대한통운의 지급보증 사건)

가. 사실관계

① 1983.10: 공영토건 법정관리 시작

② 1996.12: 자본잠식 상태 발생

③ 1997.2: 공영토건에 지급보증(대한통운)

④ 1998.11: 회사정리절차폐지결정(서울지법)

⑤ 1999.6: 파산선고

나. 원심 판단

① 법정관리 중에 회생여부가 불확실한 상태에 있으므로 채무에 대해 지급보증을 할 경우, 담보를 제공받는 등의 방법으로 손해가 가지 않도록 할 업무상 임무가 있음에도 이에 위배하여 지급보증을 함.

다. 대법원 판단

① 만성적 적자로 손실액이나 채무액이 누적되어 가고 있는 등 재무구조가 상당히 불량하여 이미 채무변제능력을 상실한 관계로 그를 위하여 지급보증 또는 연대보증을 할 경우에 회사에 손해가 발생할 것이라는 점을 알면서도 이에 나갔다면 그러한 지급보증 또는 연대보증은 회사에 대하여 배임행위가 된다고 할 것이나, 그 타인이 단순히 채무초과 상태에 있다는 이유만으로 그러한 지급보증 또는 연대보증이 곧 회사에 대하여 배임행위가 된다고 단정할 수 없음.

② 1992년부터 영업이익 발생하였고 연대보증이 있었던 1997. 2. 기준으로 법정관리 계속에 특별히 문제가 있었던 사정은 없음.

③ 이미 계열사가 연대보증채무를 부담하고 있던 공익채무에 대해 추가적으로 보증한 것임.

④ 공영토건은 이미 물적 담보로 부동산(150억원), 예금 및 적금(350억원) 제공

⑤ 공영토건이 지급보증 당시까지 채무이행을 제대로 하고 있는 등 정상적인 영업활동을 하고 있으면서 단순히 채권자의 요구에 의하여 계열회사라는 이유로 대한통운을 공익채무의 연대보증인으로 추가한 것에 불과하다면 업무상 배임죄로 처단할 수 없음.

3) 2004도1463 판결[갑을 계열사에 대한 (주)갑을, 갑을방적의 지급보증 사건]

가. 사실관계

① 이미 채무변제능력을 상실한 갑을전자, 갑을엔지니어링, 영남일보, 갑을개발에 대해 자금대여와 지급보증을 실시함.

나. 대법원 판단

① 타인의 사무를 처리하는 자가 그 임무에 위배하여 채무자에게 기존 대출금에 대한 대출기한을 연장해 주거나, 채무자가 제3자로부터 대출을 받는데 지급보증을 해 주었다가 지급보증기한을 연장해 주지 아니하면 채무자가 제3자로부터 대출기한을 연장받을 수 없게 되어 보증책임을 져야 하는 상황이 되는 바람에 지급보증을 연장해 준 경우.

② 대출기한이나 지급보증기한의 연장 당시에는 채무자로부터 대출금을 회수하거나 채무자가 제3자에게 대출금을 변제할 수 있었는데, 기한을 연장하여 주면 채무자의 자금사정이 대출금을 변제할 수 없을 정도로 악화되리라는 사정을 알고 그 기한을 연장해 준 경우에 그 기한연장으로 인하여 새로운 손해가 발생하였다고 할 수 있을 것임.

③ 이러한 사정이 밝혀지지 않고서는 대출기한이나 지급보증기한을 연장해 준 부분을 따로 떼어 업무상 배임죄가 성립된다고 할 수 없음.

④ 채무자의 기존대출금에 대한 연체이자에 충당하기 위하여 채무자가 신규대출을 받는 것처럼 서류상 정리한 경우로서 채무자에게 대출금이 새로 교부된 것이 아니라면 그로 인하여 채권자에게 어떤 새로운 손해가 발생하는 것은 아니라고 할 것이어서 따로 업무상 배임죄가 성립된다고 볼 수 없음.

(2) 업무상 배임죄 인정사례[7)]

경영판단의 원칙을 주장하였지만 배척한 사례는 다양하게 발견된다. 따라서 경영판단 원칙의 인정요건을 도출할 수 있는 몇 가지 유형으로 정리해 소개한다.

1) 대표이사와 특수관계에 있는 회사의 주식 매입(2005도856 판결)

가. 사실관계

① 자신이 대표이사로 있는 한빛아앤비 주식을 삼보컴퓨터로부터 매입하기로 함(대금 320억원).

② 자신이 대주주로 있는 새롬방송 주식을 한빛아앤비(240억원)와 기남방송(80억원)이 매입하도록 함.

③ 매각대금으로 삼보컴퓨터로부터 한빛아앤비 주식을 매입함.

나. 피고인의 주장

① 한빛아앤비가 복수유선사업자(MSO)로 발전하기 위해서는 새롬방송과 같은 소규모 유선방송사의 주식을 매입할 필요가 있음.

② 새롬방송 주식매입을 위한 적법한 이사회 결의가 있었음.

다. 대법원 판단

① 새롬방송은 이미 피고인이 지배주식을 보유한 사실상의 계열회사로서 굳이 한빛아앤비가 새롬방송의 주식을 취득하여 자회사로 만들어야 할 경영상의 필요성이 뚜렷하지 아니함.

② 새롬방송의 주식매입 여부가 실질적으로 피고인에 의해 결정되었고, 피고인의 자금조달 필요에 맞추어 그 매매대금액 및 매매대금의 지급시기까지 일방적으로 결정됨.

③ 피고인은 회계법인에 평가를 의뢰하여 자신들이 원하는 금액에 그대로 맞춘 평가보고서를 받아 정당한 거래인 듯한 외관을 갖추었음.

④ 한빛아앤비는 자금이 부족하여 자본금 규모나 연간매출을

7) 역시, 경영판단의 원칙의 인정요건을 세밀하게 도출하기 위해 부득이 사실관계를 자세히 소개한다.

뛰어 넘는 거액의 외부차입을 일으키면서까지 매입함.

⑤ 따라서 피고인의 행위는 경영상의 판단에 따른 정상적인 행위라고 볼 수 없어 한빛아앤비 및 기남방송에 대한 관계에서 그 임무에 위배되는 배임행위에 해당하고 피고인에게 그 점에 대한 인식 또한 있었다고 봄이 상당함.

2) 채권회수 조치 없이 계열회사 등에게 자금을 대출하거나 지급보증 (2002도661, 2003도1792, 99도1923, 2003도3516, 2004도810 등)

가. 피고인의 주장

① 계열사에 대한 채권을 가지고 있음.

② 계열사의 부도를 방지하여 그룹전체의 신인도를 유지하는 것이 그룹전체의 이익이 됨.

나. 대법원의 판단

① 회사의 이사 등이 타인에게 회사자금을 대여함에 있어 그 타인이 이미 채무변제능력을 상실하여 그에게 자금을 대여하거나 지급보증을 하는 경우 회사에 손해가 발생하리라는 정을 충분히 알면서 이에 나아갔거나, 충분한 담보를 제공받는 등 상당하고도 합리적인 채권회수조치를 취하지 않고 만연히 대여해 주었다면, 그와 같은 자금대여나 지급보증은 타인에게 이익을 얻게 하고 회사에 손해를 가하는 행위로 회사에 대해 배임행위가 되고, 그것이 경영상 판단이라는 이유로 배임죄의 죄책을 면할 수는 없으며, 그 타인이 자금지원 회사의 계열사라 하여 달라지지 않음.

② 이미 타인의 채무에 대하여 보증을 하였는데, 피보증인이 변제자력이 없어 결국 보증인이 그 보증채무를 이행하게 될 우려가 있다고 하더라도 보증인이 피보증인에게 신규로 자금을 제공하거나 피보증인이 신규로 자금을 차용하는 데 담보를 제공하면서 그 신규자금이 이미 보증을 한 채무의 변제에 사용되도록

한 경우가 아니라면 보증인으로서는 결국 기 보증채무와 별도로 새로 손해를 발생시킬 위험을 초래한 것임.

3) 회사의 사업목적 범위를 벗어난 행위를 한 경우(99도2781)

가. 사실관계

① 향도종합금융주식회사의 경영권 인수자금 마련 목적으로 주식회사1 급조.

② 위 회사로 하여금 액면 합계 487억원 상당의 약속어음 발행하도록 함.

③ 자신이 이사 겸 대주주로 있는 회사의 이사회 결의 및 대주주의 승낙을 얻어 그 약속어음에 배서

나. 대법원 판단

① 피고인의 이러한 행위는 이사 겸 부사장으로서 실질적 경영자인 피고인이 그 지위를 이용하여 자신의 권한을 넘어 회사의 설립목적과 사업범위를 벗어난 행위로서 신임관계를 저버리는 임무위반의 행위이고, 또한 소수주주 또는 채권자들에게는 재산상의 손해를 입힐 수 있다는 것을 충분히 인식하고 있었던 것으로 보이므로 이사회 결의 및 대주주의 승낙이 있었다고 하여 회사 본인의 승낙이 있었다고 볼 수 없음.

4) 계열사로 하여금 신주를 인수하게 하는 행위(2004도520)

가. 사실관계

① 대한통운으로 하여금 자본금 300억원이 모두 잠식되어 발행주식의 실질가치가 영(零)원으로 평가되는 동아생명의 신주를 액면가액으로 인수하게 함.

나. 대법원 판단

① 비록 동아생명이 재정경제부장관으로부터의 증자명령을 이행하지 아니하면 동아생명이 속해 있는 동아그룹 전체의 명예

가 손상되어 그 결과 동아그룹의 계열사인 대한통운의 영업에도 지장이 있게 될 가능성이 있으므로 대한통운도 위한다는 의사가 일부 있었다 할지라도 이는 부수적인 의사에 불과할 뿐이고, 오히려 피고인은 대한통운의 자금으로 동아생명의 증자를 위하여 주주에게 배정된 주식 또는 실권된 주식을 액면가격으로 인수하는 경우 그 피해는 결국 대한통운에 돌아갈 것임을 잘 알고 있으므로 배임에 대한 고의도 충분히 인정되며, 피고인으로선 단순히 그것이 경영상의 판단이라는 이유를 내세워 그에 대한 죄책을 면할 수 없음.

3. 경영판단원칙의 인정요건

경영판단이 적용되기 위한 요건에 대해서는 여러 논의가 있다. 따라서 나름대로 이론적 논의를 바탕으로 하고 여기에 판례의 태도를 더하여 경영판단의 원칙이 업무상 배임죄의 고의를 조각하는 항변으로 인정될 수 있는 요건을 도출해 보도록 하겠다.

판례는 경영판단과 관련하여 계속해서 경영자가 아무런 개인적인 이익을 취할 의도 없이 선의에 기하여 가능한 범위 내에서 수집된 정보를 바탕으로 기업의 이익에 합치된다는 믿음을 가지고 신중하게 결정을 내렸다면 업무상 배임죄의 고의를 인정할 수 없다고 판시하고 있다. 따라서 위와 같은 판례의 태도에 비추어 보면 경영판단의 원칙을 인정하기 위해서는,

(1) 자기거래적 요소 내지 금전적 이익관계 등 이사 개인의 이익과 관계가 없어야 한다.

2002도4229(한보철강사건)에서도 판례는 회사채 인수결정을 한 보증보험회사의 대표이사와 한보철강 사이에 금전적 거래나 정실관계가 없었음을 이유로 업무상 배임죄의 고의를 인정하지

아니하였다. 그러나 이와 반대로 2005도856(한빛아앤비사건)에서는 대표이사의 자기거래적 요소가 있음을 이유로 업무상 배임죄의 고의를 인정하였다. 이러한 판례의 태도는 원칙적으로 타당하다고 생각한다. 그러나 자기거래적 요소가 한빛아앤비 사건에서와 같이 다른 요소들과 결합하여 행위자의 '의도성'을 명확하게 드러내는 역할을 하지 아니하는 이상 자기거래적 요소만을 가지고 범의를 인정하는 것은 타당하지 않다고 판단된다.

(2) 이사회의 적법한 결의 등 내부규정이나 관계법령을 준수하여야 한다.

2002도4229 판결(한보철강사건)의 원심은 실무자들이 회사채 지급보증 인수반대/물적담보 제공 의견을 피력하자 이를 회피하기 위해 범행 전 지정된 우대업체 지정을 이용해 전환사채를 담보로 제공받은 것을 회사의 영업지침을 준수하였다 하더라도 고의 인정이 가능하다고 판시하였다. 형식적인 면과 실질적인 면을 모두 고려하는 원심의 태도는 타당하다고 생각된다. 외형상 적법한 절차를 준수하였다 하더라도 절차의 진행과정, 절차진행의 목적 등을 종합적으로 고려하여야 하기 때문이다. 이러한 태도는 2005도856 판결(한빛아앤비사건)에서도 이어진다. 즉 주식매수에 대한 이사회 결의가 있었다고 하더라도 그 실질이 대주주인 피고인들에 의해 만들어진 것이라면 적법한 외형을 만들어내는 행위자체도 행위자의 '의도성'을 추단하게 하는 사실이 될 수 있다는 점을 위 판례는 보여주고 있다.

(3) 결정이 재량권 남용이나 일탈이 아니어야 한다.

위 요건에 대해서 판례는 99도2781사건에서 설시하고 있다. 비록 적법한 이사회 결의나 대주주의 승낙이 있었다 하더라도 결정이 당해 회사의 설립목적과 사업범위를 벗어난 행위일 경우에는 이러한 결정은 경영판단의 범주에 포함될 수 없다고 하여야 할 것이다.

(4) 결정이 회사에 이익이 된다는 상당한 믿음을 갖고 한 것이어야 한다.

위 요건은 경영판단의 원칙을 인정하기 위한 핵심적 부분이라고 할 수 있다. 그러나 위에서 보는 바와 같이 판례는 그 믿음의 정도에 대해서는 언급하지 않고 있다. 만약 합리적인 믿음이 존재하여야 한다고 한다면 본질적으로 불확실성을 내포하고 있는 경영상의 결정에 반하므로 합리적인 믿음에 미치지는 못하지만 상당한 믿음이 존재할 때에는 그러한 결정은 존중하여야 할 것이다.

그럼 회사 이익의 범주를 어떻게 설정하여야 할 것인가? 2004도520(대한통운사건)에서 판례는 회사의 명예보호나 영업상 지장 회피를 위해 계열사에 지급보증을 한 것은 부수적인 의사라고 설시하고 있다. 따라서 회사 이익은 의사결정에 핵심적인 부분이 되어야 하고, 그 이익도 직접적인 이익(미래의 영업이익, 시장점유율 확보, 핵심기술개발 등)에 한정되어야 한다고 보아야 할 것이다. 이러한 결론은 2002도4229 판결(한보철강사건)에서 확인할 수 있다. 즉 지급보증 당시로서는 피보증 회사의 재무상태가 어렵다고 하더라도 대규모 설비투자나 첨단공법의 도입 등으로 미래에 수익이 예상된다면 지급보증결정은 경영상 판단으로 존중되어야 한다고 판례는 판단하고 있다. 타당한 결론이라고 생각한다.

(5) 결정이 사전에 상당한 정도의 중요정보를 바탕으로 이루어져야 한다.

회사의 이익을 위한 결정은 경영자의 독단에 의해 이루어지면 아니 된다. 경영상 결정이 불확실한 상황에서 경영자의 직관에 의해 이루어지는 경우라고 하더라도 적어도 그 근저에는 결정을 위한 정보 수집 및 분석 과정이 존재하여야 한다. 다만, 모든 중요정보를 수집하고 분석하는 것은 불가능하므로 상당한 정도의 중요정보를 기반으로 결정하면 족하다고 할 것이다. 사안에 따라 일반적으로 중요정보라고 할 수 있는 정보를 경과실로 고려하지 못한 때에는 경영판단의 원칙이 적용될 수 있다고 하여야 할 것이다.

이러한 점은 2002도4229 판결(한보철강사건)에서도 확인할 수 있다. 즉 부도 전인 1996.9. 한국신용정보에서 부실징후기업으로 선정하여, 금융기관에서 한보 어음과 수표에 대해 진성어음여부 실사를 하고 있었다는 정보를 지급보증 결정에 참작하지 않았다 하더라도, 타 신용평가기관에서 피보증 회사의 신용을 하향하지 않았고, 금융기관에서 위 회사의 회사채를 인수하고 있었던 사실을 기반으로 지급보증 결정을 하였다면 이는 경영판단으로 인정할 수 있다고 설시하고 있다. 이 역시 타당한 결론이라고 생각된다.

4. 경영판단원칙의 올바른 적용방안

경영판단 원칙은 비교적 최근에 우리에게 소개된 이론이다. 더구나 경영판단의 원칙은 배임죄를 형법체계 속에 가지고 있지 아니한 영미법계에서 이사의 민사상 책임을 제한하기 위해 발전되어 온 이론이라는 사실은 앞에서 살펴본 바와 같다. 위 원칙을 우리 법체계로 쉽게 풀어보면 이사가 회사를 위해 업무를 수행하는 경우 경과실 정도로 회사 등 이해관계자에게 손해를 끼친 경우에는 '경영'의 특수성에 기하여 이를 면책하여 주겠다는 것(주의의무위반으로 보지 않겠다는 것)이다.

민사영역에서 발전되어 온 이론을 무비판적으로 형사법 체계에 이식하는 것은 분명 문제가 있다. 그러나 범죄의 주관적 구성요건 요소의 인정에 있어 정치한 법리가 존재하지 아니하는 상황[8]에서 범의를 다시 한 번 검증하는(이중 필터로서의 역할) 도구 정도로 경영판단의 원칙을 적용하는 것은 죄형법정주의의 이념에 부합하는 것이라고 할 수 있다.

우리 판례도 이러한 맥락에서 경영판단의 원칙을 도입한 것으로 이해할 수 있다. 그러나 판례의 태도를 살펴보면 위 이론의 적용에 보수적인 입장을 견지하고 있는 것으로 판단된다. 금융회사 특히 위험을 인수하는 것을 주요 업무로 삼고 있는 보증보험회사의 사례에 경영판단의 원칙이 집중적으로 사용된 것을 보면 이를 알 수 있다.

판례가 경영판단의 원칙을 도입한 이상 인정요건들에 대한 확실한 기준을 설정하고, 각 요건들 사이에 어떤 관계가 있는지, 어떤 영향을 미치는지에 대한 깊이 있는 판결이 생성되어야만, 경영판단의 원칙이라는 미명하에 기업범죄에 대해 솜방망이 처벌을 한다는 국민적 불신을 불식시킬 수 있을 것이다.

제3절 전환사채 발행과 업무상 배임죄

1. 전환사채의 의의

최근 전환사채에 대해 사회적 관심이 집중되고 있다. 전환사채가 인구에 회자되는 빈도는 증가하고 반면, 그 본질과 사회적 기능에 대한 이해의 정도는 높지 않은 상황이다. 자칫, 경제적 순기능에도 불구하고 전환사채의 발행 및 거래가 최근 사태에 의해 위축되지 않을까 하는 괜한 우려가 생기는 것은 어떤 이유

8) 엄격한 증명의 대상이지만, 간접증거나 자백으로도 범의를 인정할 수 있다는 원칙 정도가 정립되어 있다.

에서일까? 그럼 전환사채를 둘러싸고 벌어지고 있는 법리논쟁 속으로 들어가 보기로 한다. 역시, 그 중심에는 업무상 배임죄가 위치하고 있다.

전환사채(convertible bonds)란 일반적으로 사채발행회사의 주식으로 전환할 수 있는 권리가 인정된 사채를 의미한다. 전환사채는 사채의 안정적 성질과 주식의 투기적 성질을 함께 가지고 있으므로 보통의 사채보다 유리한 모집조건으로 사채를 모집할 수 있다. 이러한 장점 때문에 최근에는 기업의 전환사채 발행이 크게 증가하고 있으며 일반투자자의 관심도 높아지고 있다.

한편 업무상 배임죄는 행위자 혹은 제3자의 이득과 본인의 손해라는 개념을 본질로 하고 있으므로 전환사채의 발행으로 인해 회사 관계자들의 이해관계가 어떻게 변하게 되는지를 살펴보는 것은 본격적인 논의를 시작하기 전에 반드시 이해하여야 할 부분이다. 이를 단순화하여 정리하면 아래의 표와 같다.

주 체	이해관계의 변화
사채발행 회사	· 신주발행이나 사채발행이 불가능하거나 불리할 때 자금 조달 가능 · 유리한 조건으로 사채발행 가능
사채권자	· 회사의 경영상태 호전되지 아니하면 확정된 이자 수령 · 회사의 경영상태 호전되면 주식으로 전환하여 시세차익/배당금 수령
기존주주	· 주식 수 증가로 이익배당 감소/주식가격 하락 위험

위 표에서 보는 바와 같이 전환사채의 발행으로 사채발행회사와 사채권자는 이익을 얻을 가능성이 높고, 기존주주는 손해를 볼 가능성이 있다.

전환사채의 발행과 같이 상법이 재무구조의 개선이나 자본구조의 합리적 개편을 위해 예정하고 있는 다양한 자본거래는 회사의 손해와 특정인의 이익을 초래하거나 반대로 회사의 이익과 제3자의 손해로 귀착될 가능성이 있다. 이를 정리하면 아래의 표와 같다.

자본 거래	이해관계의 변화
유상감자	· 순자산가치대로 감자 → 주주의 지분을 환가 · 순자산가치 초과 감자 → 주주에게 지분의 환가 이상의 이득 · 임의소각 → 특정 주주에게만 이득
이익소각	· 회사의 재산을 주주에게 환원 ※ 외국인 주주들은 회사에 대해 투하자본을 회수하는 방법 [KT&G vs 아이칸(Ican)의 경영권 대결]
합 병	· 합병비율은 쌍방회사의 주식가치를 교량하여 결정 → 주식가치가 어떤 기준에 의해 산정하느냐에 따라 소멸회사의 주주에게 유리 또는 불리
신주의 저가발행	· 비상장회사가 상장을 예상하고 있을 경우에는 미리 기존주주의 지배지분을 확보하고 자신에게 귀속될 상장차익을 키우기 위하여 상장 이전에 액면가로 신주를 발행 → 주식가치의 희석화 현상 → 회사손해
주식배당	· 주가가 액면을 상회할 경우에는 주주는 금전배당을 초과하는 양도차익 → 회사손해
종업원 복지용 저가발행 (우리사주)	· 종업원에게 액면가나 혹은 시가에 비해 현저히 저렴한 가격으로 신주 발행 → 회사손해

위에서 살펴본 바와 같이 우리 법제에서의 자본거래는 외형상 형법상 업무상 배임죄의 구성요건을 충족시킬 가능성이 있다. 따라서 문제는 어떤 기준에 의해 재무구조의 개선이나 자본구조의 합리적 개편을 목적으로 하는 자본거래와 배임의 목적을 가지는 자본거래를 구별할 것인가이다.

2. 전환사채와 관련된 대표 판례

1) 2001도3191 판결(사례1)

가. 사실관계

① A라는 비상장회사가 액면가는 1000원, 발행주식 총수는 93만 주, 자본금은 9억 3천만원인 상태에서 전환사채를 발행

② 발행 당시 상속세 및 증여세법이 규정하는 보충적 평가방법에 따라 평가한 주당 가격은 986원에 불과함.

③ 대표이사 겸 대주주인 피고인은 이사회의 결의와 주주총회의 특별결의를 거치지 아니하고, 표면이율 0%, 전환비율 100%, 전환기간은 사채발행일로부터 1년, 전환가격(전환권의 행사에 의해 발행되는 주식의 발행가격)을 3,000원으로 하여 전환사채를 발행하고 타인의 이름을 빌려 이를 인수함.

④ 이 전환사채는 20만주의 보통주로 전환되어 자본과 자본준비금의 형태로 회사의 순자산이 6억원만큼 증가함.

⑤ 전환 직후 이 회사는 주식을 코스닥 시장에 상장하였는데, 공모가는 1주당 4만원이었고, 전액 모집 및 납입되었다. 공모 이후 이 회사 주식의 본질가치는 8,156원으로 평가됨.

나. 대법원 판단

① 전환사채의 발행을 전후하여 이루어진 몇 건의 거래사례 및 인터넷상의 주식시세가 만원 내지 삼만원에 이른 사실을 참작하여 A회사 주식의 적정한 시가를 만원으로 평가함.

② 발행 당시 A회사에 긴급한 자금조달의 필요성이 없었고 피고인이 단지 주식전환으로 인한 시세차익을 얻을 의도로 발행함.

③ 피고인이 1주당 적정 시가와 전환가격의 차액인 금 7,000원씩에 전환주식수 20만 주를 곱한 금액인 14억원 상당의 재산상 이익을 얻고 A회사에 동액 상당의 손해를 가함.

2) 2007도4949(전원합의체 판결, 사례2)

가. 사실관계

① B라는 비상장회사는 액면가 5,000원, 발행주식총수 707,200주, 자본금 35억 3천 6백만원인 상태에서 대표이사인 피고인의 주도하에 이사회를 열어 전환사채의 발행을 결의

② 사채의 표면이율 1%, 전환기간은 사채발행일 다음날로부터 상환기한까지, 전환가격은 7,700원으로 하여 주주배정 방식으로 100억원 상당의 전환사채를 발행

③ 일부 주주를 제외한 나머지 주주들이 실권하였으므로 이사회의 결의로 B회사의 특수 관계자인 C에게 실권된 전환사채를 전액 재배정

④ 전환사채는 전액 주식으로 전환되어 자본과 자본준비금의 형태로 회사의 순자산이 100억원 정도 증가함.

나. 원심 판단(서울고법 2005노2371)

① 전환가격이 순자산가치의 1/30에 불과한 점에 비추어 주식의 시가보다 현저히 낮은 가격이라고 결론지음. 하지만 순자산가치 역시 주식의 실제 가치와 일치하지 않을 수 있음을 시인하면서 구체적인 실제가치의 산정은 포기하고, 단지 C가 B회사의 지배권 확보를 위하여 필요한 주식을 취득하는 데 부담하였어야 할 전환사채 인수대금과 C 등이 실제로 납입한 인수가액의 차액만큼 C 등이 이득을 취하고 회사에 손실을 가하였다고 판단함.

② C 등이 부담했어야 마땅하다고 인정되는 인수대금과 실

제의 인수가액의 차액을 과연 B회사의 손해로 볼 수 있느냐가 중요한 쟁점인데, 손해에는 기존재산이 감소하는 적극적 손해뿐만 아니라, 장래에 취득할 이익이 상실되는 소극적 손해까지 포함된다는 것을 전제로 B회사의 손해 인정함.

③ B회사의 주식가치가 전환가격을 훨씬 상회하므로 대부분의 주주가 실권한 것은 타당성이 없고, 본건에서의 주주배정 방식은 피고인이 C에게 B회사의 지배권을 적은 자금으로 취득하게 할 목적으로 기타 주주들과 공모한 결과 가장된 형식에 불과하고, 실제는 제3자 배정방식이라고 봄.

④ 이사회가 전환사채를 발행하기 위한 결의를 함에 있어서 17인의 재적이사 중 8인만 참석하여 결의 정족수에 미달함을 지적함.

⑤ B회사가 전환사채 발행시까지 단자회사와 금융기관으로부터 단기차입 및 사채발행을 통해 안정적으로 자금을 조달하였음을 들며, B회사에 굳이 전환사채를 발행하여 자금을 조달할 필요성이 없다고 판단함.

⑥ 피고인의 전환사채발행이 배임죄의 구성요건인 임무위배에 해당하는지에 관하여 피고인에게 B회사 주식의 실제가치를 객관적으로 평가하여 적정한 전환가격을 산정함으로써 가능한 최대한의 자금이 B회사에 납입되도록 하여 회사의 자본충실을 기하는 등 B회사의 이익을 위하여 사무를 처리하여야 할 업무상 임무가 있다고 전제하고, 특정인에게 매우 유리한 조건으로 회사의 지배권을 넘겨줄 의도로 전환가격을 저렴하게 한 것은 임무위배에 해당한다고 봄.

다. 대법원 판단(다수의견)[9)]

① 회사가 주주 배정의 방법으로 신주 등(신주, 전환사채나 신

9) 반대 및 별개의견은 2007도4949 판결 참조 바람.

주인수권부사채)을 발행하는 경우에는 발행가액 등을 반드시 시가에 의하여야 하는 것은 아니므로 회사의 이사로서는 주주 배정의 방법으로 신주를 발행하는 경우 원칙적으로 액면가를 하회하여서는 아니 된다는 제약 외에는 주주 전체의 이익, 회사의 자금조달의 필요성, 급박성 등을 감안하여 경영판단에 따라 자유로이 그 발행조건을 정할 수 있다고 보아야 하므로, 시가보다 낮게 발행가액 등을 정함으로써 주주들로부터 가능한 최대한의 자금을 유치하지 못하였다고 하여 배임죄의 구성요건인 임무위배, 즉 회사의 재산보호의무를 위반하였다고 볼 것은 아님.

② 제3자 배정방법의 경우, 제3자는 신주 등을 인수함으로써 회사의 지분을 새로 취득하게 되므로 그 제3자와 회사와의 관계를 주주의 경우와 동일하게 볼 수는 없다. 제3자에게 시가보다 현저하게 낮은 가액으로 신주 등을 발행하는 경우에는 시가를 적정하게 반영하여 발행조건을 정하거나 또는 주식의 실질가액을 고려한 적정한 가격에 의하여 발행하는 경우와 비교하여 그 차이에 상당한 만큼 회사의 자산을 증가시키지 못하게 되는 결과가 발생하는데, 이 경우에는 회사법상 공정한 발행가액과 실제 발행가액과의 차액에 발행주식수를 곱하여 산출된 액수만큼 회사가 손해를 입은 것으로 보아야 한다. 이와 같이 현저하게 불공정한 가액으로 제3자 배정방식에 의하여 신주 등을 발행하는 행위는 이사의 임무위배행위에 해당하는 것임. 다만, 회사가 제3자 배정의 방법으로 신주 등을 발행하는 경우에는 회사의 재무구조, 영업전망과 그에 대한 시장의 평가, 주식의 실질가액, 금융시장의 상황, 신주의 인수가능성 등 여러 사정을 종합적으로 고려하여, 이사가 그 임무에 위배하여 신주의 발행가액 등을 공정한 가액보다 현저히 낮추어 발행한 경우에 해당하는지를 살펴 이사의 업무상배임죄의 성립 여부를 판단하여야 함.

③ 신주 등의 발행에서 주주 배정방식과 제3자 배정방식을

구별하는 기준은 회사가 신주 등을 발행하는 때에 주주들에게 그들의 지분비율에 따라 신주 등을 우선적으로 인수할 기회를 부여하였는지 여부에 따라 객관적으로 결정되어야 할 성질의 것이지, 신주 등의 인수권을 부여받은 주주들이 실제로 인수권을 행사함으로써 신주 등을 배정받았는지 여부에 좌우되는 것은 아님.

④ 상법상 전환사채를 주주 배정방식에 의하여 발행하는 경우에도 주주가 그 인수권을 잃은 때에는 회사는 이사회의 결의에 의하여 그 인수가 없는 부분에 대하여 자유로이 이를 제3자에게 처분할 수 있는 것인데, 단일한 기회에 발행되는 전환사채의 발행조건은 동일하여야 하므로, 주주배정으로 전환사채를 발행하는 경우에 주주가 인수하지 아니하여 실권된 부분에 관하여 이를 주주가 인수한 부분과 별도로 취급하여 전환가액 등 발행조건을 변경하여 발행할 여지가 없음. 주주배정의 방법으로 주주에게 전환사채인수권을 부여하였지만 주주들이 인수청약하지 아니하여 실권된 부분을 제3자에게 발행하더라도 주주의 경우와 같은 조건으로 발행할 수밖에 없고, 이러한 법리는 주주들이 전환사채의 인수청약을 하지 아니함으로써 발생하는 실권의 규모에 따라 달라지는 것은 아님.

⑤ 전환사채 발행을 위한 이사회 결의에는 하자가 있었다 하더라도 실권된 전환사채를 제3자에게 배정하기로 의결한 이사회 결의에는 하자가 없는 경우, 전환사채의 발행절차를 진행한 것이 재산보호의무 위반으로서의 임무위배에 해당하지 않음.

⑥ 이사가 주식회사의 지배권을 기존 주주의 의사에 반하여 제3자에게 이전하는 것은 기존 주주의 이익을 침해하는 행위일 뿐 지배권의 객체인 주식회사의 이익을 침해하는 것으로 볼 수는 없는데, 주식회사의 이사는 주식회사의 사무를 처리하는 자의 지위에 있다고 할 수 있지만 주식회사와 별개인 주주들에 대한 관계에서 직접 그들의 사무를 처리하는 자의 지위에 있는 것은

아니고, 더욱이 경영권의 이전은 지배주식을 확보하는 데 따르는 부수적인 효과에 불과한 것이어서, 회사 지분비율의 변화가 기존 주주 자신의 선택에 기인한 것이라면 지배권 이전과 관련하여 이사에게 임무위배가 있다고 할 수 없음.

3. 판례에 대한 평가

앞에서 살펴본 바와 같이 전환사채의 발행뿐 아니라 상법이 예정하고 있는 자본거래는 모두 업무상 배임죄로 의율될 가능성을 가지고 있다.

2007도4949 판결의 다수의견에서 설시하고 있는 바와 같이 상법상 일정한 기준이 제시(액면가 이상 발행)되어 있는 주주배정 전환사채 발행의 경우에서 조차도 이사에게 경영판단의 범위 내에서만 저가발행을 허용하고 있다.[10)]

이러한 태도는 형사문제와 상사문제가 이론적으로 다른 기초 위에서 논의되어야 한다는 점을 감안하더라도 지나친 면이 있다.[11)] 위 두 사례에서 필자의 개인적 견해로는 적어도 문제된 사안과 가장 밀접한 형사규정[12)]에 의해 처리되었어야 한다고 생각한다. 즉 첫 번째 사례는 형법의 영역이 아니라 자통법이 규율하

---

10) 경영판단의 원칙이 이사의 고의를 조각시키는 역할이 아니라 상법상으로 적법한 행위에서조차 고의를 추단하게 하는 원칙으로 전환될 수 있는 가능성을 열어두었다는 면에서 의미 있는 판결이다. 그러나 경영판단의 원칙을 적극적으로 원용할 수 있는지는 본래의 취지에 비추어 면밀한 검토가 필요할 것으로 생각된다.

11) 상법의 입법상 흠결을 형사적으로 보충하려는 시도는 사적 영역에 대한 국가권력의 과잉 투사라는 비판을 면할 수 없을 것이다.

12) 일반 형법이 아닌 각각의 법 논리와 입법취지를 가지고 있는 법률을 적용하였어야 한다고 생각한다. 두 번째 사례의 경우 과연 같은 처지에 처한 이사들에게 현실적으로 일반예방적 효과, 즉 위하력이 있다고 판단하기 힘들고, 범죄협조비용만 상승하는 결과를 가져올 우려가 있다.

는 영역이고, 두 번째 사례는 조세법이 규율하는 영역이라고 생각한다.

비록 위 판례가 회사법 관계에 대해 의미 있는 판단을 하고 있지만 무리하게 형법상 업무상 배임죄의 법리를 회사법 관계에 투영시켜 어느 한편도 만족하지 못하는 결론을 내린 것은 아닌지 하는 생각을 떨쳐버리기 쉽지 않다.

다음으로 업무상 배임죄의 두 가지 구성요건 ① 임무에 위배되는 행위가 있었는지 여부와 ② 회사에 손해가 있었는지를 중심으로 판례의 태도가 타당한지 검토하여 보겠다.

(1) 임무에 위배되는 행위가 있었는지 여부

판례는 일관하여 "업무상 배임죄에 있어 임무에 위배되는 행위라 함은 사무의 내용, 성질 등 구체적 상황에 비추어 법률의 규정, 계약의 내용 혹은 신의칙상 당연히 하여야 할 것으로 기대되는 행위를 하지 않거나 당연히 하지 않아야 할 것으로 기대되는 행위를 함으로써 본인과 사이의 신임관계를 저버리는 일체의 행위를 포함한다"라고 판시하고 있다.

그리고 위 사례 2에서 임무에 위배한 행위에 대해 "회사재산을 보호할 의무를 위반하였다"고 판시하고 있다. 즉 판례의 태도대로라면 이사에게는 최대한 많은 자금을 회사에 유입시켜야 할 의무가 존재한다. 그러나 우리 상법에서 이사의 주의의무의 범위에 대해 아직 의견이 일치하고 있지 아니한 상태에서 상법 개별규정에 의해 인정되지 아니한 의무를 업무상 배임죄의 임무위반에 포함시키는 것은 죄형법정주의 원칙에 반하는 결과가 될 수 있다. 2007도4949 판결의 별개의견에서 지적하고 있는 바와 같이, 제3자 배정에 의한 신주발행시 주주의 대표소송(상법 제424조의2)의 성격에 대해 이를 기존 주주의 이익을 보호하기 위한 장치로 본다면 더욱 그러하다.

차라리 이사의 회사에 대한 책임은 이사가 법령 또는 정관에 위반한 행위를 하였을 때 명확히 인정할 수 있으므로(상법 제399조), 사례 1, 2의 경우 대표이사가 이사회나 주주총회의 의결없이 또는 정족수 위반에도 불구하고 전환사채를 발행하였다면 이러한 행위를 임무위반으로 보는 것이 법적 안전성을 확보할 수 있는 해석이라고 할 것이다. 그러나 사례 2에서 다수의견은 회사법 관계의 안정성을 위해 정족수 위반의 행위에 사법적 효력을 인정하고 있는 법리를 무리하게 형사문제에 차용하여 임무위반행위를 판단하고 있다.

한편 저가의 전환사채 발행을 상법이 명시적으로 인정하고 있는 이사의 자본충실 의무위반으로 볼 수는 없을까?

자본충실이란 회사로 하여금 자본에 상응하는 구체적인 자산(순자산)을 보유하도록 하는 규범적 명세로 회사의 재산이 자본거래를 통해 유출되거나 자본에 미달하는 것을 방지하기 위한 것이다. 그러나 주식을 발행하면서 액면가에 그치지 않고 최대한 많은 자금이 회사에 유입되도록 하여야 한다는 것은 자본충실의 이념에 내포될 수 있는 의무가 아니다. 즉 상법에서는 액면미달발행을 원칙적으로 금지하고 있으나 신주의 발행가에 순자산가치를 반영하도록 하거나 액면초과발행을 강제하지는 않는다. 발행가가 액면을 상회하는 한 책임재산과 변제능력 간의 괴리는 생기지 않고 이를 얼마로 할 것인가는 자본충실의 원칙과는 무관하다고 할 것이다. 따라서 저가의 전환사채 발행을 이사의 자본충실 의무위반으로 볼 수 없다.

결론적으로 이사가 적법한 절차를 거쳐 전환사채를 발행하였을 때에는 주주배정 방식의 경우 액면가 미달의 경우를 제외하고는 업무상 배임죄의 임무위배에 해당하지 않는다고 할 것이다.

(2) 재산상 손해가 있었는지 여부

판례는 "재산상 손해의 유무에 대한 판단은 본인의 전 재산상태와의 관계에서 법률적 판단에 의하지 아니하고 경제적 관점에서 파악하여야 하며, 따라서 법률적 판단에 의하여 당해 배임행위가 무효라 하더라도 경제적 관점에서 파악하여 배임행위로 인하여 본인에게 현실적인 손해를 가하였거나 재산상 실해발생의 위험을 초래한 경우에는 재산상의 손해를 가한 때에 해당되어 배임죄를 구성한다"라고 일관되게 판시하고 있어 이른바 소극적 손해를 가한 때에도 배임죄의 성립을 인정하고 있다.

그러면 전환사채의 저가발행을 장래에 회사가 얻을 수 있는 이익을 상실시킨 경우에 해당한다고 볼 수 있을까?

회사라는 것은 주주가 이윤을 추구하기 위해 수행하는 사업의 법적 형태이다. 그리고 자본이란 이 사업을 위한 물적 기초를 구축하기 위해 주주가 출연한 금원을 말한다. 따라서 전환가격을 얼마로 하든 이는 전액 회사의 자본과 자본준비금을 구성하고 이는 동시에 주주의 대외적인 책임이 따르는 주주의 재산인 것이다. 그러므로 자본을 얼마로 하느냐는 것은 이익 혹은 손해라는 인식을 개재시킬 수 없는 거래이다.

위 사례에서 전환가격을 적정하게 정하여서 더 많은 자금이 회사로 들어왔다고 하더라도 이는 사업에 제공한 주주의 책임재산이 늘어난 것이지 회사의 이익이 늘어난 것은 아니다. 결론적으로 위 판례에서는 회사의 소극적 손해라는 것을 상정할 수 없으므로 회사의 손해가 있었다고 할 수 없다.

판례상 업무상 배임죄의 소극적 손해는 전형적으로 금융기관의 부실대출에서와 같이 그 손해가 발생할 개연성이 충분히 인정될 경우에만 인정하여야 할 것이다. 자본거래에서와 같이 더 유입시킬 수 있었던 부분에까지 소극적 손해개념을 확장시키는 것은 타당하다고 할 수 없다.

4. 자본거래와 업무상 배임죄

앞에서 살펴본 바와 같이 사례1에서는 대표이사의 업무위반 행위를 인정 할 수 있지만 회사의 손해를 인정하기는 어렵고, 사례2의 경우, 제3자 배정으로 전환사채를 발행한 행위[13]에는 법령 위반이나 정관위반 사항이 발견되지 아니하므로 임무위반 행위를 인정하기 힘들다.

회사의 자본거래는 다양한 필요성에 의해 기술적 행위들이 결합되어 행하여진다. 이러한 모든 행위들에 대해 '회사재산 보호의무'와 '소극적 손해이론'을 이용하여 업무상 배임죄로 처벌한다면 일반국민은 법적 불안정 속에 놓이게 될 수밖에 없다. 물론 각 사례들이 경제 정의의 측면에서 비난받아야 할 행위라는 사실을 부정하는 것은 아니다.

문제는 사회적으로 비난받아야 할 행위를 형사적으로 어떻게 처벌하여야 하는가이다. 배임죄의 정확한 구성요건 해당성을 증거에 의해 증명할 수 없다면 다른 법규의 적용가능성을 세밀하게 검토하여야 하고 그것이 불가능하다면 사회적 비판을 사법당국이 받는다 하더라도 입법적 해결의 가능성을 열어 놓아야 한다고 생각한다. 이 사건 이후에 상속세법이 개정된 것은 시사하는 바가 크다고 할 것이다. 기업의 입장에서도 글로벌 기업 이미지 구축이라는 미명하에 천문학적 마케팅비용을 쏟아부을 것이 아니라, 먼저 기업이 한국사회에서 어떤 역할을 해야 하는지에 대한 깊은 자기성찰이 필요하다고 생각한다.

위 사례에서 판례가 그동안 논란이 되어 왔던 회사와 주주 그리고 회사채권자에 대한 관계를 밝히고 있는 것은 다행이라고

---

13) 다수견해는 이를 주주배정 방식이라고 전제하고 논리를 구성하고 있으나, 반대견해와 같이 그 실질이 제3자 배정에 가깝다면 이를 형식적으로 주주배정방식이라고 할 수 있을지 의문이다.

생각한다.[14)]

제4절 차입매수(LBO)와 업무상 배임죄

1. 차입매수(LBO)의 의의

매스컴을 통해 일반 국민들에게 많이 알려지지는 않았지만, 2000년대에 들어와서 업무상 배임죄의 영역에 LBO(Leveraged Buyout)라는 새로운 분야가 등장하였다.

LBO란 일반적으로 기업의 M&A 거래에 있어서 인수기업이 명목상의 투자목적회사(Special Purpose Company)를 설립하고, 피인수대상기업의 자산 및 수익 등을 담보로 외부로부터 매수자금을 조달하여 위 명목상의 회사로 하여금 피인수기업을 매수하도록 하는 것을 말한다.

다른 M&A기법과 LBO 방식에 의한 M&A의 가장 큰 차이점은 인수기업이 피인수기업의 자산 등을 담보로 매수자금을 조달한다는 점에 있고, 인수의 결과 피인수기업의 자본금은 감소하게 되고 부채비율은 크게 증가한다는 점에 있다. 바로 이러한 점 때문에 LBO가 정상적인 M&A방식이 아니라 피인수회사를 탈취하여 인수자의 개인적인 부를 비대칭적으로 극대화하고 공정한 경쟁의 룰을 파괴하는 비합법적인 방법이라는 비난을 받고 있으며,

14) 신주발행에 있어서 대표이사가 일반 주주들에 대하여 그들의 신주인수권과 기존 주식의 가치를 보존하는 임무를 대행한다거나 주주의 재산보전 행위에 협력하는 자로서 타인의 사무를 처리하는 자의 지위에 있다고는 볼 수 없다는(2002도7340) 등 계속해서 회사 이해관계자들의 관계에 대해 설시해 왔지만 사례2에 대한 판결에서 보다 심도 깊은 논의를 한 것은 환영할 만한 일이다.

법원은 이를 업무상 배임죄로 처단하고 있는 실정이다.

그러나 과연 법원의 이러한 태도가 LBO의 순기능과 구조를 이해한 상태에서 나타난 것인지 의심스럽다. 따라서 아래에서는 우선 LBO의 구조를 살펴보고 이를 바탕으로 기존 판례를 분석하여 기업탈취적인 LBO 방식의 M&A를 근절하고 그 경제적 순기능을 극대화시킬 수 있는 기준을 제시해 보려고 한다.

2. 차입매수(LBO)의 유형

LBO는 매수주체, 자금조달의 방법, 절차 관여방법 등을 기준으로 다양한 형태로 나눌 수 있다. 그러나 형사상 처벌 가능성의 관점에서 LBO 절차에 각 이해관계자들이 관여한 형태를 기준으로 설명하는 것이 좀더 효과적이라고 생각한다.

먼저 피인수회사가 적극적으로 관여하는 방법으로 ① 피인수회사가 자신의 자산을 담보로 제공하고 투자목적회사(SPC)로 하여금 금융기관 등으로부터 대출을 받게 한 후 이를 인수자금으로 사용하게 하는 경우로 SPC가 주채무자가 되고 피인수회사는 이의 (물상)보증인의 위치에 서게 된다. 그 다음으로 ② 피인수회사가 자신이 본인이 되어 대출을 받은 후 이를 SPC에 빌려주고 이 자금으로 피인수회사를 매수하는 방법이 있다. 이 경우에는 SPC가 피인수회사의 채무자가 되게 된다.

두 번째는 SPC가 적극적으로 관여하는 방법으로 ① SPC가 스스로 일으킨 대출로 피인수회사를 매수하고 매수 후 위 대출금에 대해 피인수회사의 주식을 담보로 제공하는 것이다. 또한 ② 위와 비슷한 구조를 가지고 있지만 SPC와 피인수회사의 합병으로 SPC의 채무를 실질적으로 피인수회사의 채무로 전환시키는 방법이 있다. 그 외에도 이른바 MBO(Management buyout)로 불리는 방법이 있는데 이는 피인수기업의 경영자가 SPC를 설립하고 피인수회사의 자산을 이용(담보제공·배당금)하여 인수대금을 마련한 후 피인수회사를 매수하고 매수한 피인수회사의 주식을 소각하는 등의 방법으로 피인수회사를 실질적으로 지배하는 것을 말한다.

3. 차입매수(LBO)를 둘러싼 이해관계 분석

LBO를 둘러싸고 많은 이해관계자들이 있기 때문에 각각의 이해가 달라질 수가 있다. 따라서 LBO를 행한 이들에게 업무상 배임죄의 죄책을 물을 수 있는가라는 문제에 앞서 LBO를 둘러싼 이해관계를 분석하는 일이 선행되어야 한다.

먼저 ① 피인수회사의 주주들이 LBO를 통해 어떤 이해관계에 놓이는지 살펴보겠다. 피인수회사의 주식매입은 통상 공개매수에 의해 이루어지게 되고 공개매수를 통한 주식매입은 시장가치에 적정한 프리미엄을 붙여 이루어지는 것이 일반적인 모습이다. 따라서 주주들은 LBO를 통해 프리미엄만큼의 이익을 얻는다고 할 수 있다. 매수에 응하지 아니한 주주들은 당장에 회사 재무구조의 악화로 인한 위험을 떠안게 되지만 향후 LBO의 효과에 따른 이익도 마찬가지로 향유할 수 있고 이는 각 투자자의 선택의 영역이므로 손익여부를 따지는 것은 불합리하다고 할 수 있다.

다음으로 ② 회사의 채권자(회사채 소유자)들을 살펴보면 이들은 부채의 증가로 채권가격이 하락하여 손해를 볼 수 있지만, 만약 피인수기업이 한계기업으로 원금의 회수가 어려운 상태에서 일정비율 할인된 가격으로 투자자금을 회수할 수 있다면 채권자들이 손해를 보았다고 단정할 수는 없을 것이다. 조세채권을 가지고 있는 또 다른 채권자인 ③ 국가를 살펴보면 부채비율의 증가로 법인세 수입이 감소되므로 이에 따른 손실이 예상되나 조세채권은 회사채와 달리 약정이 존재하고 이자가 고정된 채권이 아니라, 각 회계연도의 회사실적에 따라 채권액이 달라지는 유동적인 채권이므로 법인세 세수 감소가 손실이라고 정의하는 것은 논리적으로 타당하지 않다.

그럼 마지막 이해당사자인 ④ 피인수회사 자체는 어떠한가? 자산의 담보제공으로 회사가 손해를 보았다고 할 수 있는가?

LBO의 구조상으로 보면 담보의 제공은 제3자에 위한 것이 아니라 실질적으로는 피인수회사 자신(SPC와 피인수회사가 합병하는 경우에는 이러한 모습이 더욱 잘 드러난다)을 위한 것이라고 할 수 있다. 즉 자신의 자산으로 주식을 인수하여 자산대비부채비율을 조정하는 자본거래의 일종으로 회사의 손익을 논할 수 없는 행위인 것이다. 또한 경영진이 교체되어 회사를 회생시키거나 구조조정을 통해 회사의 순이익을 증가시켰다면 이러한 결과를 위한 담보제공행위에 대해 회사의 손해를 발생시킬 우려가 있는 것이라고 평가할 수 있는지 의심스럽다.

결론적으로 LBO를 둘러싼 관계자들의 이해는 고정되어 있지 않으며, 특히 피인수회사의 경영성과가 어떻게 나타나느냐에 따라 크게 좌우된다고 할 수 있다.

4. 차입매수(LBO)에 대한 판례의 태도

판례(2004도7027)는 "기업인수에 필요한 자금을 마련하기 위하여 그 인수자가 금융기관으로부터 대출을 받고 나중에 피인수회사의 자산을 담보로 제공하는 방식[이른바 LBO(Leveraged Buyout) 방식]을 사용하는 경우, 피인수회사로서는 주채무가 변제되지 아니할 경우에는 담보로 제공되는 자산을 잃게 되는 위험을 부담하게 된다. 그러므로 위와 같이 인수자만을 위한 담보제공이 무제한 허용된다고 볼 수 없고, 인수자가 피인수회사의 위와 같은 담보제공으로 인한 위험 부담에 상응하는 대가를 지급하는 등의 반대급부를 제공하는 경우에 한하여 허용될 수 있다고 할 것이다. 만일 인수자가 피인수회사에 아무런 반대급부를 제공하지 않고 임의로 피인수회사의 재산을 담보로 제공하게 하였다면, 인수자 또는 제3자에게 담보 가치에 상응한 재산상 이익을 취득하게 하고 피인수회사에게 그 재산상 손해를 가하였다고 봄이 상당하다. 부도로 인하여 회사정리절차가 진행 중인 주식회사의 경우에도 그 회사의 주주나 채권자들의 잠재적 이익은 여전히 보호되어야 할 것이므로, 피인수회사가 회사정리절차를 밟고 있는 기업이라고 하더라도 위와 같은 결론에는 아무런 영향이 없다"고 판시함으로써 LBO의 구조상 불가능한 담보에 상응하는 대가[15]라는 조건을 부과하여 LBO가 가능하다는 결론을 내리고 있다.

이는 우리나라에서 M&A의 한 방법으로 LBO를 사용할 수 없다는 일종의 사망선고를 내린 것이라고 평가할 수 있다.

위 판례에 뒤를 이어 피인수회사의 대표이사가 인수인을 위해 양도성 예금증서(CD)를 담보로 제공한 사안[16]에서 "주식회사는 주주와 독립된 별개의 권리주체로서 그 이해가 반드시 일치하는 것은 아니므로, 회사 소유 재산을 주주나 대표이사가 제3자의 자금 조달을 위하여 담보로 제공하는 등 사적인 용도로 임의 처분하였다면 그 처분에 관하여 주주총회나 이사회의 결의가 있었는지 여부와는 관계없이 횡령죄의 죄책을 면할 수는 없는 것이고, 횡령죄에 있어서 불법영득의 의사라 함은 자기 또는 제3자의 이익을 꾀할 목적으로 업무상의 임무에 위배하여 보관하는 타인의 재물을 자기의 소유인 경우와 같은 처분을 하는 의사를 말하고 사후에 이를 반환하거나 변상, 보전하는 의사가 있다 하더라도 불법영득의 의사를 인정함에 지장이 없다"고 판시함으로써 경영진 교체로 인한 혁신으로 회사를 정상화하거나 효율성을

15) 대법원은 '담보제공에 상응하는 대가의 지급'이 LBO의 구조상에서 무엇을 의미하는지에 대해 침묵을 지키고 있다.

16) 2005도3045 판결.

극대화함으로써 사회적 부를 증가시킨다는 LBO의 기본취지도 법률적으로는 전혀 평가의 대상이 될 수 없다는 입장을 명백히 하였다.

그러나 이러한 대법원의 태도에 반해 하급심에서는 LBO에 대한 진일보한 판결이 나오고 있다. 그 대표적인 예는 부산지법 2008고합482, 516, 656(병합) 판결이다. 이 판결은 "기업의 인수·합병의 동기에 합병 이후에 피인수합병기업 내의 자산으로 인수차입금채무를 변제하겠다는 의도가 포함되어 있다고 하여, 합병의 법률적·경제적 효과를 전혀 무시한 채 이를 피인수합병기업에 대한 배임행위라고 단정하여 평가하기는 어렵다고 할 것이다. 합병으로 인해 인수기업과 피인수기업은 인격적으로 합일하여 일체가 되고, 그 효과에 의하여 합병 이후 인수기업과 피인수기업의 재산은 혼연일체가 되어 구분할 수 없게 되므로, 합병 이후에 원래는 피인수기업이 보유했던 자산으로 존속하게 된 인수기업이 원래 부담하고 있던 채무의 변제에 사용하는 것은 합병의 주된 또는 다른 동기였던 경영상의 이유와 결합되어 기업의 내부적·자율적 자금운용행위와 특별히 구분된다거나 다른 성질의 것이라 보기 어렵게 되기 때문이다"고 판시함으로써 몇 가지 전제조건이 갖추어진다면 앞에서 설명한 합병에 의한 LBO는 허용될 수 있는 길을 열어 놓고 있다. 이 판결에 대해 대법원이 어떤 태도를 취할지 기대된다.

5. 판례에 대한 평가

(1) LBO에 있어서 대표이사 등의 의무

회사의 이사는 이사회의 구성원으로 선량한 관리자의 주의의무를 부담하고(상법 제382조 제2항), 법령과 정관의 규정에 따라 회사를 위하여 그 직무를 충실하게 수행하여야 할 충실의무를 부담한다(상법 제382조의3). 이러한 의무를 해태한 이사에 대해서는 민사적 책임과 함께 형사적 처벌을 부과할 수 있다. 이사가 이러한 신임의무를 회사에 대해서 부담한다는 점[17]에 대해서는 이론의 여지가 없다. 그럼 회사 이외의 다른 이해관계자들 즉 주주, 채권자들에 대해서도 신임의무를 부담하는가?

이에 대해 판례(89도1012)는 "대표이사는 이사회 또는 주주총회의 결의가 주주 또는 채권자를 해하는 불법적인 목적일 때는 이를 거부하고 회사를 위하여 성실히 직무를 수행할 의무가 있다"고 판시함으로써 마치 이사가 주주 또는 채권자를 위해서도 신임의무를 부담하는 듯한 취지의 결론을 내리고 있다.

그러나 앞에서 살펴본 전환사채발행업무와 관련하여서는 대표이사는 주주의 기존주식의 가치보전이나 주주의 재산보전에 관해서는 타인의 업무를 처리하는 자의 지위에 있지 않다고 판시하고 있다.

따라서 원칙적으로 주주나 채권자들이 시장에서 주식이나 채권가격의 손실을 입는 것은 이사의 선관주의 의무와 관련이 없다고 할 것이다. 시장에서의 가격은 공급과 수요의 원칙에 따라 결정되는 것이고 그 결정요소는 수없이 많기 때문이다. 그러나 회사의 핵심 사업부분을 시장가치에 훨씬 못 미치는 가격으로 매도한다든지 회사의 중요한 자산을 임의로 처분한다든지 혹은 투자금(대여금)의 회수가 불가능한 것이 명확한 사업에 투자한다든지 하는 등의 사유로 회사의 경영이 현저히 위험해질 개연성이 충분히 있을 때는 이사에게 주주나 채권자 등 회사에 투자한 이해관계자의 이익을 보호해야 하는 의무가 예외적으로 발생한다고 해석하는 것이 타당하다고 생각한다.

그럼 LBO에 있어서는 어떤가? 우선 LBO의 실질과 그 구조

---

17) 83도2330 판결 참조(1인회사의 소유자에게도 신임의무를 인정하였다).

에 대해 주목하여야 할 것이다. 즉 LBO에 있어서 피인수회사가 담보의 제공 등으로 인수자에게 편의를 제공한다는 점은 부차적인 측면이고, 피인수기업 자체가 다른 회사로 인수되거나 흡수된다는 점이 바로 LBO의 실체라고 할 수 있다.

담보의 제공은 방법에 불과하고 그 최종목표는 인수인 것이다. 따라서 이사의 선관주의의무의 내용도 담보제공 등에 국한하여 볼 것이 아니라 기업의 인수 전체와 연관하여 보는 것이 타당하다.

그 구체적 내용으로 ① 인수가격의 적정성에 대한 검토, ② 인수자의 재무상태 및 경영능력의 평가를 포함한 인수 효과에 대한 검토, ③ 주주 및 채권자들에 대한 절차적 권리보장, ④ 인수절차의 적법하고 투명한 진행 등을 상정할 수 있다. 따라서 기존회사의 재무건전성 보장은 인수가격이 적정하고 기존 주주들과 채권자들에게 절차적 권리를 보장한 이상 선관주의의무에 포함되지 않는다고 해석하는 것이 타당할 것이다.

(2) LBO에 있어서 손해발생

종래 판례의 태도와 같이 LBO에 있어 단순히 회사의 자산을 담보로 제공한 경우 이사 등의 업무상 의무 위반이 있다는 점을 인정한다 하더라도 업무상 배임죄가 성립하려면 신임관계에 있는 자에게 손해가 발생하여야 한다. 판례[18]는 이 점에 대해서도 정밀한 검토 없이 회사의 자산을 제3자에게 담보로 제공하였다는 점에 주목하여 회사의 손해 가능성을 인정하고 있다. 판례의 이러한 태도의 바탕에는 인수의 형식적 주체인 SPC의 자산구조가 취약하여 피인수회사가 담보를 상실할 위험이 있다는 생각이 깔려 있는 것으로 볼 수 있다.

18) 2003도5091, 2004도7027, 2005도3045 등 참조.

그러나 SPC는 피인수회사를 인수하기 위한 방법으로 명목상 설립한 회사이고 또한 앞에서 살펴본 바와 같이 담보의 제공은 실제 피인수회사를 위한 것이므로 이러한 판례의 전제는 성립되기 어렵다고 생각된다.

그럼 어떤 기준으로 피인수회사의 손해 가능성을 판단할 수 있을 것인가? 이에 대한 기준은 하급심 판결에서 그 대략적인 모습을 발견할 수 있다. 먼저 2004도7027 판결의 원심 재판부는 “LBO 방식의 기업인수에 있어 LBO 방식을 이용하였다는 이유만으로 그 자체로 피인수기업에 손해를 발생시키고 인수자가 이에 상응하는 이익을 얻은 것이라고는 볼 수 없다”고 전제한 후 “① 담보로 제공된 부동산에 대하여 기존에 설정되어 있던 근저당권이 모두 말소되었고, ② 피인수회사에 대한 회사정리절차까지도 종결하게 되어 피인수회사의 변제능력이 더욱 커짐으로써 담보부동산을 상실하게 될 위험성은 더욱 감소되었다고 볼 수 있고, ③ 그 후 대출금 채무의 일부를 변제하였고, ④ 채권자인 금융기관들의 입장에서도 피인수회사의 경영이 정상화된 이상 그 대출금을 회수할 필요성이 없다고 판단하여 현재까지도 계속해서 대출금 채무의 변제기를 연장하여 주고 있는 점을 보아도 금융기관들이 그 담보물을 처분할 위험성은 현저히 감소하였다고 할 것이다”라고 판시하여 손해발생 가능성에 대해 종합적이고 실질적인 판단을 하고 있다.

또한 앞에서 살펴본 부산지법 2008고합482, 516, 656(병합) 판결에서는 “피인수회사에게 어떠한 손해를 발생시키는 것인지 이를 구체적으로 인정할 만한 아무런 증거가 제출되어 있지 않다” 라고 전제한 후 “합병대상인 회사의 재무구조가 매우 열악하여 합병을 하게 되면 일방의 재산 잠식이 명백히 예상됨에도 합병을 실행하여 그로 인해 재산 잠식 등의 재산상 손해가 발생된 경우에는 합병을 주도한 이사들의 배임 여부가 문제될 수도 있다고 할 것이나, 인수회사가 ○○그룹의 지주회사로서 피인수회사와 비교하여 경제력이 우월한 이 사건의 경우 합병으로 인하여 피인수회사에게 재산 잠식이 발생되었다거나 그러한 합병이 피인수회사에게 경제적으로 심히 불리한 것이라 보기는 매우 어렵다 할 것이다"라고 판시하여 손해발생 가능성에 인수회사의 자력을 판단요건으로 삼고 있다.

위 판례에서 공통으로 지적하고 있는 바와 같이 단순히 회사의 자산을 담보로 제공하였다는 사실 자체로 손해발생의 가능성을 인정하는 것은 지나친 해석이라고 생각한다. 즉 검찰에서는 이를 입증할 수 있는 보다 구체적인 증거를 제출하여야 한다고 할 것이고, 법원에서는 손해발생 가능성의 판단에 있어 먼저 LBO 후의 사정을 참작하여야 한다. 즉 담보제공보다 더 큰 이익을 피인수회사가 얻었다면 실실적으로는 손해가 없다고 하여야 한다.

그럼 담보제공보다 더 큰 이익을 얻은 경우란 어떤 것일까? 각 상황에 따라 그 답은 달라지겠지만 대략적으로 ① 시장에서의 신용도 상승(신용평가기관의 객관적 평가 전제), ② 주식 시장에서의 주식가격 상승, ③ 금융기관들의 대출규제 완화, ④ 인수 후의 영업이익 증가 등 경영환경의 개선, ⑤ 한계기업에 대한 회사회생절차 종료 등을 생각할 수 있다.

다음으로 LBO의 자금조달 방법에 대한 고찰이 있어야 할 것이다. 인수회사가 일정 부분 자기자본을 투자한 경우 그만큼의 위험부담을 스스로 지는 것이고, 다른 자금조달의 가능성이 남아 있으므로 담보상실의 가능성이 높지 않다고 하여야 한다.

그러나 전액 선순위채권이나 은행채권 등으로 자금을 조달하는 경우나 이보다 더 위험한 사채만으로 자금을 조달하는 경우에는 인수 후 금융비용의 현격한 증가로 담보상실의 가능성이 높아지므로 손해발생 가능성이 인정될 수 있다. 이러한 자금조달 방법을 이용하는 경우 통상 피인수회사의 정상화나 혁신을 위한 목적이 아니라 인수 후 다시 되팔거나 회사 보유 실물자산(현금, 부동산 등)을 탈취하려는 기업사냥이 목적인 경우가 대부분이라고 할 수 있다.

6. 새로운 기준의 제시

자통법이 시행됨에 따라 투자목적회사의 차입에 제한을 가하고 있던 간접투자자산운영법 시행령[19]이 폐지되는 등 앞으로 다양한 방식의 LBO가 시도될 수 있는 금융환경이 서서히 조성되고 있다.

이런 상황에서 일부 하급심 판례가 LBO의 구조적 특징을 이해하고 구체적인 기준으로 배임죄 성립여부를 판단하려고 한 사실은 매우 고무적이다. 그러나 이러한 시도에도 불구하고 아직 LBO 전체과정을 관통하는 체계적인 기준이 정립되지 않았다는 사실이 아쉬운 점으로 남아 있다. 따라서 범죄구성요건을 바탕으로 하고 LBO의 구조를 반영한 기준정립이 시급하다 할 것인데 미력하나마 이를 정리하면 다음과 같다.

(1) 임무위반 평가기준

발생여부	대 상	내 용
○	회사, 주주, 채권자	• 인수가격의 적정성 검토의무 • 인수자의 재무상태 조사의무 • 인수자의 경영능력 평가의무 • 주주 및 채권자의 절차적 권리보장 의무 • 인수절차의 적법성 및 투명성 보장 의무 등

19) 시행령(제131조의8)은 투자목적회사의 차입규모를 자기자본의 2배로 제한하고 있었다.

(2) 손해발생(담보상실) 가능성 평가기준

피인수회사	인수회사
▪ 시장에서의 신용도 변화 ▪ 주식가격의 변화 ▪ 경영실적의 변화 ▪ 금융기관의 태도 변화 등	▪ 자기자본 비율 ▪ 자본투자 비율 ▪ 외부차입의 건전성 정도 ▪ 전문경영 능력 등

제5절 업무상 배임죄의 이득(손해)액 산정기준(부실대출을 중심으로)

1. 특경법 제3조의 죄수결정

판례는 법 시행 이후 일관되게 "특경법 제3조 제1항에서 말하는 이득액은 단순일죄의 이득액이나 혹은 포괄일죄가 성립되는 경우의 이득액의 합산액을 의미하고 경합범으로 처벌될 수죄에 있어서 그 이득액을 합한 금액을 말한다고 볼 수 없다"고 판시하고 있다.

따라서 피고인에게는 포괄일죄에 해당하여 이득액이 합산되는 것보다는 경합범으로 처벌받는 것이 유리할 수 있다. 그 결과 경합범과 포괄일죄의 구별기준이 중요한데 판례는 "동일죄명에 해당하는 수개의 행위를 단일하고 계속된 범의하에 일정기간 계속하여 행하고 그 피해법익도 동일한 경우에는 이를 각 행위를 통틀어 포괄일죄로 처단하여야 한다"라고 판시하여 그 대략의 구별기준을 설시하고 있다.

이러한 기준에 의할 때 동일인에 대한 부실대출은 충분히 업무상 배임죄의 포괄일죄로 의율할 수 있음에도 불구하고 판례

(83도3196 등)는 매 부실대출시마다 각각 범죄가 성립하는 것으로 판단하고 있다. 그러나 (구)증권거래법 제207조의2 위반(시세조정) 사안에 대해서는 포괄일죄로 의율하고 있다.

2. 판례에 나타난 이득(손해)액의 산정기준

(1) 각 범죄의 이득액에 대한 우리판례의 태도

가. (구)증권거래법 제207조의2 위반죄[20]

판례(2002도1855, 2002도1256 등)는 "위반행위로 인하여 얻은 이익이라 함은 손실액의 반대되는 개념으로 당해 위반행위로 인하여 행위자가 얻은 이윤 즉 그 거래로 인한 총수입에서 그 거래를 위한 총비용을 공제한 차액을 말한다"고 판시하고 있다.

나. 사기죄(특경법 포함)

판례(2000도1899)는 "사기죄에 있어서 그 대가가 일부 지급된 경우에도 그 편취액은 피해자로부터 교부된 재물의 가치로부터 그 대가를 공제한 차액이 아니라 교부받은 재물 전부라 할 것이다"라고 판시하고 있고 또 다른 판례(82도3088)는 "금융기관의 대출이나 신용보증기금의 신용보증서 발급이 기만행위에 의하여 이루어진 이상 그로써 곧 사기죄는 성립하는 것이고, 담보권의 가액을 공제하여야 하는 것은 아니다"라고 판시하고 있다.

이러한 판례의 태도에 비추어 보면 사기죄의 경우 범죄행위 전후의 재산 상태를 비교할 필요가 없다는 입장인 것으로 생각된다.

다만 판례(2005도7288 전원합의체 판결의 다수의견)는 "부동산을 편취한 경우 편취한 부동산의 가액을 산정함에 있어, 부동산

---

20) (구)증권거래법 제207조의2 위반죄의 이득액 산정에 관해서는 후에 상술한다.

의 시가 상당액에서 근저당 등에 의한 부담에 상당하는 금액을 공제하여야 한다"고 하면서 그 이유로 "특경법 제3조의 적용을 전제로 사기죄와 달리 특경법은 그 편취한 금액의 가액이 5억원 이상 또는 50억원 이상이라는 것이 범죄구성요건의 일부로 되어 있고 그 가액에 따라 그 죄에 대한 형벌도 가중되어 있으므로 이를 적용함에 있어 편취한 재물이나 재산상 이익의 가액을 엄격하고 신중하게 산정함으로써, 사기죄가 범죄와 형벌 사이에 적정한 균형이 이루어져야 한다는 죄형균형 원칙이나 형벌은 책임에 비례하여야 한다는 책임주의 원칙이 훼손되지 않도록 유의하여야 한다"고 판시하고 있다.

위 판례의 태도는 타당하다고 할 수 있으나, 판례의 태도를 전체적으로 종합하여 보면 형법상 사기죄에 있어서는 재물을 교부받거나 재산상 이득을 취함으로써 사기죄가 성립하고 그 가액이 얼마인지는 문제되지 아니하고, 다만 특경법에 있어서는 그 가액이 범죄구성요건으로 규정되어 있어 이에 대한 심사가 필요하다는 입장이므로 이러한 논리에는 찬성하기 어렵다.

다. 업무상 배임죄

판례(99도334)는 업무상 배임죄와 관련하여 "피고인이 그 업무상 임무에 위배하여 부당한 외상 거래행위를 함으로써 업무상 배임죄가 성립하는 경우, 담보물의 가치를 초과하여 외상 거래한 금액이나 실제로 회수가 불가능하게 된 외상거래 금액만이 아니라 재산상 권리의 실행이 불가능하게 될 염려가 있거나 손해 발생의 위험이 있는 외상거래대금 전액을 그 손해액으로 보아야 하고, 그것을 제3자가 취득한 경우에는 그 전액을 특경법 제3조에 규정된 제3자로 하여금 취득하게 한 재산상 이익의 가액에 해당하는 것으로 보아야 할 것이다"라고 판시하고, 또 다른 판례(2000도28)는 "부실대출에 의한 업무상 배임죄가 성립하는 경우에 담보물의 가치를 초과하여 대출한 금액이나 실제로 회수가 불가능하게 된 금액만을 손해액으로 볼 것이 아니고 재산상 권리의 실행이 불가능하게 될 염려가 있거나 손해발생의 위험이 있는 대출금 전액을 손해액으로 보아야 하며, 그것을 제3자가 취득한 경우에는 그 전액을 특경법 제3조에서 규정한 제3자로 하여금 취득하게 한 재산상의 가액에 해당하는 것으로 보아야 한다"고 판시하고 있다.

이러한 판례의 태도를 종합하여 보면 업무상 배임죄의 경우에도 사기죄와 마찬가지로 범죄 전후의 재산상태를 비교할 필요가 없다는 입장으로 생각된다. 다만, 앞에서 소개한 전환사채의 저가발행 사례에서는 재산상 이익을 주식의 시세와 전환액의 차이 또는 회사의 지배권을 확보하는 데 예상되는 비용과 전환액의 차이로 이해하고 있어 그 명확한 기준이 정립되어 있지 아니한 상태이다.

(2) 독일 판례의 태도

독일의 경우도 판례는 기본적으로 경제적 재산개념에 따라 손해 및 재산상 이익을 판단하고 있다. 다만 우리와 다른 점은 좀더 명확하게 이득액을 산정한다는 것이다.

즉 개인의 금전가치 있는 재화에서 채무를 공제한 잔액의 총액을 재산이라고 하고 있으며, 이익과 불이익 전부를 객관적, 전체적으로 계산하여 경제적 가치 있는 재산이 감소된 경우에 손해가 있었다고 한다. 또한 의무부담이라는 재산적 지출은 그로 인한 반대급부라는 재산적 수입을 공제하여 그 손해액을 산정하여야 한다라고 하고 있다.

연방대법원은 이러한 태도에 따라 매도인이 인조모직바지를 순모라고 속여 판매하여 문제된 사안에 대해 그 가격이 통상의 인조모직바지의 시장가치였다는 이유로 무죄를 선고하였다(BGHSt 16.220.221).

(3) 일본 판례의 태도

일본 최고재판소는 소화(昭和) 58년 5월 24일 판결에서 형법 제247조의 "본인에게 재산상의 손해를 가한 때"라 함은 경제적 견지에서 본인의 재산상태를 평가하여 피고인의 행위에 의해 본인의 재산가치가 감소한 때 또는 증가하여야할 가치가 증가하지 아니한 때를 말한다고 하여 재산상 재산개념을 취하고 있다. 한편 평성(平成) 8년 2월 6일 판결에서는 손해에 상당하는 경제적 이익이 피해자에게 귀속된 경우에는 배임죄가 성립하지 않는다는 것을 전제로 경영상태가 악화된 회사의 대표이사가 발행한 수표에 대해 보증을 한 은행임원의 행위는 업무상 배임죄에 해당한다고 하였다.

3. 이득액 산정방법

앞에서 살펴본 바와 같이 판례가 이득액 산정을 재산적 경제개념을 따르는 것과 (구)증권거래법 위반행위로 얻은 이익을 산정하는 방법은 타당하다고 생각한다.

그러나 업무상 배임죄에서의 손해액산정에 대해서는 아직 정립된 방법을 제시하지 않고 사기죄의 법리를 도입하여 부당대출 등에서 대출금액 전체를 배임죄의 이득액 혹은 손해액이라고 인정하는 것은 문제가 있다고 본다. 배임죄가 성립하려면 판례의 태도대로 재산상 손해발생이 필요하고 그것이 장래에 발생할 위험까지 포함한 개념이라 하더라도 배임행위 전후 전체 재산의 가치를 정밀하게 비교함 없이 단순히 부당대출액 전체를 손해액으로 산정하는 것은 문제가 있다고 본다. 각각의 경우를 나누어 고찰하여 본다.

(1) 물적 담보가 제공된 경우

금융기관에 의한 대출이 이루어지면서 물적 담보가 제공된 경우 대출 당시 담보권의 합리적 가치(제3자의 입장에서 객관적으로 관찰한)를 차감한 금액이 이득액으로 인정되어야 한다. 다만 담보권을 대출 이후에 취득한 경우나 대출 후에 담보권의 가치가 하락한 경우에 이득액 산정 방법이 문제된다.

먼저 ① 담보권을 대출 이후에 취득한 경우 당해 계약에 부수된 계약에 의해 담보권을 취득한 경우(신규분양 건물에 있어 대출이 먼저 이루어지고 소유권이 이전된 후 저당권을 설정하기로 약정하는 경우)는 두 계약이 불가분적으로 연결되어 있으므로 취득시기에 상관없이 대출시 담보권을 취득한 경우와 같이 보아야 하고, ② 대출 당시에는 임무의 위배가 있고 손해의 위험이 인정되나 후에 물적 담보를 취득한 경우(대출연장시 담보권 취득 등) 원칙적으로 배임죄가 성립되겠지만 시간적 근접성 등이 배임죄 성립에 고려되어야 한다고 생각한다.

두 번째로 담보가치가 하락한 경우 그 하락을 객관적으로 예상할 수 있었음에도 대출을 감행하였다면 배임죄가 성립하겠지만 급변하는 시장상황에 의해 담보가치의 하락이 초래되었다면 배임죄의 죄책을 물을 수 없다고 할 것이다.

(2) 인적 담보가 제공된 경우

인적 담보가 제공된 경우 통상 금융기관에서 산정하는 인적 담보제공자의 책임재산의 인정범위를 기준으로 손해액을 산정하여야 한다. 그 구체적 사안은 물적 담보가 제공된 경우와 동일하다고 할 것이다.[21]

(3) 무담보 대출의 경우

무담보 대출에 있어서 가장 문제가 되는 것은 내부 대출규

---

21) 2000도3716 판결은 이와 반대로 판시하고 있다. 자격미달보증인을 세우고 대출한 경우 업무상 배임죄를 인정하고 있다.

정을 위반하여 대출을 한 경우이다. 배임죄의 특징은 손해라는 결과가 발생한 후 과거대출시점에서의 행위를 문제삼는다는 데 있다. 따라서 내부 대출규정을 위반한 사실 자체가 배임의 고의를 강하게 추단하게 하는 간접사실로 작용할 수 있다. 판례도 내부규정 위반의 경우 경영상 판단의 원칙을 배제하여 배임죄의 성립을 인정하는 경우가 대부분이다. 그러나 내부규정 위반의 사실은 내부 징계사유는 될 수 있어도 곧바로 배임죄의 고의나 손해액 산정의 기준이 될 수는 없다고 할 것이다. 따라서 내부규정을 위반한 무담보 대출의 경우에도 대출 당시를 기준으로 채무자의 자력, 변제의사, 예상회수금액 등을 기준으로 손해액을 산정하여야 할 것이다. 무담보대출의 경우 일률적으로 대출액 전체를 손해액으로 본다면 후진적인 담보대출의 관행을 유지시킬 뿐 선진적인 신용대출제도의 정착에는 도움이 되지 않을 것이기 때문이다

제6절 부정한 청탁과 배임수증재죄

1. 의 의

앞에서 살펴본 바와 같이 업무상 배임죄에 대한 판례의 태도는 매우 엄격하다. 이와 더불어 배임죄가 행하여지기 전후에 이에 밀접하게 관계되어 금품의 수수나 이익의 제공이 행하여지는 경우[22]가 많은데 이를 처벌하기 위하여 우리 형법에서는 배임수증재죄를 따로 규정[23]하고 있다.

22) 특히 자신이 아니라 제3자에게 재산상 이익을 취득하게 하기 위해 범해진 배임죄의 경우 금품의 수수 내지 이익의 제공 없이 행하여지는 경우는 드물다.

자유시장경제에서 공정한 경쟁은 시장경제를 뒷받침하는 소금과 같은 원칙이고 이러한 원칙이 무너졌을 때 어떠한 폐해가 나타나는가에 대해서는 우리 모두 역사적 경험으로 잘 알고 있다. 그러나 전통적인 부패범죄인 뇌물죄의 범위를 넘어 개인의 사적 거래에까지 부패라는 단어로 치장된 법의 잣대를 들이대는 것은 법 운영의 원칙이나 기준이 설정되어 있지 아니하면 업무상 배임죄와 마찬가지로 자칫 국가주의나 대중영합주의로 기울게 되어 종국에 있어 자유시장경제질서를 파괴하게 될 우려가 있는 것 또한 사실이다.[24)]

따라서 이하에서는 배임수증재죄의 구성요건인 '부정한 청탁'을 중심으로 배임수증재죄 적용에 대한 대략의 기준을 제시하려고 한다.

2. 배임수증재죄의 규정체계

(1) 형 법

형법은 배임수재죄와 배임증재죄를 구별하여 규정하고 있는바, 배임수재죄는 ① 타인의 사무를 처리하는 자가, ② 그 임무에 관하여 부정한 청탁을 받고, ③ 재물 또는 재산상의 이익을 취함으로써 성립하고, 배임증재죄는 이러한 재물 또는 재산상 이익을 제공함으로써 성립한다(제357조). 배임수증재죄의 미수범은 처벌(제359조)하고, 재물이나 재산상 이익은 몰수 또는 추징한다(필요적 몰수·추징, 제357조).

---

23) 이러한 경우에만 배임수증재죄가 논의되는 것은 아니나 본서의 특성상 논의의 범위를 한정한다.

24) 이러한 맥락에서 스페인, 폴란드, 스위스 등에서는 배임수증재죄에 대한 독자적인 처벌규정을 두고 있지 않은 것으로 파악된다.

(2) 상 법

상법은 배임수증재죄의 특별규정으로 회사의 발기인, 이사 기타 임직원의 독직죄를 규정하고 있는바, ① 회사의 발기인, 이사, 기타임직원이, ② 그 직무에 관하여 부정한 청탁을 받고, ③ 재산상 이익을 수수, 요구 또는 약속함으써 성립하고 이러한 재산상 이익을 약속, 공여 또는 공여의 의사표시를 함으로써 성립한다(상법 제630조).

(3) 특정경제범죄 가중처벌 등에 관한 법률[25)]

특경법은 배임수증재죄의 가중처벌규정으로 금융기관 임・직원의 수증재 등의 범죄를 규정하고 있는바, ① 금융기관의 임・직원이 그 직무에 관하여 금품 기타 이익을 수수・요구 또는 약속하거나 ② 그 직무에 관하여 부정한 청탁을 받고 제3자에게 금품 기타 이익을 공여하게 하거나 공여하게 할 것을 요구 또는 약속하거나 ③ 그 지위를 이용하여 소속금융기관 또는 다른 금융기관의 임・직원의 직무에 속하는 사항의 알선에 관하여 금품 기타 이익을 수수・요구 또는 약속함으로써 성립하고(제5조), 이러한 ① 금품 기타 이익을 약속・공여 또는 공여의 의사를 표시하거나 ② 이러한 행위에 제공할 목적으로 제3자에게 금품을 교부하거나 그 정을 알면서 교부받음으로써 성립한다(제6조). 이렇듯 우리 형법체계에서는 형법 이외에도 특별형법의 형식으로 배임수증재죄를 규정하고 있으나 이하에서는 가장 기본이 되는 형법상의 배임수증재죄를 중심으로 살펴보도록 하겠다.[26)]

---

25) 판례는 이를 뇌물죄의 가중요건으로 해석하고 있으나, 공무의 불가매수성을 본질로 하는 뇌물죄의 가중요건으로 보는 것이 타당한지 의문이다. 그러나 판례의 태도에 따라 특경법은 뇌물죄 부분에서 후술한다.

26) 상법과 특경법상의 배임수증재죄는 실무에서 드물게 사용된다. 따라서 형법의 규정을 살펴보는 것이 효율적이라고 판단된다. 다만 상법상의 임직원의 독직죄에 관하여 판례는 의미 있는 결정을 하고 있는바, 이는 후술한다.

3. 타인의 사무를 처리하는 자의 의미

배임수재죄에서 타인의 사무를 처리하는 자라 함은 타인과의 대내관계에 있어서 신의성실의 원칙에 비추어 그 사무를 처리할 신임관계가 존재한다고 인정되는 자를 의미한다. 따라서 반드시 제3자에 대한 대외관계에서 그 사무에 관한 권한이 존재할 것을 요하지 않는다. 또한 그 사무가 포괄적 위탁사무일 것을 요하는 것도 아니다. 사무처리의 근거, 즉 신임관계의 발생근거는 법령의 규정, 법률행위, 관습 또는 사무관리에 의하여도 발생할 수 있다. 타인의 사무는 재산상의 사무이거나 재산적인 이해를 가지는 사무일 필요는 없다. 그리고 자신의 사무를 처리하는 자는 배임수재죄의 주체가 될 수 없다.

행위의 성질상 그것이 타인의 사무인지 자신의 사무인지 확연하게 구분되지 아니하는 경우에는 어떤 기준에 의해 타인의 사무를 처리하는 자로 인정할 수 있을까? 이에 대한 판례의 태도를 살펴보도록 하겠다.

판례(2007도2178)는 "인천시교육청이 발주한 고등학교신축공사를 공동으로 수급한 주식회사가 이를 일괄 하도급하거나 공사금액의 88% 이하의 가액으로 하도급하는 것이 금지되어 있었음에도, 실제로는 수급인이 하수급인에게 위 신축공사 전부를 81%의 공사금액에 일괄 하도급을 주면서 형식상 88%의 공사금액에 하도급을 주는 것처럼 계약서를 허위로 작성·제출한 후 발주청이 기성금을 입금하면 하수급인으로 하여금 그 차액 상당액을 교부하도록 하였다고 하더라도 이는 수급인의 발주청에 대한 단순한 채무불이행에 불과하여 건설산업기본법 등에 따른 책임을 부담하는 것은 별론으로 하고 수급인이 위 신축공사에 대한 일괄 하도급계약을 체결하는 행위는 타인을 위한 사무처리가 아니라 바로 수급인 자신의 사무처리행위에 해당한다"고 판시하였다.

결론적으로 판례는 본인에 대하여 대내적인 관계에서 주의의무를 가지고 사무를 처리하여야 할 법적인 의무가 발생하는지 여부를 기준으로 타인의 사무를 처리하는 자의 지위에 있는가를 판단하여야 한다는 입장을 견지하고 있다.

그럼 타인의 사무를 처리하는 신분은 어느 때에 존재하여야 하는가? 이에 대해 판례(87도414)는 "배임수재죄는 타인의 사무를 처리하는 자의 청렴성을 그 보호법익으로 하고 있는바, 그 임무에 관하여 부정한 청탁을 받고, 재물을 수수함으로써 성립되고, 반드시 취재 당시에도 취재와 관련된 임무를 현실적으로 담당하고 있음을 그 요건으로 하는 것은 아니므로 타인의 사무를 처리하는 자가 그 임무에 관하여 부정한 청탁을 받은 이상 그 후 사무분담 변경으로 그 직무를 담당하지 아니하게 된 상태에서 재물을 수수하게 되었다 하더라도 여전히 타인의 사무를 처리하는 지위에 있고, 그 재물 등의 수수가 부정한 청탁과 관련하여 이루어진 것이라면 배임수재죄는 성립한다"고 판시함으로써 취재 당시에는 타인의 사무를 처리하는 지위에 있을 필요가 없다고 하고 있다. 위 판례에서 명시적으로 판시하고 있지 아니하나 '타인의 사무를 처리하는 자가 그 임무에 관하여 부정한 청탁을 받은 이상'이라고 판시하고 있고 또한 배임수재죄에 있어 타인의 사무를 처리하는 자가 그 업무에 있어 부정한 청탁을 받을 것을 요하므로 적어도 부정한 청탁을 받을 당시에는 타인의 사무를 처리하는 지위에 있어야 한다.[27)]

4. 임무에 관하여의 의미

배임수재죄에 있어 "임무에 관하여"라 함은 타인의 사무를

---

27) 부산지법 2008고합482, 516, 656(병합) 판결 참조.

처리하는 자가 위탁받은 사무를 말하는 것이나, 이는 그 위탁관계로 인한 본래의 사무뿐만 아니라 그와 밀접한 관계가 있는 범위 내의 사무도 포함되고, 나아가 고유의 권한으로서 그 처리를 하는 자에 한하지 않고 그 자의 보조기관으로서 직접 또는 간접으로 그 처리에 관한 사무를 담당하는 자도 포함된다.

문제는 판례가 위탁관계로 인한 본래의 사무뿐만 아니라 그와 밀접한 관계가 있는 범위내의 사무도 배임수재죄의 임무에 포함시키고 있다는 사실이다.

그럼 위탁관계로 인한 업무와 밀접한 관계가 있는 사무인지 아니면 전혀 무관한 사무인지를 나누는 기준은 무엇인가? 몇 가지 상반된 판례를 살펴보고 그 기준을 나름대로 제시하려고 한다.

우선 판례(2006도3504)는 "대학원생들이 지도교수들을 통하여 다른 대학교 교수인 피고인에게 학위논문 작성에 필요한 실험대행 및 논문의 주요부분 작성 등 편의를 제공하여 문제없이 학위를 취득하게 해 달라는 청탁을 하고 금품을 교부한 사안에서, 위 청탁은 부정한 청탁에 해당하지만, 타 대학 대학원생들에 대한 논문지도 및 심사업무가 피고인의 임무라고 할 수 없으며, 피고인이 대학원생들 지도교수들의 배임수재행위에 공모하였다고 보기도 어렵다"고 판시하였다. 사안에서 피고인이 문제가 된 타 대학원의 논문심사위원으로 참가한 사실이 있음에도 청탁의 내용이 학위논문 작성에 필요한 실험대행 및 논문의 주요부분 작성 등의 편의라는 사실에 주목해 피고인의 업무관련성을 부인하였다.

또한 판례(2005도6433)는 "한국야구위원회(KBO) 사무총장이 잠실야구장의 광고권자 선정 업무를 처리하는 자에 해당한다고 볼 수는 없고, 그 담당 업무가 위 광고권자 선정 업무와 밀접한 관계가 있는 범위 내의 사무라고 보기도 어려워, 위 광고권자 선정과 관련하여 부정한 청탁을 받고 금품을 수수한 행위를 배임수재죄로 처벌할 수 없다"고 판시하고 있다.

그러나 이와는 반대로 판례(2007도3096)는 재건축조합장이 시공사의 하도급업체들로부터 금품을 수수한 사건에서 "재건축조합과 시공사들이 체결한 공사도급계약에 따르면, 전체 도급계약금액에 철거공사 비용이 포함되어 있고, 시공사가 전문공사를 전문공사업자에게 하도급하는 경우에는 조합에 통지하거나 협의하여야 하며, 조합에서 원칙적으로 공사의 시공과 관련하여 감독권, 시정명령권을 갖는 사실을 각 인정한 다음, 위와 같은 이 사건 재건축조합의 시공사에 대한 우월적 지위, 철거공사 수주과정 및 피고인의 금품수수 경위와 금액 등에 비추어, 비록 형식상으로는 철거업체의 선정권한이 시공사에게 있다고 하더라도, 철거업체 선정에 관한 사항은 피고인이 정관에 따라 조합장으로서 총괄하여 처리하는 조합의 사무와 밀접한 관계가 있는 사무로서, 조합에 대한 관계에서 피고인의 임무라고 봄이 상당하다"고 판시하였다.

또한 대학교수들이 특정출판사의 교재를 채택하여 달라는 취지의 청탁과 함께 판매대금의 일정비율을 수수한 사례에서 판례(95도2090)는 "대학교수인 피고인들이 학생들에게 가르칠 교재의 선택 및 출판업자를 선정하는 일은 피고인들의 자유재량에 맡겨짐은 사실이나, 이는 대학교의 수업권(교육법 제150조 참조)을 위임받은 것이라 할 것이므로 자신의 학문적인 성과를 저술한 책자를 출판하는 것이 아니라 대학교재로 쓸 것을 전제로 하는 한 이를 피고인들의 자신의 업무라고 볼 수는 있다"고 판시하였다.

판례의 태도를 살펴보면 KBO사례나 논문심사 사례에서 실질적으로 청탁에 대하여 영향력을 행사할 수 있는 지위에 있음에도 청탁업무와 위탁업무 사이에 어떠한 매개관계가 없는 이상 업무연관성을 부인하고 있음을 알 수 있다. 반면 재건축사례에서는 하도급업체 선정이 시공사의 업무이고 재건축조합장의 업무와는 연관성이 없음에도 도급계약관계상 시공사의 업체선정에 영향력을 미칠 수 있다면 업무연관성을 인정하고 있다.

결론적으로 일견 무관한 업무라 하더라도 계약이나 법령에 의해 영향력을 미칠 수 있는 통로가 존재한다면 판례는 업무연관성을 인정하고 있다고 하겠다.

5. 부정한 청탁의 의미

배임수증재죄에 있어 핵심적인 구성요건은 부정한 청탁이다. 이에 대해 판례는 일관된 기준을 제시하고 있다. 즉 판례(2008도9602, 2007도4702 등)는 부정한 청탁의 의미에 대해 "형법 제357조에 규정된 배임수재죄에 있어서의 부정한 청탁이라 함은 청탁이 사회상규와 신의성실의 원칙에 반하는 것을 말하고, 이를 판단함에 있어서는 ① 청탁의 내용, ② 이에 관련되어 취득한 재물이나 재산상 이익의 종류·액수 및 형식, ③ 재산상 이익 제공의 방법과 태양, ④ 보호법익인 거래의 청렴성 등을 종합적으로 고찰하여야 하며, 그 청탁이 반드시 명시적일 필요는 없고 묵시적으로 이루어지더라도 무방하다"고 판시하고 있다.

부정한 청탁여부를 판단함에 있어 가장 중요한 것은 청탁의 내용이다. 따라서 이를 기초로 다른 요소들을 종합하여 청탁의 부정성을 판단하여야 한다.

먼저 청탁의 내용이 내부규정이나 관련법규를 위반하는 것을 내용으로 하는 경우에는 취득한 재산상 이익의 과소 등을 묻지 않고 배임수재죄가 성립한다고 하여야 할 것이다. 판례(91도2418)도 한국전력공사 소속 송전배원으로 송전설비관리 및 송전선로공사의 현장감독업무를 하던 피고인이 송전선로 철탑이설공사를 도급받아 시공하는 피고인으로부터 공사시공에 하자가 있더라도 묵인하여 달라는 취지의 청탁을 받고 금원을 수령한 경우 배임수재죄의 성립을 인정하였고, 또 다른 판례(82도735)는 피고인이 그가 대표이사로 있는 회사가 발주하는 공사에 관하여 입찰경쟁업체로 지명함에 있어서(건설업법상의 그 도급한도액을 초과하고, 도급순위가 385위인 파산 직전인 건설회사로서) 부적당하다는 점을 알면서도 부정한 청탁을 받고 건설업체를 지명하고 그 사례조로 금원을 수수한 경우 배임수재죄를 인정하였다.

다음으로 내부규정이나 관련법규의 위반 없이 재량의 범위 내에서 업무를 처리하는 자에게 재량권 범위 내에서 최대한 선처나 유리한 내용으로 사무를 처리하여 달라는 내용의 청탁을 한 경우, 그것이 부정한 청탁인지를 판단하기 위해서는 여러 가지 요소를 종합하여 결론을 내려야 한다. 판례가 부정한 청탁인지의 여부를 사회상규를 기준으로 판단하고 있는 이상 판례상 정립된 비례의 원칙이 배임수재죄에 있어서도 원용될 수 있다고 할 것이다. 다만 그 사용의 측면이 적극적인 조각사유로서가 아니라 소극적인 참작사유로서의 측면이 강하다고 할 것이다.

먼저 청탁을 받은 목적이 본인을 위해서거나 아니면 조직유지를 위해 필요한 경우 즉 청탁을 통해 개인적인 이익을 취하려는 사정이 엿보이지 않는다면 청탁의 부정성은 제한될 수 있을 것이다.[28)]

두 번째로 청탁을 실현하는 방법이 본인의 이익과 충돌될 가능성이 없다면 부정한 청탁이라고 할 수 없을 것이다. 배임수재죄에 있어서 핵심은 신임관계의 파괴이며 그 이면에는 신임관계의 파괴로 본인에게 피해가 발생할 수 있다는 사실이 전제되어 있기 때문이다. 판례(85도465, 91도61)도 기존의 계약관계를 유지시켜 기존권리를 확보하기 위한 부탁행위는 부정한 청탁이라고 할 수 없다고 판시하고 있는바, 기존의 계약관계가 청탁을 하는

---

28) 배임수재죄는 업무처리자가 재물 또는 재산상 이익을 취하여야 성립된다. 이는 구성요건 해당성 문제로 청탁의 목적과 구별하여야 할 것이다. 자세한 내용은 후술한다.

쪽에서의 고의, 과실 없이 종료되는 상황에서 이런 계약관계를 계속 유지하는 것이 본인의 이익에 반하지 않는다면 부정한 청탁이라고 할 수 없다는 취지로 이해된다.

그러나 앞의 경우와는 다르게 공정한 경쟁을 통해 최고의 조건을 구비한 자를 사업 파트너로 선정하거나 취업시키는 경우에 청탁을 받은 자를 선정하는 행위는 공정한 경쟁을 통한 (유형·무형적) 이익의 극대화라는 본인의 취지에 반하는 행위로 이는 대외 신인도나 평판의 저하, 공정한 경쟁체제를 통한 사업의 효율성 제고 파괴 등 본인에게 해가 되는 행위이므로 청탁의 부정성이 쉽게 인정될 수 있을 것이다. 판례[29]도 이러한 경우 예외 없이 배임수재죄의 성립을 인정하고 있다.

세 번째로 고려해야 할 요소는 거래의 청렴성이라는 법익의 침해정도이다. 이 요소를 고려하는 데 있어 가장 중요한 점은 재물이나 이익의 양과 이것을 전달받는 행위태양이라고 할 수 있다. 즉 관례상 통용되는 정도를 넘어서는 과도한 금액을 수수하거나 은밀한 방식을 이용하여 수수하였다면 거래의 청렴성이라는 보호법익의 침해정도가 크다고 하여야 할 것이다. 따라서 이러한 경우 청탁의 부정성이 제한되지 않는다. 판례(99도2156)도 방송국 관계자가 수능특강 교재로 특정출판사의 교재를 채택하여 달라는 부탁을 받은 사안에서 "공여한 재물의 액수도 사례금의 범위를 넘어 거액인 점, 금원 중 일부를 전달받는 과정에서도 현금으로 바꾸어 주차장에서 은밀히 전달받은 점에 비추어 보면 위 청탁은 단순히 업무규정, 지침이나 정당한 업무관행 등의 범위 내에서 계약내용을 실현시키기 위하여 최선을 다해 달라는 취지가 아니라 이를 넘어서 위 규정, 지침, 정당한 관행 등에 위배되는 행위라도 적극적으로 하여 달라는 취지가 포함된 것으로 이는

29) 2004도6646, 2003도1096, 91도413, 90도2257 등 참조.

결국 사회상규나 신의성실의 원칙에 반하는 부정한 청탁이라고 보아야 한다"라고 판시하였다.

앞에서 살펴본 경우는 적어도 선처를 부탁한다는 정도의 명시적인 청탁이 있는 경우이다. 그러나 이러한 소극적인 청탁조차 없는 경우에도 배임수재죄를 인정할 수 있을 것인가?

판례는 이러한 경우까지 배임수재죄로 의율하는 것이 가능하다고 하고 있다. 즉 청탁의 내용에 대한 증거가 불충분할 때는 사안을 종합적으로 검토하여 청탁의 내용을 추단하고 있는 것이다. 대표적으로 재건축조합장이 시공회사의 이른바 함바식당 운영권을 취득하여 운영한 사안(2005도1732)에서 "재건축조합의 조합장으로서 재건축 공사의 진행 및 정산 등에 관하여 조합을 대표하여 시공사와 접촉하기 때문에, 시공사의 이익에 적지 않은 영향을 미칠 수 있는 지위에 있으므로 조합장이 보수를 받는지 여부는 재건축조합의 조합원들이 결정할 사항이고 그 보수를 받아야 한다면 조합원들로부터 받아야 하는 것이지 이해관계가 대립하는 시공회사가 이에 관여하거나 시공회사로부터 이를 받을 이유가 없는 점과 함바식당 운영권을 취득한 후 시공사에 계속해서 유리한 결정을 한 점 등을 종합하여 재건축 공사의 진행 및 정산 등에 있어서 시공사에게 유리한 쪽으로 편의를 보아 달라는 취지의 청탁은 있었다고 추인함이 상당하다"고 판시하고 있다.

이와는 반대로 구입된 유류를 부정처분하던 자가 유류구매 업무에 종사하면서 유류전표를 발행하고 장부를 정리하는 자에게 금품을 수수한 사안(83도2472)에서 "피고인의 유류구매 등 임무가 이 사건 유류부정처분행위와 어떠한 관련이 있는지 알 수 없을 뿐 아니라, 피고인에게 금품을 교부한 것은 단지 유류부정처분 대가를 나눠줌으로써 환심을 사두고 후일 범행이 발각되더라도 이를 누설하지 않게끔 하기 위한 것이었다고 보여지므로 위와 같은 진술만으로는 위 피고인의 어떠한 구체적이고 특정한 임무행위에 관하여 부정한 청탁을 한 것이라고는 보기 어렵다"고 판시하여 묵시의 청탁이 있었다는 주장을 받아들이지 않았다.

배임수재죄에 있어 부정한 청탁은 범죄성립의 가장 핵심적 요소이고 이를 판단함에는 법원의 확고한 심증 형성이 필요하다고 할 것이다. 따라서 증거에 의해 부정한 청탁이 소극적 형식으로라도 명시적으로 존재하지 않는다면 부정한 청탁이 있었다고 인정하지 않는 것이 헌법상 무죄추정의 원칙에 부합하는 해석일 것이다. 다만 이러한 해석이 인정된다고 하면 이를 악용하는 사례가 속출할 것이고 이러한 우려에 따라 판례가 묵시적 청탁이라고 하는 개념을 도입한 것에 대해서는 이해할 수 있다. 그러나 원칙에 대한 예외는 엄격한 요건하에서 인정될 수 있으므로 묵시적 청탁이 있었는지를 판단하는 기준이 절실히 필요하나 위 판례에서는 이러한 기준을 설시하고 있지 아니하다. 그러나 판례에 나타난 의도를 면밀히 검토하여 보면 일정한 기준이 있음을 발견할 수 있다. 먼저 ① 본인과 부정한 청탁을 한 자 사이에 이해관계가 상충하여야 하고, ② 이러한 이해상충의 상황에서 적어도 부정한 청탁이 있었다고 가정되어지는 시점 이후에 청탁의 내용을 추단할 수 있는 행위를 업무수행자가 하여야 한다. 단순히 재물이나 재산상 이익을 수수하였다고 하여 구성요건의 핵심적 부분을 추단할 수는 없기 때문이다.

한편 판례(90도2257)는 배임증재죄에 관하여 부정한 청탁의 의미에 대해 배임수재죄와 같은 기준을 설시하면서도 "형법 제357조 제1항의 배임수재죄와 같은 조 제2항의 배임증재죄는 통상 필요적 공범의 관계에 있기는 하나 이것은 반드시 수재자와 증재자가 같이 처벌받아야 하는 것을 의미하는 것은 아니고 증재자에게는 정당한 업무에 속하는 청탁이라도 수재자에게는 부정한 청탁이 될 수도 있는 것이고 또한 여기서 수재자에 대한 부정한 청탁이라 함은 업무상 배임에 이르는 정도가 아니나 사회상규 또는 신의성실의 원칙에 반하는 것을 내용으로 하는 청탁을 의미한다"고 판시하고 있다. 또한 판례(80도19)는 "피고인이 자기소유로 믿고 있는 부동산을 제3자에게 처분하기 위하여 매매계약을 하였는데 피고인의 종중에서 그 부동산에 대한 권리를 주장하면서 처분금지가처분결정까지 받아 이를 집행하자 피고인이 계약위반으로 인한 손해배상문제를 염려하여 종중의 대표자에게 가처분의 부당성을 지적하면서 가처분 비용을 지급하고 그 신청을 취하하도록 하였다면 이는 피고인이 자기의 권리를 확보하기 위한 행위로서 사회상규나 신의성실의 원칙상 부정한 청탁을 한 것이 아니므로 가사 종중대표자에게 부정한 점이 있다고 하더라도 피고인을 배임증재죄로 처벌할 수 없다"고 판시하고 있다.

위의 판례들은 배임수재죄의 성립은 인정하면서 배임증재죄의 성립을 부인하고 있다. 배임증재죄의 부정한 청탁이 부인되는 기준으로 판례가 적시한 내용은 ① 청탁의 내용이 증재자의 정당한 업무이거나 ② 증재자의 권리를 보호하기 위한 청탁일 것이라는 것이다. 그러나 이러한 판례의 기준은 너무 막연하고 그 적용에 있어서도 설득력이 없다. 일례로 판례(90도2257)는 방송국 프로듀서에게 가수의 매니저들이 금품을 공여한 것을 매니저의 정당한 업무로 보고 있는데[30] 과연 이런 결론이 타당한가에 대해 의문이 들며 비슷한 구조의 사안[31]에서는 또 다른 결론을 내고 있어 사안의 구체적 타당성 확보에 백보 양보한다 하더라도 결론을 도출하는 판례의 논리구조를 이해하기 어렵다. 따라서 배임증재죄의 청탁의 부정성을 판단하는 기준에도 수재죄와 마찬가지

30) 판례의 이러한 논리를 확장시키면 회사의 영업부문의 청탁행위는 모두 정당한 업무에 속한다는 결론에 이른다.

31) 99도2156 참조. 99도2156 판결에서는 방송법 위반을 매개로 청탁의 부정성을 인정하였는바 매니저의 금품공여 행위에 대해서는 왜 방송법 위반을 원용하지 않았는지 궁금하다.

로 사회상규에 반하는가를 판단하는 비례의 원칙이 원용되어야 할 것이다.

먼저 청탁의 목적이 자신의 이익을 적극적으로 취하기 위한 것일 때에는 청탁의 부정성이 용이하게 인정될 수 있겠지만, 소극적 이익 예를 들면 자신에게 발생할지도 모르는 불이익을 피하기 위한 청탁한 경우는 부정성이 인정되지 않을 수도 있다. 앞의 판례(80도19)에서도 이 점을 명시적으로 밝히고 있지 않지만 피고인이 계약파기로 인한 손해배상을 당할지도 모른다는 염려하에 청탁을 하였다는 사실을 전제로 판단하고 있는바, 이러한 원칙을 원용하고 있는 것으로 보인다. 두 번째로 청탁의 내용이 수재자의 입장에서 관계법령이나 내부규정을 준수하지 않는 것이고 이러한 사정을 증재자가 알고 있었다면 청탁의 부정성은 당연히 인정될 수 있을 것이다. 그러나 재량범위 내에서 선처해 달라는 의미의 청탁을 하고 그것이 본인에게 피해를 야기하지 않는 경우나 간접적인 피해(앞에서 설명한 공정한 경쟁의 파괴)만을 야기하는 경우에는 원칙적으로 증재자에게는 청탁의 부정성이 인정되지 않을 것이다. 본인의 간접적인 이익을 주된 내용으로 하는 신임관계는 외부에서 파악하기 힘들며 이러한 경우에까지 신임관계 파괴를 이유로 매수하는 행위에 불법성을 인정하기 힘들기 때문이다.

다만 증재자가 본인의 간접적인 피해를 알면서도 수재자에게 적극적인 청탁을 하고 다액의 재물을 공여한 경우는 수재자의 불법행위를 유발한 경우이므로 청탁의 부정성이 인정될 수 있을 것이다. 이런 맥락에서 본다면 매니저의 금품공여 행위는 수차례에 걸쳐 다액의 금품이 수수되었기 때문에 청탁의 부정성이 인정되어야 한다고 생각된다. 그러나 매니저측의 금품공여가 적극적인 성질의 것이 아니라 프로듀서측에서 유도한 성질의 것 즉 소극적인 성질의 것이었다면 청탁의 부정성은 부인될 수 있다고 하겠다. 따라서 판례에서 이러한 점에 대해 좀더 구체적인 설시가 있었어야 한다고 생각된다.

6. 재물이나 재산상 이득의 공여 및 취득

배임수증재죄가 인정되기 위해서는 마지막으로 증재자의 재물이나 재산상 이득의 공여와 수재자의 취득이 있어야 한다. 따라서 수재자가 재물이나 재산상 이득을 취득하지 아니한 경우 즉 그 이익이 본인이나 제3자에게 귀속되는 경우는 배임수증재죄가 성립하지 않는다.

판례(2000도4700)도 "실질적으로 학교법인의 이사장 직무를 수행하면서 학교공사와 관련하여 공사대금 중 수급인이 학교법인 부담부분 상당액을 학교법인에 기부하는 것을 조건으로 공사계약을 체결한 후 공사를 완성하여 이 부분에 대한 공사대금 지급의무를 면제받거나 그 대금 상당액을 입금 받은 다음 다시 수급인에게 공사대금으로 지급한 것으로 처리한 경우, 이러한 행위는 학교공사에 관하여 관계 규정에 따른 공개입찰을 하지 아니하는 대신 특정 공사업자와 수의계약을 체결하면서 공사업자에게 공사대금 중 국고지원 부분만을 지급하기로 하고 학교법인 부담 부분은 면제받은 것으로 볼 것이고, 이러한 경우 공사대금 지급채무는 학교법인이 공사업자에 대하여 부담하는 것이므로 이를 면제받는 것은 학교법인의 이익으로 되는 것일 뿐 실질적으로 학교법인의 이사장 직무를 수행한 자가 면제받은 대금 상당의 이익을 취득하였다고 볼 수 없다"고 판시하고 있다.

다만 판례(2004도2581)는 "타인이 부정한 청탁을 받은 자의 사자 또는 대리인으로서 재물 또는 재산상 이익을 취득한 경우나 그 밖에 평소 부정한 청탁을 받은 자가 그 다른 사람의 생활비 등을 부담하고 있었다거나 혹은 그 다른 사람에 대하여 채무를 부담하고 있었다는 등의 사정이 있어 그 다른 사람이 재물 또는 재산상 이익을 받음으로써 부정한 청탁을 받은 자가 그만큼 지출을 면하게 되는 경우 등 사회통념상 그 다른 사람이 재물 또는 재산상 이익을 받은 것을 부정한 청탁을 받은 자가 직접 받은 것과 같이 평가할 수 있는 관계가 있는 경우에는 배임수재죄가 성립될 수 있을 것이다"라고 판시하여 타인의 범위를 제한하고 있는바 타당한 결론이라고 생각한다.

7. 배임수증재죄의 올바른 적용방안

서두에서 언급한 바와 같이 배임수증재죄는 사경제 영역에 대한 국가형벌권의 침투라는 측면이 있음을 부인할 수 없다. 그러나 또 한편에서는 압축된 경제성장과정에서 공정한 경쟁과 이를 뒷받침할 수 있는 제도들이 완비되지 못한 이유로 경제 전체의 효율성을 저해할 수 있는 사경제 영역에서의 잘못된 관행이 아직 남아 있는 현실을 고려할 때 배임수증재죄의 효용이 다하였다는 결론을 쉽게 내릴 수는 없을 것이다. 따라서 각 경제발전단계에서 주로 발생하는 측면에 초점을 맞추어 탄력적으로 규정을 적용할 필요가 있다.

이런 의미에서 특별법상에 배임수증재죄를 처벌하는 규정이 신설되고 그 구성요건의 범위가 확대되는 것은 바람직하다고 할 것이다. 그러나 한편으로 형법상의 배임수증재죄에 대해서는 좀 더 정치한 법리를 개발하여 그 적용범위를 제한하는 것이 바람직하다고 생각된다.

그러나 판례는 2000년대에 들어 배임수증재죄의 구성요건 중 부정한 청탁의 의미와 업무연관성의 외연을 확대하는 해석을 하고 있다. 이는 업무상 배임죄의 적용범위가 확대되고 있는 실정과 그 궤를 같이 하고 있다고 할 수 있다. 배임수재죄와 증재죄의 각 불법성에 대한 명확한 규명 그리고 이로부터 파생되어 나오는 각 구성요건들의 한계 등이 정립되지 않는다면 이러한 판례의 태도는 점점 복잡해지고 다층화되고 있는 기업의 경영환경에 또 다른 불필요한 규제로 인식될 것이다.

앞에서 설명한 논리들이 미력하나마 배임수증재죄의 적용범위를 한정하는 데 도움이 되었으면 하는 바람이다.

제3장

비자금, 우리 기업의 영원한 숙제

어느날 소기업의 경리실무자의 하소연을 듣게 되었다.

내용인즉 접대비 처리와 관련하여 회사 사장이 마음대로 회사자금을 인출하여 사용하고 자신에게 알아서 처리하라고 지시한다는 것이었다.

관련규정을 이야기하면 사장은 "내 돈 내 마음대로 쓰겠다는데 무슨 상관이냐"고 대답하며 마음에 안 들면 그만 두라고 한다는 것이었다.

대표이사는 주주들에게서 회사의 경영을 위임받은 자에 불과하다는 자명한 사실조차 우리 사회에 정착되어 있지 않은 것 같은 느낌이다.

비자금 문제가 끊임없이 터져 나오는 데는 우리 사회의 자본주의에 대한 교육 및 경험 부족이 도사리고 있지 않을까?

제1절 기업 비자금의 의의

이제는 우리사회에서 비자금이라는 용어는 너무 친숙한 개념이 되어 버렸다. 오죽하면 모 CF에서는 남편이 비자금을 숨겨 놓아다가 들키는 상황을 설정해 놓았을까? 비자금이란 일반적으로 법인의 공적 자금이 아니라 법인의 운영자나 관리자가 법인회계로부터 분리시키거나 은닉시켜 별도로 관리하는 자금을 말한다.

이러한 비자금은 회계장부상으로 전혀 파악되지 않아 회계상으로 완전히 분리되어 있는 경우도 있고, 정상적인 회계처리의 모습을 하고 있으나 가공거래 등으로 회계장부상에 은닉되어 있는 경우도 있다.

기업이 비자금을 조성하는 이유는 관리자가 개인적으로 착복하기 위한 경우, 관련 공무원이나 유관업체의 업무담당자에게 청탁시에 사용하기 위한 경우가 대부분이나 근래에는 이익배당률을 조작하기 위하여 혹은 기업신인도를 향상시키기 위하여 행하여지는 경우도 드물지 않게 발견된다.

이러한 비자금이 정치권으로 흘러들어가 해당 기업에 특혜가 주어지는 경우에는 시장에서의 공정한 경쟁을 기대할 수 없고, 분식회계가 동원되어 비자금이 조성된 경우[1)]에는 기업의 재무상태가 부실화되어 건전한 다수의 투자자들이 손해를 볼 수 있다. 따라서 기업의 비자금 조성 및 사용에 대해서 강력한 제재가 있

1) 국내에서의 대표적 분식회계 사례는 SK글로벌 사건, 대우그룹사건, 동아건설사건, 한보그룹사건 등이 있다. 대부분의 경우 그룹해체의 수순을 따르고 있고 이로 인해 투자자 손해뿐 아니라 국가경제 전체적으로 심각한 후유증이 발생하였다.

어야 함에는 이론의 여지가 없다고 할 수 있다.

그러나 비자금조성의 이면에는 어쩔 수 없이 비자금을 조성하여 사용해야 하는 사회·경제적 구조가 자리잡고 있음을 간과할 수 없다. 이러한 사회·경제적 구조의 해체를 위한 노력 없이 비자금 조성행위를 사법적으로 심판하는 것은 비자금 조성을 더욱 음성적이고 지능적으로 진화시킬 뿐 비자금 근절이라는 목표를 달성할 수 없을 것이다. 따라서 사법적 처벌은 왜곡된 구조를 해체하는 데 순기능적으로 기능하여야 하며 그러기 위해서는 비자금과 관련된 처벌의 합리적인 기준이 제시되어야 한다.

제2절 비자금 조성의 유형[2)]

기업의 비자금 조성은 통상 분식회계를 통해 이루어진다. 따라서 분식회계의 유형을 통해 비자금 조성의 유형을 알아보는 것이 효율적이다.

1. 비용 과다계상 또는 가공계산

계열사 또는 하청업체 등과의 거래시 담합에 의한 물품구입대금, 공사대금, 이자, 어음 할인료 등의 비용을 과다계상하여 지불한 후 그 차액을 되돌려받아 조성하는 방법이 있다. 이러한 방법에는 과다계상된 자금을 지불업체로부터 되돌려받는 경우와 과다계상된 자금을 사내에 유보하는 경우가 있다. 그 외에도 대손발생의 여지가 없는 채권을 대손금으로 처리하고 이를 빼돌려

2) 경제범죄론, 사법연수원(2008).

별도 관리하는 방법, 판매비나 관리비 등의 비용을 가공처리하고 이를 빼돌려 별도 관리하는 방법이 있다.[3]

2. 수익 과소계상 또는 수익탈루

거래처 등으로부터 받아야 할 수입금을 담합이나 이면계약을 체결하는 방법으로 과소계상한 후 그 차액을 빼돌려 비자금을 조성하는 방법으로 주로 보유중인 주식이나 고정자산 처분시 이 방법을 사용하는 경우가 있다. 그 외에도 매출액을 수익으로 계상하지 아니하고 별도 관리하는 방법, 당기 매출된 제품을 다음 회계연도로 이월시키고 입금된 현금을 빼돌려 별도 관리하는 방법, 대손상각한 매출채권이 현실적으로 회수되었더라도 이를 회수하지 않은 것으로 처리하고 별도 관리하는 방법, 제품 매출로 입금된 현금을 수익으로 계상하지 아니하고 가수금, 차입금, 선수금 명목으로 입금된 것처럼 회계처리 한 후 이를 가지급금 등 명목으로 빼돌려 사용하고 추후에 이들 부채를 변제하거나 변제받은 것처럼 장부를 조작하는 방법 등이 있다.[4]

3. 리베이트 자금 수수

고가장비 구입, 고액의 예금·보험유치, 하도급계약 등과 관련하여 사례금 명목으로 교부되는 리베이트를 빼돌려 비자금을 조성하는 방법으로 순수하게 사례금명목으로 교부받는 경우와 비용 과다계상의 방법으로 처음부터 계약금액을 올려주고 그 차액을 사례금 명목으로 되돌려받는 경우가 있다.[5]

---

3) 기아그룹 비자금 사건과 보광그룹 배임수재사건이 이러한 방법으로 행하여졌다.

4) 해태제과 연수원 매각사건 등에서 이러한 방법이 사용되었다.

4. 임금장부 조작

공사현장에서 실제 일하지 않은 인부들의 노임을 지급하거나 실제 지급한 노임보다 많은 액수를 지급한 것처럼 노임장부를 조작하거나 같은 방법으로 중장비 사용대금도 조작하여 비자금을 조성하는 방법으로 건설업체의 대표적인 비자금 조성방법으로 볼 수 있다.[6]

5. 허위영수증 처리

업무추진비 등을 비자금용도로 사용하고 정상적인 경비 지출인 것처럼 허위 증빙을 첨부하여 회계처리하는 방법으로 일반 사기업체보다는 공공기관이나 공기업체에서 주로 사용하는 방법이다.

6. 투자금 횡령

장부조작을 하여 투자금의 일정부분을 법인계좌에 입금시키지 아니하고 차명계자로 별도 관리하는 등으로 고객들의 투자금을 함부로 전용하여 비자금을 조성하는 방법이다.[7]

제3절 비자금 조성행위에 대한 형사처벌

기업의 비자금 조성행위는 일견 업무상 배임죄와 횡령죄의 구

5) 대한항공 비자금 사건 등이 이에 해당한다.
6) 한보그룹 비자금 사건과 뉴코아그룹 비자금 사건 등이 이에 해당한다.
7) 삼부파이낸스 비자금 사건이 이에 해당한다.

성요건에 해당하는 것으로 보일 수 있다. 따라서 비자금 조성행위가 각 범죄의 구성요건에 해당하는지 구체적으로 살펴보겠다.

1. 업무상 배임죄의 성립여부

비자금 조성행위는 기본적으로 법인의 자금이 외부로 유출되거나 유입되어야 할 자금이 들어오지 않는 결과를 초래하므로 기업에게 손해를 주기 때문에 업무상 배임죄에 해당할 가능성이 있다. 그러나 사안에 따라서는 좀더 밀도 있는 고찰이 필요하다고 할 것이다.

업무상 배임죄가 성립하기 위해서는 앞에서 살펴본 바와 같이 ① 타인의 업무를 처리하는 자가, ② 그 업무상의 임무에 위배하는 행위를 하고, ③ 그 결과 자신이 이익을 취득하거나 제3자로 하여금 재산상 이익을 취하게 하고, ④ 이로 인하여 본인에게 손해를 가하여야 한다. 이러한 요건 중에서 비자금 조성행위와 관련 있는 부분은 ③과 ④ 요건이다.

우선 행위자나 제3자에게 재산상 이익이 있는가 여부에 관해서는 앞에서 살펴본 비자금 조성 유형에서 당해 회사와 거래하는 상대방이 실질적으로 재산상 이익을 취하였다고 단언할 수 없는 경우가 존재한다. 즉 비용과다계상이나 수익과소계상의 경우 거래 상대회사가 그 차액을 당해 회사에 반환하였다면 거래 상대방은 실질적으로 어떠한 이익도 취한 바가 없다고 할 수 있다.[8)]

---

8) 판례(2006도3145)도 "배임죄는 본인에게 재산상의 손해를 가하는 외에 배임행위로 인하여 행위자 스스로 또는 제3자로 하여금 재산상의 이익을 취득할 것을 요건으로 하므로, 본인에게 손해를 가하였다고 할지라도 재산상 이익을 행위자 또는 제3자가 취득한 사실이 없다면 배임죄가 성립하지 않는다"고 판시하고 있다.

그 다음으로 문제되는 것은 행위자 본인(대표이사 등 회사관계자)이 재산상 이익을 취하였는가 하는 것이다. 만약 비자금이 분식회계를 통해 회사의 회계장부에 은닉되어 있다면 행위자 본인이 이득을 취하였다고 할 수 없다. 한편 비자금이 행위자가 관리하는 차명계좌에 입금된 경우 일응 행위자 본인의 이득 취득을 인정할 수 있을 것이다. 그러나 이러한 경우에도 회사에 손해가 발생하였는지 혹은 발생의 가능성이 있었는지에 대한 고찰이 필요하다.

객관적으로 비자금이 행위자가 관리하고 있는 차명계좌에 입금된 경우 회사의 손해가 발생하였다고 할 수 있으나, 배임죄가 성립하기 위해서는 이러한 손해에 대한 행위자의 인식이 필요한바 만약 비자금 전액을 회사를 위해 사용하였다면 이러한 인식이 인정될 수 있을 것인가?

판례(88도542)는 "회사의 이사 등이 침체된 소속회사의 영업을 활성화함으로써 회사의 발전을 꾀하기 위하여 소위 부외자금이 필요하다고 판단하고 그 부외자금을 조달함에 있어서는 채권매매알선업에 종사하는 갑과의 사이에 위 회사가 채권을 매수 또는 매도할 때 실제로는 당시 수익률에 따르되 매수할 때는 그보다 비싼 가격으로 기장하고, 매도할 때는 그보다 싼 가격으로 기장한 다음 그 차액을 다시 위 갑으로부터 돌려받기로 하는 방법에 의하여 조달하기로 하여 그와 같이 조성된 부외자금을 소속회사를 위하여 전액 지출하였다면 이사 등은 위와 같은 부외자금의 조성 및 그 소비과정에서 위 회사에 재산상 손해를 발생시키거나 발생시킬 염려가 있다는 인식이 있었다고 보여지지는 않는다"고 판시하고 있다.

다만, 회사를 위하여 사용하였다는 점에 대해 판례(97도2528)는 비자금을 별도의 계좌에 관리하면서 이를 주주에 대한 이익배당, 주주에 대한 경조금, 관공서에 대한 접대비 등으로 사용한 경우에는 주주 전체의 동의가 있었다거나 이러한 행위가 회사의 관행이었다 하더라도 회사에 대한 배임죄를 구성한다고 판시하여 그 범위를 좁게 해석하고 있다.

그러나 위 97도2528 판결의 경우에도 해석여하에 따라서는 비자금의 지출은 넓은 의미에서 경영상 필요에 의해 회사를 위해 전액 지출되었다고 할 수도 있다. 따라서 "회사를 위해 사용한다는 점"에 대한 정확한 범위 확정을 하지 아니하고 사안에 따라 그 범위를 확정하는 것은 구체적 타당성을 확보할 수는 있을지언정 법적 안정성 측면에서는 적절치 않다고 보인다.[9]

생각건대 회사를 위해 사용한다는 점은 회사 경영의 측면에서 다양한 요소를 고려하여 판단하여야 하고 그 범위를 넓게 인정하여야 한다고 생각한다. 판례(99도1141)는 비자금 관련 사안은 아니지만 "회사의 이사가 보관 중인 회사 재산을 처분하여 그 대금을 공직선거에 입후보한 타인의 선거자금으로 지원한 경우 그 것이 회사의 이익을 도모할 목적으로 합리적인 범위 내에서 이루어졌다면 그 이사에게 횡령죄에 있어서 요구되는 불법영득의 의사가 있다고 할 수 없을 것이나, 그것이 회사의 이익을 도모할 목적보다는 그 후보자 개인의 이익을 도모할 목적이나 기타 다른 목적으로 행하여졌다면 그 이사는 회사에 대하여 횡령죄의 죄책을 면하지 못한다고 할 것이다"라고 판시하고 있는바 참고할 만한 사례가 아닌가 생각한다. 이상에서 논의된 바를 간단하게 표로 정리하면 아래와 같다.

9) 이러한 행위의 결과 법인세 등이 과소납부되었다면 이는 조세포탈로 처벌되어야 함은 물론이고 회계장부를 허위로 조작하였다면 외감법에 의해 처벌받아야 한다. 이에 대해서는 후술하기로 한다.

비자금 조성형태		배임죄 성립	이 유
회계장부에 은닉		×	행위자 또는 제3자의 이득취득 부정
차명계좌에 은닉	회사를 위해 사용	×	회사에 대한 손해발생 의식 없음
	사적 이익을 위해 사용	○	회사에 대한 손해발생 의식 인정

결론적으로 사적 이익을 위해 사용하기 위하여 차명계좌 등에 비자금을 은닉한 경우가 아니라면 비자금 조성행위 자체를 업무상 배임죄로 의율하는 것은 무리가 있다고 생각한다.[10)]

다음에는 비자금 조성행위가 과연 업무상 횡령죄에 해당하는지에 대하여 살펴보겠다.

2. 업무상 횡령죄의 성립여부

업무상 횡령죄가 성립하기 위해서는 ① 업무상 타인의 재물을 보관하는 자가, ② 그 재물을 영득의 의사로, ③ 소유하거나 반환을 거부하여야 한다. 비자금 조성과 관련하여서는 주로 문제되는 구성요건은 '불법영득의사'이다, 불법영득의사[11)]라 함은 '자기 또는 제3자의 이익을 꾀할 목적으로 업무상 임무에 위배하여 보관하는 <u>타인의 재물을 자기의 소유인 것과 같이 사실상 또는 법률상 처분하는 의사</u>'라고 할 수 있다.

비자금 조성과 관련하여 비자금을 은닉한 경우에도 불법영득

---

10) 이에 대하여 경제범죄론(사법연수원, 2008)에서는 비용과다계상이나 수익과소계상 등의 방법으로 거래상대방으로부터 자금을 되돌려받은 경우 당연히 업무상 배임죄가 성립하는 것으로 기술되어 있으나 찬동하기 어렵다.

11) 판례(2005도3431)는 불법영득의사와 관련하여 사후에 횡령한 재물을 반환하거나 변상, 보전하려는 의사가 있다 하더라도 불법영득의사를 인정함에 지장이 없다고 판시하고 있다.

의사가 부정되어 업무상 횡령죄가 성립하지 않는가가 문제된다.

이에 대해 판례(99도2889)는 "횡령행위의 한 태양으로서의 은닉이란, 타인의 재물의 보관자가 위탁의 본지에 반해 그 재물을 발견하기 곤란한 상태에 두는 것을 말하는 것인바, 피고인이 조성한 비자금이 회사의 장부상 일반자금 속에 은닉되어 있었다 하더라도 이는 당해 비자금의 소유자인 회사 이외의 제3자가 이를 발견하기 곤란하게 하기 위한 장부상의 분식(粉飾)에 불과하여 그것만으로 피고인의 불법영득의 의사를 인정할 수는 없다"고 판시하고 있다.

그럼 비자금을 차명계좌에 보관하는 행위는 업무상 횡령죄에 해당할 것인가? 이에 대해 판례는 확실한 기준을 제시하고 있지는 않다.

업무상 횡령죄와 직접적인 관련이 있는 것은 아니지만 「범죄수익은닉의 규제 및 처벌에 관한 법률」 위반사례에 있어 판례(2006도3039)는 "회사의 대표이사와 경리이사가 변칙회계처리로 법인자금을 인출하여 차명계좌에 입금·관리한 경우, 위 자금의 관리상태 등에 비추어 위 행위만으로 불법영득의사가 명백히 표현되었다고 볼 수 없으므로 위 인출한 법인자금이나 차명계좌에 입금한 자금은 범죄수익은닉의 규제 및 처벌 등에 관한 법률에 정한 범죄수익에 해당하지 않는다"고 판시하고 있을 뿐이다.

불법영득의사의 구체적인 입증책임은 기본적으로 검찰이 져야 한다고 하면서 불법영득의사의 존재여부에 관련하여 좀더 구체적인 기준을 제시한 경우로 97도1962 판결을 찾아볼 수 있다. 판례의 사실관계는 재단 이사장이 법인세를 포탈할 목적으로 이사회의 결의를 거치지 아니한 채 내부 관계자들의 반대를 무릅쓰고 가공의 경비를 지출하는 방식으로 재단의 자금을 인출하여 거래처에 지급하고 이를 다시 되돌려받아 자신과 이사명의의 통장에 입금하여 관리하였다는 것이다. 이 사안에서 판례는 ① 비자금 조성의 동기, ② 비자금 조성의 과정, ③ 비자금 계좌의 명의인, ④ 비자금 향후 사용용도, ⑤ 비자금 유통과정과 분산내역의 인식, ⑥ 비자금 금액의 반납여부 등을 불법영득의사 인정여부의 기준으로 제시하고 있다. 판례는 우선 위 비자금을 재단의 자금관리를 최종적으로 관장하는 이사장이 관리하였다면 여전히 재단의 관리하에 있다고 볼 여지가 충분히 있다고 하면서 비자금 조성의 동기가 법인세의 현격한 증가를 피하려는 것이었다면 이를 불법영득의사가 있었다고 인정할 자료로 삼기 어려우며, 비자금 조성과정에 있어서 이사회의 의결 등을 거치지 않았다는 사실도 불법영득의사를 인정할 자료로 삼기 어렵다고 판시하였다. 또한 비자금을 예치보관한 명의자도 재단과 무관한 자가 아니라 재단의 이사장인 자신과 이사 3인이라는 사실과 비자금 사용에 대해 재단을 위해 쓰겠다고 공언한 후 신규 사업을 검토·추진한 사실, 비자금 조성에 대한 항의를 받은 후 12일 만에 인출금 전액을 재단에 납입한 사실들을 종합하여 보면 불법영득의사가 있었다고 단정할 수 없다고 하였다. 다만, 비자금의 유통과정과 분산보관의 내역을 명백히 밝히지 못하고 있는 점은 인출금을 자신의 소유와 같이 취급한 것이 아닌가 의심할 만한 사정이 된다고 판시하였다.

위와 같이 다양한 기준으로 사안을 판단한 판례의 입장은 타당하다고 생각되며 앞으로 일관된 기준을 정립해 나가길 바란다.

제4절 비자금 사용행위에 대한 형사처벌

앞에서 살펴본 바와 같이 비자금 조성행위 자체는 조세포탈과 분식회계에 대한 처벌은 별론으로 하고 업무상 배임과 횡령죄로 의율하기에는 무리가 따른다.[12] 이러한 조성행위는 종국적으로 그 사용행위에 의해 평가되기 때문이다. 비자금이 법인(회사) 자체의 목적을 위하여 사용된 경우라면 행위자에게 불법영득의사나 이득의사를 인정할 수 없을 것이며, 그것이 행위자 개인의 사익을 위하여 사용되었음이 인정된 경우라면 불법영득의사나 이득의사를 인정할 수 있을 것이다. 그럼 법인 자체의 목적을 위하여 사용된 경우를 어디까지 인정할 것인가?

1. 불법영득(이득) 의사의 입증책임

판례는 일관해서 업무상 횡령죄나 배임죄의 고의나 불법영득(이득)의사의 입증책임은 검찰에 있다고 판시하고 있다. 그러나 판례(2007도9250, 2003도2807 등)는 "업무상횡령죄에 있어서 불법영득의 의사라 함은 자기 또는 제3자의 이익을 꾀할 목적으로 업무상의 임무에 위배하여 보관하는 타인의 재물을 자기의 소유인 경우와 같은 처분을 하는 의사를 말하고, 주식회사의 대표이사가 회사의 금원을 인출하여 사용하였는데 그 사용처에 관한 증빙자료를 제시하지 못하고 있고 그 인출사유와 금원의 사용처에 관하여 납득할 만한 합리적인 설명을 하지 못하고 있다면, 이러한 금원은 그가 불법영득의 의사로 회사의 금원을 인출하여 개인적 용도로 사용한 것으로 추단할 수 있다"고 함으로써 입증책임을 전환하는 것과 같은 취지로 판시하고 있다.

그러나 입증책임의 전환에 대한 명문의 규정이 없는 이상 범죄구성요건에 대한 입증책임은 검찰에 있는 것이 형사소송법의 대원칙인 이상 입증이 어렵다는 이유로 피고인에게 범죄 구성요

12) 비자금 조성행위에 대해 업무상 횡령죄가 성립한 경우 그 사용은 불가벌적 사후행위에 해당한다.

건의 입증을 요구하는 것은 무죄추정원칙에 반한다고 할 것이다.

따라서 불법영득의사를 입증할 수 있는 개개의 사용처를 검찰에서 입증하고 그 한도에서 업무상 횡령죄나 배임죄의 성립을 인정하는 것이 바람직하다 할 것이다.[13)]

2. 비자금 사용의 목적

비자금을 법인(회사)을 위하여 전액 사용한 경우 불법영득(이득)의사가 인정될 수 없음은 앞에서 설명한 바와 같다. 이와 같은 법리는 비자금뿐 아니라 회사의 정상적인 자금을 사용한 경우에도 적용되므로 비자금과 관련 없는 정상자금에 대한 업무상 횡령, 배임죄의 기준을 비자금의 경우에 차용하여도 무방할 것이다.

그 구체적인 기준으로 판례(2005도9861)는 ① 지출이 적법한 업무집행 중 발생할 것, ② 회사의 이익을 도모할 목적으로 합리적 범위 내에서 이루어진 것일 것을 제시하고 있다.

위 요건에 대하여 구체적으로 살펴보면 판례(94도619)는 허위의 영수증을 작성하여 업무추진비를 인출, 비자금을 조성한 후 이를 판공비 등의 명목으로 사용한 사안에서 "은행의 업무추진비는 예산관리규정상 대외활동관련경비, 자료수집 및 각종 접대비,

---

13) 판례(2006도3272)는 "피고인이 자신이 위탁받아 보관 중이던 돈이 모두 없어졌는데도 그 행방이나 사용처를 설명하지 못하거나 또는 피고인이 주장하는 사용처에 사용된 자금이 다른 자금으로 충당된 것으로 드러나는 등 피고인이 주장하는 사용처에 사용되었다는 점을 인정할 수 있는 자료가 부족하고 오히려 개인적인 용도에 사용하였다는 점에 대한 신빙성 있는 자료가 많은 경우에는 일응 피고인이 위 돈을 불법영득의 의사로써 횡령한 것으로 추단할 수 있으나, 피고인이 범행을 부인하거나 사용처를 모른다고 주장한다 하여 그와 같은 추단을 곤란하게 하는 사정이 있는 경우까지 보관액 전부를 횡령하였다고 추단할 수는 없을 것이다"고 판시하여 추단을 곤란하게 할 사정이 있을 경우에는 추단이 깨어질 수 있음을 보여주고 있다. 종래의 판례보다 진일보한 판결이라고 생각한다.

기타 잡사업비를 위한 항목으로 책정된 것으로서, 그 중 접대비는 법인이 업무와 관련하여 거래처 또는 업무와 관련 있는 자 등에게 접대, 교제, 사례 기타 명목 여하에 불구하고 이와 유사한 행위에 의하여 지출하는 접대비 등을 의미하므로, 동화은행의 주주 대부분이 이북5도의 도민회·군민회 등의 단체 또는 개인이라 하여 이북5도의 전·현직 도지사 등에게 판공비 등을 지급한다거나 은행의 임원 또는 간부 직원에게 명절 무렵의 수고비 명목의 돈을 지급하는 것은 업무추진비의 본래 용도와는 관계없이 개인적인 목적으로 지출한 것이라는 전제 아래 은행장이 업무추진비에서 위와 같은 판공비, 수고비 등을 지출한 것은 업무상횡령죄에 해당한다"고 판시하고 있다.

위 판례는 비자금의 사용을 판단함에 있어 비자금이 형성된 업무추진비의 용도를 기준으로 비자금이 그러한 용도에 쓰이지 않았기 때문에 개인적인 목적으로 지출한 것이라고 판단하고 있다. 이런 논리라면 물품구입금액의 과다계상의 방법으로 비자금이 형성된 경우 이를 소비하는 경우 어떠한 경우라도 법인을 위하여 소비하였다고 할 수 없는 결론에 이르게 된다. 따라서 비자금 형성의 원인행위와 그 소비를 연결시키는 판례의 논리는 설득력이 없다고 할 것이다. 앞에서 소개한 97도2528 판결에서는 비자금을 주주에 대한 이익배당, 주주에 대한 경조금, 관공서의 접대비 등으로 사용한 경우에도 불법이득의사를 인정하고 있다.

앞의 두 판례를 분석하여 보면 결론적으로 기업의 사정을 도외시한 판단이라고 아니 할 수 없다. 비자금 사용이 뇌물수수나 리베이트 제공 등 불법적인 행위와 연결되지 않는 한 전체적인 기업경영의 측면에서 불법영득(이득)의사를 부정함이 타당하다고 생각한다.

위 사례에서 판례는 은행장의 판공비와 수고비 등의 지급이 개인적 목적이었다고 판단하고 있으나, 개인적 목적이 인정되기 위해서는 적어도 본인에게 유형적 혹은 무형적 이익이 있거나 기대되어야 한다고 생각한다. 따라서 주주에 대한 판공비 지급이나 이익배당 등은 대표이사직의 유지 등 개인적 목적이 인정될 수도 있지만, 접대비 혹은 격려금 등으로의 사용은 과연 그러한 개인적 목적이 있었다고 할 수 있을지 의심스럽다. 따라서 실무적으로 비자금 사용처에 대한 좀더 면밀하고 심도 깊은 분석이 필요하다고 할 것이다.

제5절 기업 비자금에 대한 형사처벌의 한계

실무에서 기업 비자금 조성 및 사용행위에 대해 업무상 횡령 혹은 배임죄로 의율하는 것은 비자금 조성 및 사용과 관련된 조세포탈이나 분식회계 등을 입증하는 것보다는 구성요건의 입증이 용이한 반면 법정형은 비교적 높기 때문인 것으로 생각된다.

이러한 실무의 태도에 대해 비자금 조성 및 사용의 불법성이 과연 업무수행자의 법인 본인에 대한 배신행위에 있는지 아니면 비자금 조성이 경제적 투명성을 저하시키고 투자자들에게 피해를 유발시키는 데 있는지에 대한 반성적 고민이 필요하다고 생각된다. 사회적으로 비자금 조성이 금지되어야 한다는 공감대가 형성되었다면 그 이유는 이로 인한 사회·경제적 부작용을 최소화하고 방지하고자 하는 데 있는 것이고, 신임관계를 파괴한 행위에 대한 제재에 있다고 할 수는 없다. 따라서 비자금 조성 및 사용으로 인한 신임관계의 파괴와 이에 대한 형사적 제재는 비자금 문제에 있어 부차적인 고려요소라 할 수 있고, 이런 맥락에서 비자금 조성에 대해 업무상 횡령 혹은 배임죄의 인정에 법리적 어려움이 발생하는 것은 당연한 결과라 할 것이다.

그러나 이를 해결하기 위해 다시 비자금 사용에 있어 불법영득(이득)의사의 범위를 기업 현실에 맞지 않게 확장시키고 있는 판례의 태도는 쉽게 수긍하기 어렵다 할 것이다.

결론적으로 비자금 조성 및 사용행위에 대해서는 본래의 불법성에 주목하여 조세포탈이나 분식회계를 이유로 형사적 제재가 가해져야 하며 예외적으로 회사자금으로 개인적 재산을 축적하는 경우 혹은 기업의 이익과 전혀 관계없는 개인적 이익을 추구하는 경우 등 신임관계의 파괴가 확실한 경우에만 업무상 횡령 혹은 배임죄로 처벌하는 것이 바람직하다고 생각된다.

제4장

기업가정신 실종의 전형, 회사제도 악용

주식회사제도는 주주의 유한책임을 바탕으로 기업경영실패의 결과를 사회적으로 분산시키는 제도이다.

주식회사제도는 위험분산을 통해 기업가 정신을 고취시켜 사회적 부를 창출하려는 의도가 녹아있는 자본주의의 창조물 중 창조물이라고 할 수 있다.

정말 아이러니컬하게도 주식회사제도에서 보듯 자본주의는 그 외면적 결과물과는 정반대로 인간에 대한 신뢰라는 모순 속에 스스로를 존재하게 함으로써 그 자신의 생명력을 유지하고 있다.

만일, 기업가 정신이 실종되고 회사제도가 개인적 부를 축적하려는 제도로 변질된다면, 즉 사회가 수인할 수 있는 임계점을 지나 그 폐해가 노정된다면 우리는 다시 한번 새로운 혁명의 폭풍우 앞에 놓이게 될 것이다.

이런 맥락에서 미국 거대 금융기업들이 다시 보너스 폭탄을 터뜨리며 스스로 기업가 정신에 대한 실종신고서를 접수할지, 아니면 미 건국초기의 건강한 기업가 정신을 되찾을 수 있을지 무척이나 궁금하다.

제1절 가장납입행위에 대한 형사적 제재

1. 가장납입의 의의

상법 제628조 제1항은 "제622조 제1항에 기재된 자(회사의 발기인, 업무집행사원, 이사, 감사위원회 위원, 감사 또는 제567조의 직무대행자, 기타 회사영업에 관한 어느 종류 또는 특정한 사항의 위임을 받은 사용인)가 납입 또는 현물출자의 이행을 가장하는 행위를 한 때에는 5년 이하의 징역 또는 1천5백만원 이하의 벌금에 처한다"고 규정하고 있고, 같은 조 제2항에서 "제1항의 행위에 응하거나 이를 중개한 자도 제1항과 같다"고 규정하고 있다.

한편 주식회사의 설립이나 설립 이후에 행해지는 신주발생의 경우 발기인이나 신주인수인은 출자의무를 부담하게 되고, 이러한 출자는 현금으로 전액을 현실적으로 이행하여야 한다.[1] 판례(76다943)도 같은 취지로 "주금납입의무는 현실적 이행이 있어야 하므로 당좌수표로서 납입한 때에는 그 수표가 현실적으로 결재되어 현금화되기 전에는 납입이 있었다고 할 수 없다"고 판시하고 있다. 따라서 발기인 등이 주금납입을 현금으로 전액을 현실적으로 납입하지 아니하고 마치 주금납입이 있는 것처럼 가장한 경우 상법 제628조의 가장납입죄가 성립하게 된다.

이러한 가장납입죄의 입법취지에 대해 판례(99도3057, 2000도

1) 상법 제295조, 제305조, 제421조는 발기인 및 신주인수인의 주금납입에 대해 전액납입주의를 명문으로 규정하고 있고, 제334조는 "주주는 납입에 관하여 상계로써 회사에 대항하지 못한다"고 규정하고 있어 주금납입이 현실적으로 이행되어야 함을 밝히고 있다. 따라서 상계뿐 아니라 현실적 납입이 없는 대물변제나 경개에 의한 납입은 인정되지 않는다.

5418 등)는 “납입가장죄는 회사의 자본충실을 기하려는 법의 취지를 유린하는 행위를 단속하는 데 목적이 있다”고 판시하고 있다. 따라서 가장납입죄의 보호법익은 회사의 자본충실이라고 하는 사회적 법익이라 할 수 있다. 그러나 회사의 자본충실은 종국적으로 회사 채권자나 장래 주주의 이익을 보호하기 위한 제도이므로 부차적으로 회사 채권자나 장래 주주의 재산도 가장납입죄의 보호법익이 될 수 있다고 할 것이다.

2. 가장납입의 유형

(1) 통모가장납입

통모가장납입이란 발기인 등이 납입취급 금융기관과 통모하여 그 금융기관으로부터 금원을 차용하여 그 차용금으로 주식대금의 납입에 충당하되 그 차용금을 변제하기 전에는 회사가 납입된 주식대금의 지급을 청구하지 못하도록 약정하는 방식이다.

(2) 견금에 의한 가장납입

견금방식의 가장납입이란 납입금취급 금융기관 이외의 제3자(예컨대 사채업자)로부터 금원을 차용하여 주식대금을 납입하고, 설립등기 또는 신주발행완료 직후에 그 납입금을 취급금융기관으로부터 반환받아 제3자로부터의 차용금을 변제하는 방식을 말한다. 이러한 견금에 의한 가장납입은 다시 ① 회사측이 사채업자 또는 중개인에게 주금납입증명서 발급을 위한 수수료를 지급하면, 사채업자는 당해 회사명의의 별단예금계좌를 개설하여 유상증자자금을 입금한 후 주금납입증명서를 발급받아 회사측에 제공하고, 다시 유상증자자금을 인출하여 회수하는 방식과, ② 회사측에서 증자자금을 사채업자 또는 개인, 금융기관으로부터 차입하여 직접 회사명의의 별단예금계좌에 유상증자자금을 입금한 후 주금납입증명서를 발급받고 다시 유상증자자금을 인출하여 사채업자 등에게 이자를 포함하여 변제하는 방식이 있다.

3. 가장납입의 효력

통모가장납입의 경우 주금의 현실적인 납입이 있었다고 할 수 없고, 회사운영을 위해 필요한 자금의 사용이 제한되고 회사설립이나 신주발행을 통한 자금의 확보라는 제도적 취지를 달성할 수 없으므로 효력을 인정할 수 없다. 다만 견금에 의한 가장납입의 경우 판례[2](95다5790, 97다20649 등)는 일관되게 "일시적인 차입금으로 단지 주금납입의 외형을 갖추고 회사설립이나 증자 후 곧바로 그 납입금을 인출하여 차입금을 변제하는 주금의 가장납입의 경우에도 ① 금원의 이동에 따른 현실의 불입이 있는 것이고, 설령 그것이 실제로는 주금납입의 가장수단으로 이용된 것이라 할지라도 이는 ② 그 납입을 하는 발기인 또는 이사들의 주관적 의도의 문제에 불과하므로, 이러한 내심적 사정에 의하여 ③ 회사의 설립이나 증자와 같은 집단적 절차의 일환을 이루는 주금납입의 효력이 좌우될 수 없다"고 판시함으로써 견금에 의한 가장납입의 경우 그 형태를 묻지 않고 그 유효성을 인정하고 있다.

4. 발기인 등의 납입의무

가장납입죄가 성립하기 위해서는 우선 상법 제622조 제1항의 회사의 발기인, 업무집행사원, 이사, 감사위원회 위원, 감사 또는 제567조의 직무대행자, 기타 회사영업에 관한 어느 종류 또는 특

2) 이러한 판례의 태도와 반대로 우리나라 학설의 다수의 견해는 가장납입의 모든 경우 주금납입의 효력을 인정할 수 없다고 한다.

정한 사항의 위임을 받은 사용인에게 주금의 납입의무가 발생하여야 한다.

판례[3](2005도3431)는 3개 회사의 대주주이면서 실질적으로 위 회사들을 경영한 자가 3개 회사의 자본금을 증자하여야만 전문건설업면허를 유지할 수 있게 되자 자신이 대표이사로 있는 회사의 자금을 인출하여 위 3개 회사의 자본금 증자에 순차로 사용한 다음 이를 다시 자신이 대표이사로 있는 회사에 반환하는 방법으로 실질자본금의 증가 없이 형식적으로만 3개 회사의 자본금을 증자시킨 사안에서 "피고인은 3개 회사의 발기인, 업무집행사원, 이사, 감사, 이사직무대행자 또는 지배인이 아님은 기록상 알 수 있으므로 피고인이 위 법조항의 회사영업에 관한 어느 종류 또는 특정한 사항의 위임을 받은 사용인에 해당하는지 여부에 관하여 보건대, 원심이 인정한 사실에 의하면 피고인은 3개 회사의 대주주로서 3개 회사의 경영에 상당한 영향력을 행사해오다가 그 증자과정을 지시·관여하였다는 것인바, 그러한 사실관계라면 피고인은 상법 제401조의2에서 규정하는 업무집행지시자로 볼 수 있을지언정 3개 회사의 사용인으로서 자본증자에 관한 사항을 위임받은 자라고 볼 수는 없다 할 것이다"라고 판시하여 가장납입죄의 성립을 부정하였다.

또한 판례(2006도48)는 주주가 아니면서도 위조된 주권을 소유한 자들이 대다수 참석하여 개최된 주주총회에서 새로이 선임된 이사들로 구성된 이사회의 결의에 의하여 신주발행이 이루어진 후 가장납입이 이루어진 사안에서 "상법 제628조 제1항의 납입가장죄는 회사의 자본충실을 기하려는 법의 취지를 해치는 행위를 단속하려는 것인바, 회사가 신주를 발행하여 증자를 함에

3) 다만, 위 사안에서 검찰은 위 3개 회사의 대표이사와 함께 피고인을 가장납입죄의 공범으로 기소하지 아니하고 피고인만을 단독으로 기소하였다.

있어서 신주 발행의 절차적, 실체적 하자가 극히 중대한 경우 즉, 신주발행의 실체가 존재한다고 할 수 없고 신주발행으로 인한 변경등기만이 있는 경우와 같이 신주발행의 외관만이 존재하는 소위 신주발행의 부존재라고 볼 수밖에 없는 경우에는 처음부터 신주발행의 효력이 없고 신주인수인들의 주금납입의무도 발생하지 않으며 증자로 인한 자본 충실의 문제도 생기지 않는 것이어서 그 주금의 납입을 가장하였더라도 상법상의 납입가장죄가 성립하지 아니한다"고 판시하고 있다. 다만 판례(87다카2316)는 신주발행의 절차적, 실체적 하자가 극히 중대한 경우 즉, 신주발행의 실체가 존재한다고 할 수 없고 신주발행으로 인한 변경등기만이 있는 경우에는 상법 제429조 소정의 신주발행무효의 소의 제기기간에 구애되거나 신주발행무효의 소에 의하지 않고 부존재확인의 소를 제기할 수 있다고 판시하고 있다.

따라서 신주발행무효의 소의 성질을 바탕으로 위 판례들을 종합하여 보면 ① 정관에 정하지 않은 종류의 주식을 발행하는 경우, ② 회사의 발행예정주식총수를 초과하여 발행한 경우, ③ 주주의 신주인수권을 무시하고 신주를 발행한 경우, ④ 신주인수권자에 대하여 상법 제419조의 통지와 공고를 하지 않은 경우, ⑤ 상법 제424조에 의한 주주의 유지청구에 위반하여 신주를 발행한 경우, ⑥ 이사회가 정한 발행가액에 미달하는 신주를 발행하는 경우, ⑦ 법정의 절차를 거치지 않고 신주를 액면미달가액으로 발행한 경우, ⑧ 현물출자의 검사를 위한 검사인을 선임하지 않고 신주를 발행한 경우, ⑨ 이사회의 결의 없이 신주를 발행한 경우 등과 같이 장래에 대해서만 효력이 있는 상법 제429조의 신주발행무효의 소를 제기할 수 있는 경우에는 가장납입죄가 성립할 수 있다고 할 것이다.

5. 납입가장행위

다음으로 가장납입죄가 성립하려면 납입의무자의 가장납입행위가 있어야 한다. 가장납입행위 중 가장 문제가 되는 것은 주금납입증명서를 발부받은 후 바로 납입금을 인출하는 행위이다. 이러한 행위에 대해 판례(96도2904, 99도3057, 2000도5418 등)는 "상법 제628조 제1항 소정의 납입가장죄는 회사의 자본충실을 기하려는 법의 취지를 유린하는 행위를 단속하려는 데 그 목적이 있는 것이므로, 당초부터 진실한 주금납입으로 회사의 자금을 확보할 의사 없이 형식상 또는 일시적으로 주금을 납입하고 이 돈을 은행에 예치하여 납입의 외형을 갖추고 주금납입증명서를 교부받아 설립등기나 증자등기의 절차를 마친 다음 바로 그 납입한 돈을 인출한 경우에는, 이를 회사를 위하여 사용하였다는 특별한 사정이 없는 한 실질적으로 회사의 자본이 늘어난 것이 아니어서 납입가장죄 및 공정증서원본불실기재죄와 불실기재공정증서원본행사죄[4)]가 성립하고, 다만 납입한 돈을 곧바로 인출하였다고 하더라도 그 인출한 돈을 회사를 위하여 사용한 것이라면 자본충실을 해친다고 할 수 없으므로 주금납입의 의사 없이 납입한 것으로 볼 수는 없다"고 판시하고 있다. 이러한 판례의 태도는 견금에 의한 가장납입의 경우 발기인 등의 내심의 의사와 상관없이 회사설립이나 신주발생 등 집단적 절차에 효력을 인정함으써 이해관계인들간의 법률관계에 법적 안정성을 부여하려는 취지로 이

---

4) 2003도7645(전원합의체 판결)에서 소수의견은 "이른바 견금 방식의 가장납입의 경우에도 납입으로서의 효력을 인정하는 종래 대법원의 견해를 따르는 한 납입이 완료된 것은 진실이고, 따라서 등기공무원에 대하여 설립 또는 증자를 한 취지의 등기신청을 함으로써 상업등기부원본에 발행주식의 총수, 자본의 총액에 관한 기재가 이루어졌다 할지라도 이를 두고 '허위신고'를 하여 '불실의 사실의 기재'를 하게 한 경우에 해당한다고 할 수 없어 공정증서원본불실기재·동행사죄가 성립할 여지가 없다"고 하였다.

해된다. 따라서 문제되는 것은 어떤 행위가 회사를 위한 행위인가 하는 것인데 이에 대해 판례는 명확한 기준을 제시하고 있지 아니한 것으로 보인다.

다만 판례가 회사를 위한 행위로 인정하고 있는 대표적인 사례를 살펴보면, ① 회사가 주식납입금 상당에 해당하는 자산을 가지게 되었고, 그 인출금을 그 자산의 취득과정에서 발생한 대차관계를 정산하는 데에 사용한 경우(99도3057), ② 주식납입금 상당에 해당하는 자산을 양수하는 대금으로 사용한 경우(2000도5418), ③ 주식납입금으로 회사의 채무를 소멸시키는 경우(2003도7645) 등이 있다. 위 경우에 판례는 모두 주금 상당의 자산을 취득하거나 채무가 소멸될 것을 요구하고 있다. 그러나 사안에 따라 자산가액이나 채무액 등은 회계장부 조작이나 액면가 이하의 할인구매 등으로 실제 인출한 주금액과 큰 차이를 나타낼 수 있는데 어떤 기준(채권의 가격은 액면가액인가 할인된 시장가격인가, 자산의 공정가액은 시장가격인가 평가가격인가 등)으로 상당성을 평가할 것인지에 대한 판례의 태도는 아직 정립되어 있지 아니한 것으로 보인다.

6. 업무상 횡령죄의 성립여부

앞에서 주금납입의무자가 이를 행하지 않고 주금이 납입된 외관만을 작출하였을 때 상법상의 가장납입죄가 성립할 수 있는 요건들에 대해 살펴보았다. 그럼 이 같은 행위는 업무상횡령죄의 구성요건을 충족시킬 수 있지 않을까? 종래 판례는 원칙적으로 불법영득의사를 인정해 업무상 횡령죄의 성립을 인정하였으나, 현재는 전원합의체 판결로 이를 폐기하고 업무상 횡령죄의 성립을 부정하고 있다.

(1) 종래 판례(2003도2870)

업무상 횡령죄에 있어서 불법영득의 의사라 함은 자기 또는 제3자의 이익을 꾀할 목적으로 업무상의 임무에 위배하여 보관하는 타인의 재물을 자기의 소유인 것과 같이 사실상 또는 법률상 처분하는 의사를 의미하는 것인바, 일반적으로 주식회사의 설립업무를 담당한 자가 주금납입취급은행 이외의 제3자로부터 납입금에 해당하는 금액을 차입하여 주금을 납입하고 납입취급은행으로부터 납입금보관증명서를 교부받아 회사의 설립등기를 마친 직후 이를 인출하여 위 차용채무의 변제에 사용한 경우에, 그 주금납입은 회사에 대하여 유효하고 그 주금의 납입 즉시 그 납입금은 회사의 재산으로 되는 것이므로, 이와 같은 인출행위는 상법상 주금가장납입죄에 해당하는 것과는 별도로 회사재산의 불법영득 행위로서 횡령죄를 구성하는 것이라 할 것이나, 그 설립업무를 담당하는 자가 ① 회사 성립 전부터 사실상 인적·물적 설비를 갖추기 위한 자금을 출연하여 회사 설립 활동을 하였으나, 회사 설립등기를 함에 있어서 ② 주금 납입금이 부족하여 우선 제3자로부터 자금을 차입하여 주금납입취급은행에 주금으로 납입하고 그 납입보관증명을 발급받아 설립등기를 마친 직후 자금을 인출하여 그 채무 변제에 사용한 다음 ③ 그동안 취득한 자산을 회사에 승계시키거나 그동안 소요된 비용을 정산하는 등으로 자본금의 인출에 대응하는 조치를 하였고, 그 이후에도 ④ 자본금에 상응하는 금원을 출연하여 이를 회사를 위하여 사용하였으며, ⑤ 그와 같은 대응조치나 자금의 입출금관계가 적절한 방법으로 회계장부에도 반영되었다면, 그 회사의 경영자가 주금을 납입하고 인출할 당시에 그의 주관적 의사는 단지 회사설립요건을 갖출 의도하에 편의상 주금이 납입된 것과 같은 외관을 일시적으로 만들어 내고자 하는 것에 불과하고 회사 소유의 금원을 회사의 목적 외의 용도에 임의로 사용하고자 하는 것은 아니므로, 이에 대하여 상법상 주금가장납입죄가 성립함은 별론으로 하고 그 자금의 인출행위에 회사 재산에 대한 불법영득 의사를 인정할 수 없어 업무상횡령죄가 성립한다고 볼 수 없다.

(2) 변경된 판례(2003도7645)

가. 다수견해

주식회사의 설립업무 또는 증자업무를 담당한 자와 주식인수인이 사전 공모하여 주금납입취급은행 이외의 제3자로부터 납입금에 해당하는 금액을 차입하여 주금을 납입하고 납입취급은행으로부터 납입금보관증명서를 교부받아 회사의 설립등기절차 또는 증자등기절차를 마친 직후 이를 인출하여 위 차용금채무의 변제에 사용하는 경우, 위와 같은 행위는 실질적으로 회사의 자본을 증가시키는 것이 아니고 등기를 위하여 납입을 가장하는 편법에 불과하여 주금의 납입 및 인출의 전 과정에서 회사의 자본금에는 실제 아무런 변동이 없다고 보아야 할 것이므로, 그들에게 회사의 돈을 임의로 유용한다는 불법영득의 의사가 있다고 보기 어렵다 할 것이고, 이러한 관점에서 상법상 납입가장죄의 성립을 인정하는 이상 회사 자본이 실질적으로 증가됨을 전제로 한 업무상 횡령죄가 성립한다고 할 수는 없다.

나. 소수견해

이른바 견금 방식의 가장납입의 경우에도 납입으로서의 효력을 인정하는 종래 대법원의 견해를 따르는 한 주금납입과 동시에 그 납입금은 회사의 자본금이 되는 것이기 때문에 회사의 기관이 이를 인출하여 자신의 개인 채무의 변제에 사용하는 것은 회사에 손해를 가하는 것이 될 뿐만 아니라 불법영득의사의 발현으로서 업무상 횡령죄가 성립한다고 볼 수밖에 없다.

7. 회사에 대한 업무상 배임죄의 성립여부

다수설 및 판례는 배임죄에 있어서도 불법이득의사라는 고의 이외의 주관적 요소를 요하고 있다. 따라서 가장납입죄가 인정되는 이상 횡령죄의 불법영득의사가 있다고 보기 어렵다는 위 판례(다수의견)에 따르는 한 가장납입죄가 성립된다면 불법이득의사가 존재하지 않아 업무상 배임죄가 인정될 수 없다. 이러한 입장의 연장선에서 판례(2005도1847)는 "가장납입의 방식을 통하여 실제 출자하거나 납입한 신주인수대금 상당을 초과하여 신주를 배정받았다고 하더라도 그 행위가 회사의 자본감소 등 회사에 실질적 손해를 가한 것이라고 볼 수 없다고 할 것이므로, 이와 같은 취지에서 피고인들에 대한 각 업무상 배임의 점은 무죄라고 본 원심의 판단은 정당하다"고 판시하고 있다.

8. 주주에 대한 업무상 배임죄의 성립여부

가장납입에 의해 신주의 발행이 이루어지면 기존 주주들의 주식가치가 하락하는 동시에 신주를 배당받은 이들은 그 주식을 시장에서 환가해 막대한 수익을 올릴 수 있다. 따라서 가장납입 행위가 기존주주들의 재산상 이익을 해치는 결과를 초래할 수 있다는 사실은 인정된다. 문제되는 것은 과연 대표이사 등이 기존주주의 사무를 처리하는 자인가 하는 것이다. 종래에는 기존주주에 대한 배임죄를 인정한 경우[5]와 부정한 경우[6]가 상존하고

---

5) 서울고법 2002노150 등.
대표이사는 신주발행이라는 업무에 있어서는 일반 주주들에 대하여서도 그들의 신주인수권 또는 기존 주식의 가치를 해하여서는 아니 될 업무상 임무가 있고, 가장납입에 의한 유상증자가 이루어진다면 주식의 가치가 현격하게 감소하게 되므로, 이는 가장납입에 의한 유상증자가 이루어지는 것을 모르고 신주인수권을 포기한 주주들에 대하여 신주인수권 행사여부에 대한

있었으나 앞에서 살펴본 바와 같이 대법원은 2002도7340 판결에서 "신주의 발행은 주식회사의 자본조달을 목적으로 하는 것으로 ① 신주발행과 관련한 대표이사의 업무는 회사의 사무일 뿐이므로 신주발행에 있어서 대표이사가 납입된 주금을 회사를 위하여 사용하도록 관리·보관하는 업무 역시 회사에 대한 선관주의의무 내지 충실의무에 기한 것으로 회사의 사무에 속하는 것이고, 신주발행에 있어서 ② 대표이사가 일반 주주들에 대하여 그들의 신주인수권과 기존 주식의 가치를 보존하는 임무를 대행한다거나 주주의 재산보전 행위에 협력하는 자로서 타인의 사무를 처리하는 자의 지위에 있다고는 볼 수 없을 뿐 아니라, ③ 납입을 가장하는 방법에 의하여 주금이 납입된 경우 회사의 재산에 대한 지분가치로서의 기존 주식의 가치가 감소하게 될 수는 있으나, 이는 가장납입에 의하여 회사의 실질적 자본의 감소가 초래됨에 따른 것으로서 업무상 배임죄에서의 재산상 손해에 해당된다고 보기도 어려우므로, 신주발행에 있어서 대표이사가 납입의 이행을 가장한 경우에는 상법 제628조 제1항에 의한 납입가장죄가 성립하는 이외에 따로 기존 주주에 대한 업무상 배임죄를 구성한다고 할 수 없다"고 판시하여 주주들에 대한 업무상 배임죄의 성립을 인정할 수 없다고 하였다.

의사결정에 영향을 미쳤고, 그로 인하여 소유 주식의 감소액 및 신주인수권의 가치 상당의 손해를 입혔다.

6) 서울고법 2003노834 등
유상증자가 가장납입에 해당한다고 하더라도 주금이 회사에 현실적으로 납입되어 유효하게 신주가 발행된 이상 이를 무상증자와 같이 보아 피고인에게 증자로 인한 주식을 기존 주주들에게 배분하여야 할 임무가 발생한다고 볼 수는 없는 이치이고, 피고인이 그러한 조치를 취하지 않았다고 하더라도 기존 주주들에 대하여 업무상 배임죄가 성립한다고 볼 수 없다.

9. 가장납입과 관련한 판례의 정리

판례는 집단적 법률행위의 법적 안정성을 유지하기 위해 가장납입행위의 私法的 효력을 인정하고 있다. 그러나 형사적 문제에 대해서는 각각의 죄들에 대해 그 죄에 해당하는 법리를 설시하면서 그 인정여부를 판단하고 있다.

우선 가장납입죄와 공정증서원본불실기재죄 및 동 행사죄에 대해서는 주금납입 후 인출금액을 회사를 위하여 사용했느냐에 따라 그 범죄성립 여부가 달라진다. 즉 회사를 위해 인출금액을 사용하였을 경우에는 자본충실을 해친다고 할 수 없으므로 위 죄들의 성립이 부정된다.

업무상 횡령죄와 관련하여서 가장납입죄가 성립하는 경우 자본금의 실질적인 변동이 없어 불법영득의사를 인정할 수 없는 결과 업무상 횡령죄가 성립하지 않는다고 하고 있다.

판례에 나타나고 있지는 않지만 인출금액을 회사를 위해 사용한 경우 즉 가장납입죄가 성립하지 아니한 경우 횡령죄의 성부를 판단하여 보아야 하는바, 이러한 경우에는 단지 회사설립요건을 갖출 의도하에 편의상 주금이 납입된 것과 같은 외관을 일시적으로 만들어 내고자 하는 것에 불과하고 회사 소유의 금원을 회사의 목적 외의 용도에 임의로 사용하고자 하는 것은 아니므로 역시 불법영득 의사를 인정할 수 없어 업무상 횡령죄도 성립하지 아니할 것으로 보인다.

결국 회사를 위하여 인출금액을 사용하였는가 하는 사실이 가장납입죄, 공정증서불실기재죄 및 동 행사죄, 업무상 횡령죄의 성립여부를 판단하는 기준이 된다고 할 수 있다. 따라서 회사를 위하여 인출금액을 사용하였는가에 대한 좀더 구체적인 기준마련이 필요하다고 할 수 있다.

한편 업무상 배임죄 성립여부를 살펴보면 회사에 대한 배임의 경우 업무상 횡령죄가 성립하지 아니한 경우 불법이익의사가 인정되지 아니하여 그 성립이 부인되고 주주에 대한 배임의 경우 신주발행이 주주의 업무가 아니라 회사의 업무이고 대표이사 등은 주주에 대해 타인의 사무를 처리하는 자라고 할 수 없으므로 역시 그 성립이 부인된다.

이러한 판례의 태도는 결론적으로 회사설립과정에서 형식적이고 절차적인 측면보다는 실질적인 측면(자본충실이 유지되었느냐 하는 측면)을 더 중시한 결과라고 할 수 있다. 회사의 설립과 신주의 발행이라는 절차에서 회사는 예기치 못한 상황에 직면할 수 있고 이의 극복을 위해 다양한 경영상의 방법을 강구하게 된다. 이러한 방법들에 대해 획일적인 잣대를 들이대어 규제하고 처벌한다면 경제적 활력은 사라지고 좀더 은밀하고 불법적인 방법이 성행할 수 있다. 이러한 관점에서 실질을 중요시하는 판례의 태도는 바람직하다 할 것이다.

제2절 미공개 정보를 이용하는 내부자 거래행위

1. 내부자 거래의 의의

내부자 거래(insider trading)라 함은 일반적으로 기업의 임직원 및 주요주주 등 내부자가 회사가 발행한 증권의 거래와 관련하여 회사의 미공개 주요정보를 이용하는 행위를 말한다.

내부자 거래와 관련하여 과거에는 증권거래법에서 규제하고 있었으나, 「자본시장과 금융투자업에 관한 법률」(이하 '자통법'이라 한다)이 제정·시행(2009.2.4.)됨에 따라 현재는 동 법률에서 내부자거래에 대해 규제하고 있다. 내부자 거래를 제한하는 취지는 유가증권 등의 매매에 있어 모든 시장 참여자가 공정한 입장에서 자유로운 경쟁을 할 수 있도록 투자자를 보호하고, 증권시장의 공정성을 확립하여 시장이 제 기능을 할 수 있도록 보호함으로써 투자자에게 신뢰감을 갖게 하려는 데 있다.

2. 미공개 주요정보에 대한 입법형식

자통법 제174조에서는 미공개 주요정보(material nonpublic information)를 "투자자의 투자판단에 중대한 영향을 미칠 수 있는 정보로서 대통령령으로 정하는 방법에 따라 불특정 다수인이 알 수 있도록 공개되기 전의 것을 말한다"라고 정의하고 있다. (구)증권거래법하에서는 미공개주요정보의 규정형식에 대해 포괄주의와 제한적 열거주의의 학설의 대립이 있었으나, 자통법에서는 명문으로 포괄주의를 채택하고 있다고 할 수 있다. 이러한 입법자의 결단은 제한적 열거주의가 회사경영자나 투자자에게 일응의 법적 안정성을 부여하고 죄형법정주의라는 형법의 이념을 충실히 구현할 수 있다는 장점이 있으나, 미공개주요정보는 획일적이고 보편적인 판단기준을 정립하기에 부적당하고 구체적인 상황에 따라 투자자의 투자판단에 미치는 영향의 정도가 달라지며 입법에 의하여 수치화하여 획일적으로 정할 수 없는 개념이라는 측면에서 포괄주의가 타당하다는 견해를 입법적으로 수용한 결과라 할 것이다.

판례(95도467)도 과거에 이미 "증권거래법 제186조 제1항 각 호에 열거된 사항은 상장법인의 경영에 관한 중대한 영향을 미칠 수 있는 사실들로서 증권거래소에 지체 없이 신고하여야 하는 사실들로 한정되어 있는데 같은 조 제2항은 증권거래소가 제1항 각 호에 열거된 사항과는 별도로 제188조의2의 규정에 의한 중요한 정보의 유무에 대한 공시도 당해 상장회사에 대하여 요구할 수 있다고 규정함으로써 제188조의2 제1항 소정의 중요한 정보가 제186조 제1항 각 호에 열거된 사실에 한정되지 않는 것임을 간접적으로 인정하고 있으므로, 제188조의2 제2항이 제186조 제1항 각 호의 1에 해당하는 사실 등에 관한 정보 중이란 표현을 사용하고 있다고 하더라도, 이는 그 사실들만을 내부자거래의 규제대상이 되는 중요한 정보에 해당하는 것으로 제한하고자 하는 취지에서가 아니라 중요한 정보인지의 여부를 판단하는 기준인 투자자의 투자판단에 중대한 영향을 미칠 수 있는 정보를 예시하기 위한 목적에서라고 보아야 한다"고 판시하여 포괄주의에 입각하고 있었다.

3. 내부자의 범위

내부자는 회사내부자, 준내부자 및 정보수령자[7]로 나눌 수 있다. (구)증권거래법상 회사내부자는 당해 법인 및 그 임직원과 대리인, 당해 법인의 주요주주가 이에 해당하고, 준내부자는 ① 당해 법인에 대하여 법령에 의한 인·허가, 지도·감독 기타의 권한을 가지는 자 및 그의 대리인·사용인·기타 종업원 및 ② 당해 법인과 계약을 체결하고 있는 자 및 그의 대리인·사용인·기타 종업원을 말하는바, 예컨대 회계고문인 공인회계사 또는 회계법인의 임직원, 법률고문 변호사 또는 유가증권 인수회사 및 주거래은행의 임직원, 원자재 납품업자 및 제품판매 대행업자와 그 사용인, 임직원을 가리킨다. 전통적 규제대상이 되는 임원에는 사외이사와 비상근감사도 포함하며 임시직이나 파트타임으로 근무하던 직원도 포함하지만, 파견되어 다른 회사에 근무하던 직원은 해당되지 않는다고 보아야 할 것이다.

7) 다음 항에서 상술한다.

준내부자의 하나인 당해 법인과 계약을 체결하고 있는 자의 범위와 관련하여 판례(2003도686)는 "당해 주식의 양수계약을 체결한 계약당사자는 당해 정보를 생산한 자로서 법 제188조의2 제1항 4호의 당해 법인과 계약을 체결하고 있는 자 또는 법 제188조의2 제1항 소정의 당해 정보를 받은 자에 해당하지 아니한다고 본다"고 판시하고 있다.

자통법[8)]에서는 내부자의 범위를 당해 법인의 계열회사를 포

---

8) 제174조(미공개중요정보 이용행위 금지)

① 다음 각 호의 어느 하나에 해당하는 자(제1호부터 제5호까지의 어느 하나의 자에 해당하지 아니하게 된 날부터 1년이 경과하지 아니한 자를 포함한다)는 상장법인(6개월 이내에 상장하는 법인을 포함한다)의 업무 등과 관련된 미공개중요정보(투자자의 투자판단에 중대한 영향을 미칠 수 있는 정보로서 대통령령으로 정하는 방법에 따라 불특정 다수인이 알 수 있도록 공개되기 전의 것을 말한다. 이하 이 항에서 같다)를 특정증권 등의 매매, 그 밖의 거래에 이용하거나 타인에게 이용하게 하여서는 아니 된다<개정 2009.2.3>.

1. 그 법인(그 계열회사를 포함한다. 이하 이 호 및 제2호에서 같다) 및 그 법인의 임직원·대리인으로서 그 직무와 관련하여 미공개중요정보를 알게 된 자
2. 그 법인의 주요주주로서 그 권리를 행사하는 과정에서 미공개중요정보를 알게 된 자
3. 그 법인에 대하여 법령에 따른 허가·인가·지도·감독, 그 밖의 권한을 가지는 자로서 그 권한을 행사하는 과정에서 미공개중요정보를 알게 된 자
4. 그 법인과 계약을 체결하고 있거나 체결을 교섭하고 있는 자로서 그 계약을 체결·교섭 또는 이행하는 과정에서 미공개중요정보를 알게 된 자
5. 제2호부터 제4호까지의 어느 하나에 해당하는 자의 대리인(이에 해당하는 자가 법인인 경우에는 그 임직원 및 대리인을 포함한다)·사용인, 그 밖의 종업원(제2호부터 제4호까지의 어느 하나에 해당하는 자가 법인인 경우에는 그 임직원 및 대리인)으로서 그 직무와 관련하여 미공개중요정보를 알게 된 자
6. 제1호부터 제5호까지의 어느 하나에 해당하는 자(제1호부터 제5호까지의 어느 하나의 자에 해당하지 아니하게 된 날부터 1년이 경과하지 아니한 자를 포함한다)로부터 미공개중요정보를 받은 자

함하여 계열회사의 임직원 및 대리인으로 그 범위를 확장하고 있는바, 여기서 계열회사는 「독점규제 및 공정거래에 관한 법률」에 따른 것으로 둘 이상의 회사가 동일한 기업집단에 속하는 경우에 해당한다. 따라서 동일한 기업집단의 두 회사의 임직원・주요주주는 서로 상대방 회사의 내부정보를 이용할 수 없게 된다. 그러나 미국판례상 인정되는 부정유용이론[9](misappropriate theory)에 의한 범위나 EU의 기준에 따른 미공개중요정보를 소유(possession)[10]한 상태에서 거래한 모든 자까지 확대된다고 할 수는 없다.

한편 자통법에 따르면, 이제는 계약을 체결하려고 하였다가 계약조건이 맞지 않아 체결에 이르지 못한 경우에도 계약의 체결・교섭 또는 이행과정에 있는 자에 해당하여 내부자거래의 규제대상이 된다.

---

9) 미공개정보의 취득과정에 중점을 둔 이론으로서 거래당사자 사이에 충실의무의 위반이 없다 하더라도 정보 자체가 위법하게 유용된 경우에는 내부자거래를 인정하는 견해로서 거래상대방에 대한 의무위반이 아니라 정보의 원래 소유자에 대한 의무위반을 문제삼고 있는 이론이다. 미국 연방대법원이 1997년 O'Hagan 사건에서 처음으로 이 이론을 채택하였다.

10) 공개되지 아니한 정보를 소유하는 자는 정보를 소유한다는 사실 그 자체만으로 그 정보를 공개하거나 그 정보에 기한 거래를 회피할 의무를 부담하게 되므로 미공개 내부정보를 소유하는 자가 이를 공개하지 아니하고 거래를 하는 경우에는 내부자거래의 규제대상이 되고, 미공개 내부정보인지 여부만이 중요하고 정보의 취득방법이 어떤지 여부는 중요하지 않다고 보는 이론으로서 미국 연방대법원이 최초로 취한 입장이다.

위 의무가 적용되기 위하여는 ① 회사의 목적을 위하여서만 이용되어야 하는 정보에 직접 또는 간접으로 접근할 수 있는 관계의 존재와 ② 거래의 당사자가 상대방에게 알려져 있지 않은 정보를 이용하는 경우의 내재적 불공정성이 인정되어야 한다. 이후 연방대법원은 내부자 범죄의 무한정한 확대를 우려하여 단순히 상대방이 갖지 못한 정보를 갖고 있다는 점만으로 공시의무가 생긴다고 보는 것이 아니라 정보를 갖게 된 사람이 거래상대방인 주주에 대하여 충실의무를 부담하고 있는 경우에만 공시의무를 부담하고, 그러한 주주와의 사이에 신임관계에 있는 자만이 내부자로서 규제대상이 된다고 판시하였다(1980년 Chiarella v U.S. 사건).

4. 정보수령자의 범위

자통법 제174조 제1항은 내부자·준내부자로부터 미공개 내부정보를 전달받은 제1차 정보수령자가 이를 특정증권의 매매나 그 밖의 거래에 이용하거나 다른 사람에게 이를 이용하게 하는 행위를 금지하고 있다.

따라서 법문상 제1차 정보수령자로부터 미공개 내부정보를 전달받아 이를 이용하거나 다른 사람으로 하여금 이용하게 한 제2차 정보수령자는 처벌할 수 없다.

이러한 제2차 수령자를 제1차 수령자의 공범으로 처벌할 수 있는가에 대해 학설의 대립이 있으나 다수설 및 (구)증권거래법상 판례[11]는 이를 필요적 공범 중 편면적 대항범으로 파악하여 처벌

---

11) 2000도90

(1) 증권거래법 제188조의2 제1항은 내부자로부터 미공개 내부정보를 전달받은 제1차 정보수령자가 유가증권의 매매 기타 거래와 관련하여 그 정보를 이용하거나 다른 사람으로 하여금 이를 이용하게 하는 행위만을 금지하고 있을 뿐 제1차 정보수령자로부터 미공개 내부정보를 전달받은 제2차 정보수령자 이후의 사람이 유가증권의 매매 기타 거래와 관련하여 당해 정보를 이용하거나 다른 사람으로 하여금 이를 이용하게 하는 행위를 금지하지는 아니하므로 결국 증권거래법 제188조의2 제1항, 제207조의2 제1호는 내부자로부터 미공개 내부정보를 전달받은 제1차 정보수령자가 유가증권의 매매 기타의 거래에 관련하여 당해 정보를 이용하거나 다른 사람에게 이를 이용하게 하는 행위만을 처벌할 뿐이고, 제1차 정보수령자로부터 제1차 정보수령과는 다른 기회에 미공개 내부정보를 다시 전달받은 제2차 정보수령자 이후의 사람이 유가증권의 매매 기타의 거래와 관련하여 전달받은 당해 정보를 이용하거나 다른 사람에게 이용하게 하는 행위는 그 규정조항에 의하여는 처벌되지 않는 취지라고 판단된다.

(2) 증권거래법 제188조의2 제1항의 금지행위 중의 하나인 내부자로부터 미공개 내부정보를 수령한 제1차 정보수령자가 다른 사람에게 유가증권의 매매 기타 거래와 관련하여 당해 정보를 이용하게 하는 행위에 있어서는 제1차 정보수령자로부터 당해 정보를 전달받는 제2차 정보수령자의 존재가 반드시 필요하고, 제2차 정보수령자가 제1차 정보수령자와의 의사 합치 하에 그로부터 미공개 내부정보를 전달받아 유가증권의 매매 기타 거래와 관련하여 당해 정보를 이용하는 행위가 당연히 예상되는바, 그와 같이 제1차 정보

할 수 없다고 한다. 따라서 실무적으로 중요한 점은 정보전달자가 내부자인가 혹은 제1차수령자인가 하는 점이다.[12] 또한 내부자 등으로부터 정보를 알게 되었다고 하더라도 내부자에게 전달의사가 없었다면 이에 해당하지 않을 것이다. 예를 들면 ① 내부자 등이 유실한 서류에서 중요한 내부정보를 알았다거나, ② 내부자 등의 대화로부터 우연히 들었던 경우는 이에 해당하지 않는다고 보아야 한다. 한편 직무와 관련 또는 권한의 행사와 관련하여 알아야 하므로, 이를테면 주요주주가 우연히 당해 법인의 이사로부터 중요정보를 듣고 이를 제3자에게 알려 주었다면, 이때 제3자는 제1차 정보수령자에 해당하지 않는다.

5. 업무관련성

내부정보는 당해 법인의 업무 등과 관련한 정보이어야 한다. 따라서 회사의 영업성적이나 재산상태에 영향을 주는 회사정보가 업무관련성이 있음은 물론이다. 그러나 일반적인 경기동향, 통화량, 금리, 환율, 기관투자자의 투자방향 및 주가의 흐름과 당해 유가증권에 대한 증시관계자의 예측 등에 관한 시장정보는 업무 등과 관련성이 없으므로 내부정보라 할 수 없다.

다만, 당해 법인이 자체적으로 작성한 영업환경전망이나 예상실적 등은 내부정보가 될 수 있다. 자통법은 내부자의 유형별

수령자가 미공개 내부정보를 다른 사람에게 이용하게 하는 증권거래법 제188조의2 제1항 위반죄가 성립하는데 당연히 예상될 뿐만 아니라, 그 범죄의 성립에 없어서는 아니 되는 제2차 정보수령자의 그와 같은 관여행위에 관하여 이를 처벌하는 규정이 없는 이상 그 입법취지에 비추어 제2차 정보수령자가 제1차 정보수령자로부터 제1차 정보수령 후에 미공개 내부정보를 전달받아 이용한 행위가 일반적인 형법 총칙상의 공모, 교사, 방조에 해당된다고 하더라도 제2차 정보수령자를 제1차 정보수령자의 공범으로서 처벌할 수는 없다.

12) 서울고법 2002노2314 참고.

로 업무 관련성을 규정하고 있다. 즉 ① 법인의 임직원의 경우는 그 직무와 관련하여 ② 주요주주의 경우는 그 권리를 행사하는 과정에서, ③ 법인에 대하여 법령에 따른 허가 및 그 밖의 권한을 가진 자는 권한을 행사하는 과정에서, ④ 그 법인과 계약을 체결하거나 체결을 교섭하고 있는 자는 계약을 체결·교섭 또는 이행하는 과정에서 알게 된 경우에 업무관련성을 인정하고 있다.

6. 내부정보

앞에서 설명한 바와 같이 자통법 제174조에서는 미공개주요정보(material nonpublic information)를 "투자자의 투자판단에 중대한 영향을 미칠 수 있는 정보로서 대통령령으로 정하는 방법에 따라 불특정 다수인이 알 수 있도록 공개되기 전의 것을 말한다"라고 정의하고 있다. 현행법은 (구)증권거래법[13]과 달리 자통법 제161조[14][(구)증권거래법 제186조 제1항][15]를 적시하지 아니하고 있

13) 제188조의2(미공개정보 이용행위의 금지)

② 제1항에서 "일반인에게 공개되지 아니한 중요한 정보"라 함은 제186조 제1항 각호의 1에 해당하는 사실 등에 관한 정보 중 투자자의 투자판단에 중대한 영향을 미칠 수 있는 것으로서 당해 법인이 총리령이 정하는 바에 따라 다수인으로 하여금 알 수 있도록 공개하기 전의 것을 말한다.

14) 제161조(주요사항보고서의 제출)

① 사업보고서 제출대상법인은 다음 각 호의 어느 하나에 해당하는 사실이 발생한 경우에는 그 사실이 발생한 날의 다음 날까지 그 내용을 기재한 보고서(이하 "주요사항보고서"라 한다)를 금융위원회에 제출하여야 한다. 이 경우 제159조 제6항 및 제7항을 준용한다<개정 2008.2.29>.

1. 발행한 어음 또는 수표가 부도로 되거나 은행과의 당좌거래가 정지 또는 금지된 때
2. 영업활동의 전부 또는 중요한 일부가 정지된 때
3. 「채무자 회생 및 파산에 관한 법률」에 따른 회생절차개시의 신청이 있은 때
4. 이 법, 「상법」, 그 밖의 법률에 따른 해산사유가 발생한 때
5. 자본증가 또는 자본감소에 관한 이사회의 결의가 있은 때

6. 「상법」 제360조의2, 제360조의15, 제522조 및 제530조의2에 규정된 사실이 발생한 때
7. 대통령령으로 정하는 중요한 영업 또는 자산을 양수하거나 양도할 것을 결의한 때
8. 자기주식을 취득(자기주식의 취득을 목적으로 하는 신탁계약의 체결을 포함한다) 또는 처분(자기주식의 취득을 목적으로 하는 신탁계약의 해지를 포함한다)할 것을 결의한 때
9. 그 밖에 그 법인의 경영·재산 등에 관하여 중대한 영향을 미치는 사항으로서 대통령령으로 정하는 사실이 발생한 때

15) 증권거래법 제186조 제1항

1. 발행한 어음·수표가 부도로 되거나 은행과의 거래가 정지 또는 금지된 때
2. 영업활동의 일부 또는 전부가 정지된 때
3. 법률의 규정에 의한 법인의 정리절차개시의 신청이 있거나 사실상 정리를 개시한 때
4. 사업목적이 변경된 때
5. 재해로 인하여 막대한 손해를 입은 때
6. 상장유가증권 또는 협회등록유가증권에 관하여 중대한 영향을 미칠 소송이 제기된 때
7. 상법 제374조, 제522조, 제527조의2, 제527조의3 및 제530조의2에서 규정한 사실이 발생한 때
8. 법률에 의한 해산사유가 발생한 때
9. 증자 또는 감자에 관한 이사회의 결의가 있은 때
10. 특별한 사유에 의하여 조업을 중단하거나 조업을 계속할 수 없는 때
11. 거래은행에서 당해 법인의 관리를 개시한 때
12. 자기주식의 취득 또는 처분에 관한 이사회의 결의 또는 대표이사 기타 대통령령이 정하는 자의 결정이 있은 때
13. 제1호 내지 제12호 외에 법인의 경영·재산 등에 관하여 중대한 영향을 미친 사항으로서 대통령령이 정하는 사실이 발생한 때

위 제13호에 따른 시행령 제83조 제3항에서는 ① 최대주주, 주요주주 또는 계열회사의 변동이 있은 때, ② 최대주주, 최대주주의 특수관계인, 주요주주 또는 계열회사와 금융감독위원회가 정하는 중요한 거래를 한 때, ③ 신물질 또는 신기술에 관한 특허권을 취득한 때, ④ 자본금의 10% 이상의 신규시설투자, 시설증설 또는 별도공장의 신설에 관한 이사회의 결의가 있은 때, ⑤ 최근 사업연도 매출액의 10% 이상에 해당하는 제품에 대한 수거·파기 등을 실시하기로 결정한 때, ⑥ 자본금의 10% 이상의 특별손실 또는 특별이익이 발생한 때, ⑦ 기타 유가증권의 공정거래와 투자자보호를 위하여 필요한 사항으로서 금융감독위원회가 정하는 사실이 발생한 때를 규정하고 있다.

다. 따라서 중요정보는 일응 자통법 제161조를 기준으로 하되 종국적으로 법원에서 판단하게 된다.

판례는 미공개주요정보에 대해 "증권거래법 제188조의2 제2항 소정의 투자자의 투자판단에 중대한 영향을 미칠 수 있는 정보란 합리적인 투자자가 당해 유가증권을 매수 또는 계속 보유할 것인가 아니면 처분할 것인가를 결정하는데 있어서 중요한 가치가 있는 정보, 바꾸어 말하면 일반투자자들이 일반적으로 안다고 가정할 경우에 당해 유가증권의 가격에 중대한 영향을 미칠 수 있는 사실을 말한다"(95도467)라고 판시하고 있고 또한 "법인경영에 관하여 중대한 영향을 미칠 사실들 가운데, 합리적인 투자자라면 그 정보의 중대성과 사실이 발생할 개연성을 비교 평가하여 판단할 경우 유가증권의 거래에 관한 의사를 결정함에 있어서 중요한 가치를 지닌다고 생각하는 정보를 가리키는 것이라고 해석함이 상당하고, 그 정보가 반드시 객관적으로 명확하고 확실할 것까지 필요로 하지는 아니한다"(93도695)고 판시하고 있다. 따라서 구체적인 기준은 각각의 사례별로 살펴볼 수밖에 없다.

판례에 나타난 중요한 내부정보를 살펴보면, ① 회계장부상으로는 흑자가 발생하고 있는 것으로 되어 있으나 실제로는 누적된 적자와 대규모 공장의 신축으로 인한 자금의 수요 등 때문에 어음수표가 부도날 정도로 극심한 자금난에 시달리고 있다는 사실(93도695), ② 상장회사가 연말에 산출한 당해 사업연도 영업의 예상실적치가 전년도에 비하여 현저하게 호전된 사실(95도467), ③ 당해 법인의 자본금이 101여억 원인데 해외의 자회사에서 화재가 발생하여 약 20억 원의 손실을 입은 것을 비롯하여 그 해 결산 결과 약 35억 원의 적자가 발생한 사실(94도2792), ④ 금융감독원에 제출한 주식의 대량보유보고서에 사실상 피고인이 혼자 인수하였음에도 마치 피고인이 명의를 차용한 다른 사람 4명과 공동으로 인수한 것처럼 허위기재하고 주식취득자금 중 상당부분을 차입금으로 충당하였음에도 취득자금 내역을 차입금은 없는 것처럼 '자기자금'이라고 허위기재한 경우(2003도686), ⑤ 갑주식회사와 을주식회사 사이의 주식교환방식에 의한 인수합병 추진에 관한 미공개 내부정보를 갑주식회사의 대주주이자 상무이사인 피고인 1이 피고인 2에게 알려 주어 그로 하여금 갑주식회사 발행의 전환사채의 거래에 이를 이용하게 한 경우(2003다4320), ⑥ 당해 법인 발행의 어음·수표가 부도 처리되었을 때뿐 아니라 은행이 부도처리하기 전에 자금조달이 어려워 부도처리될 것이 거의 확실시되는 때에는 이러한 상황을 알고 있는 내부자가 그 정보를 공시하기 전에 이용하여 보유주식을 매각하였을 경우(2000도2827) 등이 있다.

7. 미공개 정보

위에서 설명한 내부정보를 해당 법인(법인으로부터 공개권한을 위임받은 자를 포함)이 대통령령[16]이 정하는 방법에 의해 불특정

16) 자통법 시행령 제201조(정보의 공개 등)
① 법 제174조 제1항 각 호 외의 부분에서 "대통령령으로 정하는 방법"이란 해당 법인(해당 법인으로부터 공개권한을 위임받은 자를 포함한다) 또는 그 법인의 자회사(「상법」 제342조의2 제1항에 따른 자회사를 말하며, 그 자회사로부터 공개권한을 위임받은 자를 포함한다)가 다음 각 호의 어느 하나에 해당하는 방법으로 정보를 공개하고 해당 호에서 정한 기간이나 시간이 지나는 것을 말한다.
1. 법령에 따라 금융위원회 또는 거래소에 신고되거나 보고된 서류에 기재되어 있는 정보: 그 내용이 기재되어 있는 서류가 금융위원회 또는 거래소가 정하는 바에 따라 비치된 날부터 1일
2. 금융위원회 또는 거래소가 설치·운영하는 전자전달매체를 통하여 그 내용이 공개된 정보: 공개된 때부터 24시간
3. 「신문 등의 자유와 기능 보장에 관한 법률」에 따른 일반일간신문 또는 경제분야의 특수일간신문 중 전국을 보급지역으로 하는 둘 이상의 신문에 그 내용이 게재된 정보: 게재된 날부터 1일
4. 「방송법」에 따른 방송 중 전국을 가시청권으로 하는 지상파방송을 통

다수인이 알 수 있게 공개되기 전에 이를 이용하는 행위가 금지된다. 따라서 정보의 공개 주체가 당해 법인으로 되어 있으므로, 당해 법인이 정보를 공개하지 아니하는 한 비록 일간신문 등에 그 정보와 유사한 내용이 추측 보도되었다는 사실만으로 그 정보가 일반인에게 공개된 정보라고 할 수 없다.[17)]

이러한 일반적인 경우와 다르게 공개증권시장을 통하지 아니하고 거래가 이루어지는 이른바 '상대거래'의 경우에는 미공개정보에 대한 판단이 달라진다. 즉 상대거래에 있어서는 증권시장의 공정성이나 일반투자자의 신뢰성의 문제는 발생하지 않으며, 따라서 불공정한 격차의 문제는 거래당사자 사이에서 발생하게 된다. 따라서 '미공개정보'인지의 여부는 거래당사자가 이를 알고 있었는지 여부에 따라 달라지며, 상대거래의 거래당사자가 모두 해당 정보를 알고 있는 경우라면 해당 정보가 비록 공시되지는 않았다고 하더라도 '미공개정보'에 해당한다고 할 수 없다.[18)] 이때 문제되는 것은 정보를 알고 있는 거래당사자의 범위를 어떻게 한정지을까 하는 것이다.

하여 그 내용이 방송된 정보: 방송된 때부터 12시간

② 법 제174조 제2항 각 호 외의 부분에서 "대통령령으로 정하는 방법"이란 공개매수자(그로부터 공개권한을 위임받은 자를 포함한다)가 제1항 각 호의 어느 하나에 해당하는 방법으로 정보를 공개하고 해당 호에서 정한 기간 또는 시간이 지나는 것을 말한다.

③ 법 제174조 제3항 각 호 외의 부분에서 "대통령령으로 정하는 취득·처분"이란 다음 각 호의 요건을 모두 충족하는 취득·처분을 말한다.

1. 제154조 제1항의 목적으로 할 것(취득의 경우만 해당한다)
2. 금융위원회가 정하여 고시하는 비율 이상의 대량취득·처분일 것
3. 그 취득·처분이 법 제147조 제1항에 따른 보고대상에 해당할 것

④ 법 제174조 제3항 각 호 외의 부분에서 "대통령령으로 정하는 방법"이란 대량취득·처분을 할 자(그로부터 공개권한을 위임받은 자를 포함한다)가 제1항 각 호의 어느 하나에 해당하는 방법으로 정보를 공개하고 해당 호에서 정한 기간 또는 시간이 지나는 것을 말한다.

17) 95도467, 2000도2827 등 참조.

18) 2003도 1456(이른바 이용호 보물선 사건).

이에 대해 판례(2003도4320)는 "거래의 당사자가 거래의 목적인 유가증권 관련 내부정보에 대하여 전해 들어 이를 잘 알고 있는 상태에서 거래에 이르게 되었음이 인정되는 경우에는 공개되지 아니한 중요한 정보를 이용한 것으로 볼 수 없다 할 것이지만, 거래당사자인 법인의 담당 직원이 거래의 상대방으로부터 그 유가증권 관련 내부정보를 전해 들었음에도 이를 정식으로 법인의 의사결정권자에게 보고하거나 그에 관한 지시를 받지 아니한 채 거래의 상대방으로부터 거래의 성사를 위한 부정한 청탁금을 받고서 법인에 대한 배임적 의사로 거래가 이루어지도록 한 경우에는 거래당사자에 대하여 위 내부정보의 완전한 공개가 이루어졌다고 볼 수 없다"고 판시하여 그 범위를 제한하고 있다.

8. 규제대상 증권의 범위

자통법 제172조 제1항에서는 내부자거래의 규제대상이 되는 증권(법 제174조의 특정증권)의 범위를 (구)증권거래법에 비해 넓게 인정하고 있다. 즉 ① 그 법인이 발행한 증권(대통령령으로 정하는 증권은 제외), ② 법인발행 증권과 관련된 증권예탁증권, ③ 그 법인 외의 자가 발행한 것으로서 법인발행 증권과 증권예탁증권과 교환을 청구할 수 있는 교환사채권, ④ ①~③까지의 증권만을 기초자산으로 하는 금융투자상품이라고 규정하고 있다. 따라서 자통법하에서는 유가증권 예탁증서나 주식옵션의 경우도 모두 규제의 대상이 된다. 자통법에서는 상장법인이 발행한 증권만을 규제대상으로 하고 있으나 미국과 일본에서는 비상장법인이 발행한 증권도 규제의 대상으로 하고 있다.

9. 규제대상 행위

자통법상 규제의 대상이 되는 행위는 ① 미공개 내부정보를, ② 매매, 기타 거래와 관련된 행위에 이용하거나, ③ 제3자에게 이용하게 하는 것이다. 이를 분설하면 아래와 같다.

① 정보의 이용행위란 내부정보를 이용하여 직접 주식 등을 거래하는 행위뿐 아니라 경제적 이득을 얻기 위한 모든 행위를 포함한다.

② 매매, 기타 거래와 관련한 행위는 매도와 매수 모두 포함되고, 교환 등 일체의 양도나 담보권설정이나 취득 등을 모두 포함한다.

③ 다른 사람에게 이용하게 하는 행위란 내부정보를 다른 사람에게 제공하여 직접 거래 또는 기타 경제적 이득을 취할 수 있도록 하는 행위를 말한다. 다만, 구성요건상 제3자에게 정보를 제공하면 충분하고 그 정보를 이용하여 주식거래 등을 하도록 권유할 필요는 없다.

10. 미공개 외부정보의 이용행위 금지

(구)증권거래법은 외부정보[19]의 경우 제188조의2 제3항에서 공개매수관련 정보를 이용한 내부자거래만을 규제하고 있으나, 자통법에서는 주식 등의 공개매수의 실시 또는 중지에 관한 정보(법 제174조 제2항)[20]뿐만 아니라, 주식 등의 대량취득・처분(경

19) 회사의 내부에서 생성되는 정보가 아니라 회사외부에서 공개매수자, 주식의 대량 취득자 등에 의해 생성되는 정보를 의미한다.

20) ② 다음 각 호의 어느 하나에 해당하는 자(제1호부터 제5호까지의 어느 하나의 자에 해당하지 아니하게 된 날부터 1년이 경과하지 아니한 자를 포함

영권에 영향을 줄 가능성이 있는 대량취득·처분으로서 대통령령으로 정하는 취득·처분을 말한다)의 실시 또는 중지에 관한 미공개정보(법 제174조 제3항)[21]도 규율의 대상으로 삼고 있다.

한다)는 주식 등에 대한 공개매수(제133조 제1항의 공개매수를 말한다. 이하 이 항에서 같다)의 실시 또는 중지에 관한 미공개정보(대통령령으로 정하는 방법에 따라 불특정 다수인이 알 수 있도록 공개되기 전의 것을 말한다. 이하 이 항에서 같다)를 그 주식 등과 관련된 특정증권 등의 매매, 그 밖의 거래에 이용하거나 타인에게 이용하게 하여서는 아니 된다. 다만, 공개매수자가 공개매수를 목적으로 거래하는 경우에는 그러하지 아니하다<개정 2009.2.3>.

1. 공개매수자(그 계열회사를 포함한다. 이하 이 호 및 제2호에서 같다) 및 공개매수자의 임직원·대리인으로서 그 직무와 관련하여 공개매수의 실시 또는 중지에 관한 미공개정보를 알게 된 자
2. 공개매수자의 주요주주로서 그 권리를 행사하는 과정에서 공개매수의 실시 또는 중지에 관한 미공개정보를 알게 된 자
3. 공개매수자에 대하여 법령에 따른 허가·인가·지도·감독, 그 밖의 권한을 가지는 자로서 그 권한을 행사하는 과정에서 공개매수의 실시 또는 중지에 관한 미공개정보를 알게 된 자
4. 공개매수자와 계약을 체결하고 있거나 체결을 교섭하고 있는 자로서 그 계약을 체결·교섭 또는 이행하는 과정에서 공개매수의 실시 또는 중지에 관한 미공개정보를 알게 된 자
5. 제2호부터 제4호까지의 어느 하나에 해당하는 자의 대리인(이에 해당하는 자가 법인인 경우에는 그 임직원 및 대리인을 포함한다)·사용인, 그 밖의 종업원(제2호부터 제4호까지의 어느 하나에 해당하는 자가 법인인 경우에는 그 임직원 및 대리인)으로서 그 직무와 관련하여 공개매수의 실시 또는 중지에 관한 미공개정보를 알게 된 자
6. 공개매수자 또는 제1호부터 제5호까지의 어느 하나에 해당하는 자(제1호부터 제5호까지의 어느 하나의 자에 해당하지 아니하게 된 날부터 1년이 경과하지 아니한 자를 포함한다)로부터 공개매수의 실시 또는 중지에 관한 미공개정보를 받은 자

21) ③ 다음 각 호의 어느 하나에 해당하는 자(제1호부터 제5호까지의 어느 하나의 자에 해당하지 아니하게 된 날부터 1년이 경과하지 아니한 자를 포함한다)는 주식 등의 대량취득·처분(경영권에 영향을 줄 가능성이 있는 대량취득·처분으로서 대통령령으로 정하는 취득·처분을 말한다. 이하 이 항에서 같다)의 실시 또는 중지에 관한 미공개정보(대통령령으로 정하는 방법에 따라 불특정 다수인이 알 수 있도록 공개되기 전의 것을 말한다. 이하 이 항에서 같다)를 그 주식 등과 관련된 특정증권 등의 매매, 그 밖의 거래에 이용하거나 타인에게 이용하게 하여서는 아니 된다. 다만, 대량취득·처분을

이러한 미공개 외부정보를 이용하는 행위 또한 공정한 시장 기능을 해칠 수 있으므로 미공개 외부정보 이용행위의 범위를 확대한 것은 타당하다고 생각된다.

제3절 공시제도와 부정거래

1. 공시제도의 의의

공시제도는 투자자에게 기업 현황에 대한 정확한 정보를 제

하는 자가 대량취득·처분을 목적으로 거래하는 경우에는 그러하지 아니하다<개정 2009.2.3>.

1. 대량취득·처분을 하는 자(그 계열회사를 포함한다. 이하 이 호 및 제2호에서 같다) 및 대량취득·처분을 하는 자의 임직원·대리인으로서 그 직무와 관련하여 대량취득·처분의 실시 또는 중지에 관한 미공개정보를 알게 된 자
2. 대량취득·처분을 하는 자의 주요주주로서 그 권리를 행사하는 과정에서 대량취득·처분의 실시 또는 중지에 관한 미공개정보를 알게 된 자
3. 대량취득·처분을 하는 자에 대하여 법령에 따른 허가·인가·지도·감독, 그 밖의 권한을 가지는 자로서 그 권한을 행사하는 과정에서 대량취득·처분의 실시 또는 중지에 관한 미공개정보를 알게 된 자
4. 대량취득·처분을 하는 자와 계약을 체결하고 있거나 체결을 교섭하고 있는 자로서 그 계약을 체결·교섭 또는 이행하는 과정에서 대량취득·처분의 실시 또는 중지에 관한 미공개정보를 알게 된 자
5. 제2호부터 제4호까지의 어느 하나에 해당하는 자의 대리인(이에 해당하는 자가 법인인 경우에는 그 임직원 및 대리인을 포함한다)·사용인, 그 밖의 종업원(제2호부터 제4호까지의 어느 하나에 해당하는 자가 법인인 경우에는 그 임직원 및 대리인)으로서 그 직무와 관련하여 대량취득·처분의 실시 또는 중지에 관한 미공개정보를 알게 된 자
6. 대량취득·처분을 하는 자 또는 제1호부터 제5호까지의 어느 하나에 해당하는 자(제1호부터 제5호까지의 어느 하나의 자에 해당하지 아니하게 된 날부터 1년이 경과하지 아니한 자를 포함한다)로부터 대량취득·처분의 실시 또는 중지에 관한 미공개정보를 알게 된 자

공하여 효율적인 투자의 기반을 조성하고 이를 바탕으로 시장의 안정적 성장을 도모함으로써 투자자의 보호와 시장의 장기적인 발전을 도모하기 위한 제도이다. 그러나 현행 법령상의 발행시장 공시 및 유통시장 공시의무의 이행은 기업의 입장에서 보면 내부 사업정보의 유출이라는 위험성을 감수하여야 한다. 또한 공시누락이나 오공시로 인한 민·형사상의 불이익이 상존하고 있어 항상 주의를 기울여야 한다는 문제도 있다.

다른 한편에서는 공시제도를 이용하여 주가의 하락이나 상승을 유발한다면 이를 통해 거액의 이익을 실현할 수 있다는 유혹이 상존하고 있는 것 또한 부인할 수 없는 현실이다. 따라서 공시제도의 순기능을 유지하면서도 기업의 부담을 줄이고, 어떻게 공시제도를 이용한 부정거래를 차단하는가 하는 것이 핵심문제로 대두된다.

다음에서는 현행법령상의 공시제도를 일별하고 이를 이용한 부정거래에 대한 판례의 태도를 살펴봄으로써 앞에서 제기한 문제에 대한 해답을 찾아보려고 한다.

2. 자통법상의 공시제도

(1) 발행시장 공시

자통법 제119조는 증권의 모집 또는 매출[22]은 발행인이 그 모집 또는 매출에 관한 신고서를 금융위원회에 제출하여야 한다고 규정하고 있고, 제123조는 제119조에 따라 증권을 모집하거나 매출하는 경우 그 발행인이 투자설명서를 증권신고의 효력이 발생하는 날(동법 시행규칙 제12조)에 금융위원회에 제출하여야 하

22) 모집이라 함은 신규로 발행되는 유가증권의 취득의 청약을 권유하는 것을 말하고, 매출이란 이미 발행된 유가증권의 매도의 청약을 하거나 매수의 청약을 권유하는 것을 말한다(자통법 제9조 제7항, 제9항).

며, 이를 일정한 장소(동법 시행규칙 제13조)에 비치하고 일반인이 열람할 수 있도록 하여야 한다고 규정하고 있다.

증권신고서를 제출하는 경우 발행인인 대표이사 및 신고업무를 담당하는 이사는 그 증권신고서의 기재사항 중 중요사항에 관하여 거짓의 기재 또는 표시가 있거나 중요사항의 기재 또는 표시가 누락되어 있지 아니하다는 사실 등 대통령령으로 정하는 사항[23]을 확인·검토하고 이에 각각 서명하여야 한다.[24]

한편 금융위원회는 법 제129조에 따라 위 증권신고서와 투자설명서 등을 일정한 장소에 비치하고, 인터넷 홈페이지를 이용하여 공시하여야 한다.

자통법이 발행시장공시에서 (구)증권거래법과 차이가 나는 점은 투자설명서의 의무적 교부제도를 도입한 것이라고 할 수 있다. 구법은 투자자들의 청구가 있는 때에만 투자설명서의 교부의무를 부과하여 투자자들이 자신의 권리를 제대로 알지 못하는 경우에는 투자판단에 필요한 정보를 취득하지 못하는 결과가 야기될 수 있고 이로 인해 공시제도가 제대로 이행되지 못한다는 비판을 받아왔다. 따라서 자통법 제124조에서는 정보의 비대칭성이 발생할 우

---

23) 자통법 시행령 제124조(증권신고서에 대한 대표이사 등의 확인·검토) 법 제119조 제5항에서 "대통령령으로 정하는 사항"이란 다음 각 호에 해당하는 사항을 말한다.

1. 법 제119조 제3항에 따른 증권신고서(이하 "증권신고서"라 한다)의 기재사항 중 중요사항에 관하여 거짓의 기재 또는 표시가 없고, 중요사항의 기재 또는 표시가 빠져 있지 아니하다는 사실
2. 증권신고서의 기재 또는 표시 사항을 이용하는 자로 하여금 중대한 오해를 일으키는 내용이 기재 또는 표시되어 있지 아니하다는 사실
3. 증권신고서의 기재사항에 대하여 상당한 주의를 다하여 직접 확인·검토하였다는 사실
4. 「주식회사의 외부감사에 관한 법률」 제2조에 따른 외부감사대상 법인인 경우에는 같은 법 제2조의2 및 제2조의3에 따라 내부회계관리제도가 운영되고 있다는 사실

24) 자통법 제119조 제5항.

려가 적은 전문투자자와 대통령이 정하는 자를 제외하고 증권의 취득 및 매도 전에 투자설명서를 교부하도록 강제하고 있다.

(2) 유통시장 공시

가. 정기공시

주권상장법인과 대통령령이 정하는 법인[25]은 사업보고서, 반기 및 분기보고서를 금융위원회와 거래소에 제출하여야 한다(법 제159조 제1항). 사업보고서를 제출하지 아니할 수 있는 경우는 파산 그 밖에 사유로 인하여 사업보고서의 제출이 사실상 불가

---

25) 자통법 시행령 제167조 ① 법 제159조 제1항 본문에서 "대통령령으로 정하는 법인"이란 다음 각 호의 어느 하나에 해당하는 법인을 말한다.
1. 다음 각 목의 어느 하나에 해당하는 증권을 증권시장에 상장한 발행인
가. 주권 외의 지분증권[집합투자증권과 자산유동화계획에 따른 유동화전문회사 등(「자산유동화에 관한 법률」 제3조에 따른 유동화전문회사 등을 말한다)이 발행하는 출자지분은 제외한다]
나. 무보증사채권(담보부사채권과 제362조 제8항에 따른 보증사채권을 제외한 사채권을 말한다)
다. 전환사채권・신주인수권부사채권・이익참가부사채권 또는 교환사채권
라. 신주인수권이 표시된 것
마. 증권예탁증권(주권 또는 가목부터 라목까지의 증권과 관련된 증권예탁증권만 해당한다)
바. 파생결합증권
2. 제1호 외에 다음 각 목의 어느 하나에 해당하는 증권을 모집 또는 매출(법 제130조에 따른 모집 또는 매출은 제외한다)한 발행인(주권상장법인 또는 제1호에 따른 발행인으로서 해당 증권의 상장이 폐지된 발행인을 포함한다)
가. 주권
나. 제1호 각 목의 어느 하나에 해당하는 증권
3. 제1호 및 제2호 외에 「주식회사의 외부감사에 관한 법률」 제2조에 따른 외부감사대상 법인으로서 제2호 각 목의 어느 하나에 해당하는 증권별로 그 증권의 소유자 수(금융위원회가 정하여 고시하는 방법에 따라 계산한 수를 말한다. 이하 이 조에서 같다)가 500인 이상인 발행인(증권의 소유자 수가 500인 이상이었다가 500인 미만으로 된 경우로서 제2항 제5호에 해당하지 아니하는 발행인을 포함한다)

능하거나 실효성이 없는 경우로서 대통령령이 정하는 경우(제1항 단서)나 최초로 사업보고서를 제출하여야 하는 법인이 증권신고서 등을 통하여 이미 직전 사업연도의 사업보고서에 준하는 사항을 공시한 경우(제2항 단서)이다.

증권신고서와 마찬가지로 대표이사 및 제출업무를 담당하는 이사는 그 사업보고서의 기재사항 중 중요사항에 관하여 거짓의 기재 또는 표시가 있거나 중요사항의 기재 또는 표시가 누락되어 있지 아니하다는 사실 등 대통령령으로 정하는 사항[26]을 확인·검토하고 이에 각각 서명하여야 한다.

금융위원회와 거래소는 법 제163조에 따라 사업보고서등을 3년간 일정한 장소에 비치하고, 인터넷 홈페이지 등을 이용하여 공시하여야 한다.

나. 수시공시

증권의 시장가격의 형성에 영향을 줄 수 있는 정보는 회사의 경영실적의 변동이나 중대한 변수의 발생에 의하여 수시로 발생한다. 이러한 이유로 자통법[27]에서는 수시공시제도를 마련하

---

26) 자통법 시행령 제169조(사업보고서에 대한 대표이사 등의 확인·검토) 법 제159조 제7항에서 "대통령령으로 정하는 사항"이란 다음 각 호에 해당하는 사항을 말한다.

1. 사업보고서의 기재사항 중 중요사항에 관하여 거짓의 기재 또는 표시가 없고, 중요사항의 기재 또는 표시가 빠져 있지 아니하다는 사실
2. 사업보고서의 기재 또는 표시 사항을 이용하는 자로 하여금 중대한 오해를 일으키는 내용이 기재 또는 표시되어 있지 아니하다는 사실
3. 사업보고서의 기재사항에 대하여 상당한 주의를 다하여 직접 확인·검토하였다는 사실
4. 「주식회사의 외부감사에 관한 법률」 제2조에 따른 외부감사대상 법인인 경우에는 같은 법 제2조의2 및 제2조의3에 따라 내부회계관리제도가 운영되고 있다는 사실

27) 제161조(주요사항보고서의 제출) ① 사업보고서 제출대상법인은 다음 각 호의 어느 하나에 해당하는 사실이 발생한 경우에는 그 사실이 발생한 날의 다음 날까지 그 내용을 기재한 보고서(이하 "주요사항보고서"라 한다)를 금융위원회에 제출하여야 한다. 이 경우 제159조 제6항 및 제7항을 준용한

여 투자자들의 투자판단에 영향을 미칠 수 있는 중요한 정보에 대하여는 발생한 날의 다음날까지 금융위원회에 제출하도록 하고 금융위원회는 이를 지체 없이 거래소에 송부하도록 하여 회사에 대한 중요한 최신정보를 투자자에게 제공하도록 하고 있다.

이러한 수시공시가 제대로 이루어지면 증권의 가격에 영향을 미칠 수 있는 회사의 중요정보 및 중요한 경영상의 결정을 적시

다<개정 2008.2.29>.

1. 발행한 어음 또는 수표가 부도로 되거나 은행과의 당좌거래가 정지 또는 금지된 때
2. 영업활동의 전부 또는 중요한 일부가 정지된 때
3. 「채무자 회생 및 파산에 관한 법률」에 따른 회생절차개시의 신청이 있은 때
4. 이 법, 「상법」, 그 밖의 법률에 따른 해산사유가 발생한 때
5. 자본증가 또는 자본감소에 관한 이사회의 결의가 있은 때
6. 「상법」 제360조의2, 제360조의15, 제522조 및 제530조의2에 규정된 사실이 발생한 때
7. 대통령령으로 정하는 중요한 영업 또는 자산을 양수하거나 양도할 것을 결의한 때
8. 자기주식을 취득(자기주식의 취득을 목적으로 하는 신탁계약의 체결을 포함한다) 또는 처분(자기주식의 취득을 목적으로 하는 신탁계약의 해지를 포함한다)할 것을 결의한 때
9. 그 밖에 그 법인의 경영·재산 등에 관하여 중대한 영향을 미치는 사항으로서 대통령령으로 정하는 사실이 발생한 때

② 사업보고서 제출대상법인은 제1항에 따라 주요사항보고서를 제출하는 경우에는 제1항 각 호의 항목별로 대통령령으로 정하는 서류를 첨부하여야 한다.

③ 사업보고서 제출대상법인은 주요사항보고서를 작성함에 있어서 금융위원회가 정하여 고시하는 기재방법 및 서식에 따라야 한다<개정 2008.2.29>.

④ 금융위원회는 제출된 주요사항보고서가 투자자의 투자판단에 중대한 영향을 미칠 우려가 있어 그 내용을 신속하게 알릴 필요가 있는 경우에는 대통령령으로 정하는 방법에 따라 행정기관, 그 밖의 관계기관에 대하여 필요한 정보의 제공 또는 교환을 요청할 수 있다. 이 경우 요청을 받은 기관은 특별한 사유가 없는 한 이에 협조하여야 한다<개정 2008.2.29>.

⑤ 금융위원회는 제1항에 따라 주요사항보고서가 제출된 경우 이를 거래소에 지체 없이 송부하여야 한다.

에 시장에 제공하게 되어 투자자들이 정확한 판단을 하는 데 도움을 줄 것으로 보인다.

(3) 예측정보의 공시

공시를 통한 부정거래에서 주로 문제가 되는 것은 예측정보의 공시이다. 이와 관련하여 자통법에서는 발행시장공시와 유통시장공시에 예측정보를 포함할 수 있도록 규정[28]하고 있다.

즉 자통법은 미래의 재무상태나 영업실적 등에 대한 예측 또는 전망에 관한 사항을 예측정보로 정의하면서 공시 가능한 범위를 ① 매출규모・이익규모 등 발행인의 영업실적, 그 밖의 경영성과에 대한 예측 또는 전망에 관한 사항, ② 자본금 규모・자금흐름 등 발행인의 재무상태에 대한 예측 또는 전망, ③ 특정한 사실의 발생 또는 특정한 계획의 수립으로 인한 발행인의 경영성과 또는 재무상태의 변동 및 일정시점에서의 목표수준에 관한 사항, ④ 그 밖에 발행인의 미래에 대한 예측 또는 전망에 관한 사항으로 ① 내지 ③의 예측정보에 관하여 발행인으로부터 평가요청을 받은 자가 당해 예측정보의 적정성에 관하여 평가한 사항으로 제한하고 있다.

한편 이러한 예측정보에 대해서도 거짓기재 등으로 인한 배상책임이 발생하므로 기업의 입장에서는 적극적인 공시를 망설이게 된다. 이러한 현상을 방지하고 예측정보에 대한 적극적인 공시를 유도하기 위하여 법률에 규정한 일정한 방법 즉 ① 그 기재 또는 표시가 예측정보라는 사실이 밝혀져 있을 것, ② 예측 또는 전망과 관련된 가정이나 판단의 근거가 밝혀져 있을 것, ③ 그 기재 또는 표시가 합리적 근거나 가정에 기초하여 성실하게 행

28) 자통법 제119조 제3항(증권신고서), 제123조 제2항(투자설명서), 제159조 제6항(사업보고서) 제160조(반기・분기보고서), 제161조(주요사항보고서).

하여 졌을 것, ④ 그 기재 또는 표시에 대하여 예측치와 실제 결과가 다를 수 있다는 주의문구가 밝혀져 있을 것의 요건을 갖추고 예측정보의 공시가 이루어질 경우 배상책임을 면제하고 있다.

다만 거짓된 예측정보의 공시에 의해 손해를 입은 자가 예측정보 중 중요사항에 관하여 거짓의 기재 또는 표시가 있거나 중요사항이 기재 또는 표시되지 아니한 사실을 알지 못했다는 사실과 공시 관련자(법 제125조 제1항)에게 그 기재 또는 표시와 관련하여 고의 또는 중대한 과실이 있다는 사실을 입증하면 배상책임을 지도록 하고 있다.

3. 허위공시 등으로 인한 형사책임

종래 학설과 판례에 의해 (구)증권거래법 제188조의4 제4항[29]은 미국의 1934년 증권거래법 제10조 제b항과 같이 일반적인 사기금지규정의 역할을 하는 것으로 해석되었다. 따라서 허위공시 등으로 인한 형사책임이 문제되는 가장 중요한 부분은 바로 위 조항이라고 할 수 있다. 현행 자통법 제178조는 (구)증권거래법과 달리 별도의 장을 두어 부정거래행위를 금지하고 있으며 목적요건을 일부 삭제하여 일반적 사기금지 규정으로서의 성격을 강화하고 있다. 아직 법시행 초기단계로 이와 관련한 판례가 축적되지 아니하였으므로 구법상 판례의 태도를 먼저 살펴보도록 하겠다.

---

29) 第188조의4

④ 누구든지 유가증권의 매매 기타 거래와 관련하여 다음 각호의 1에 해당하는 행위를 하지 못한다.

1. 부당한 이득을 얻기 위하여 고의로 허위의 시세 또는 허위의 사실 기타 풍설을 유포하거나 위계를 쓰는 행위
2. 중요한 사항에 관하여 허위의 표시를 하거나 필요한 사실의 표시가 누락된 문서를 이용하여 타인에게 오해를 유발하게 함으로써 금전 기타 재산상의 이익을 얻고자 하는 행위

(1) 적용범위 및 입법취지

판례(2003도6759)는 "제188조의4 제4항은 같은 조 제1항 내지 제3항에 대한 일반규정으로서 유가증권의 매매 기타 거래와 관련하여 소정의 불공정 행위를 포괄적으로 금지하고 있을 뿐, 같은 조 제1항 내지 제3항과 같이 거래객체를 상장유가증권 또는 협회중개시장에 등록된 유가증권으로 한정하거나 거래장소를 유가증권시장 또는 협회중개시장으로 제한하고 있지 않으므로 위 조항은 상장유가증권 또는 협회중개시장에 등록된 유가증권은 물론 같은 법 제2조 제1항 각호와 제2항이 정의한 유가증권에 포함되는 모든 유가증권의 매매 기타 거래에 적용되며, 유가증권시장 또는 협회중개시장에서의 거래는 물론 장외시장에서의 직접·대면거래에 대하여도 마찬가지로 적용된다"고 판시하고 있다.

위 조항의 입법취지에 대해 판례(2003도686, 2002도1696 등 참조)는 "사기적 부정거래행위를 금지하는 것은 증권거래에 관한 사기적 부정거래가 다수인에게 영향을 미치고 증권시장 전체를 불건전하게 할 수 있기 때문에 증권거래에 참가하는 개개의 투자자의 이익을 보호함과 함께 투자자 일반의 증권시장에 대한 신뢰를 보호하여 증권시장이 국민경제의 발전에 기여할 수 있도록 함에 의의가 있다"고 판시하고 있다.

(2) 부당한 이득 내지 재산상 이득

판례(2003도686)는 부당한 이득과 재산상 이득의 의미에 대해 "유가증권 처분으로 인한 행위자의 개인적이고 유형적인 경제적 이익에 한정되지 않고, 기업의 경영권 획득, 지배권 확보, 회사 내에서의 지위상승 등 무형적 이익 및 적극적 이득뿐 아니라 손실을 회피하는 경우와 같은 소극적 이득, 아직 현실화되지 아니한 장래의 이득도 모두 포함하는 포괄적인 개념으로 해석하는 것이 상당하다"고 판시하고 있다. 한편 제188조의4 제4항 위반행위가 성립하려면 각호의 부당한 이득 내지 재산상 이득을 얻고자 하는 목적이 있어야 한다(목적범 형식). 따라서 각호의 행위로 인하여 부당한 이득을 얻거나 재산상 이득을 실제로 얻을 것을 요하지 않는다고 할 것이다.

(3) 고의로 허위의 시세 등을 유포하거나 위계를 쓰는 행위

허위의 시세 등의 유포는 모두 위계의 예시라고 할 수 있다. 따라서 위계의 정확한 의미를 이해하는 것이 관건인바, 위계란 통상 법률적으로 상대방의 착오나 부지를 이용하여 목적행위를 달성하고자 하는 일체의 행위를 말하며, 상대방의 착오나 부지를 일으켜 이를 이용하는 것뿐만 아니라 착오나 부지에 빠져 있는 상대방을 이용하는 행위도 포함한다. 이러한 위계의 태양에는 기망, 계략, 술책뿐만 아니라 타인을 유혹하는 경우도 포함될 수 있다. 즉 위계란 유가증권의 거래에 있어 사회통념상 부정이라고 인정되는 일체의 수단을 말한다고 할 수 있다.[30)]

한편 동 조항은 위계의 정도 및 방법에 중요싱을 요하고 있지 아니하다. 이러한 규정양식은 다양한 사항을 포섭할 수 있다는 장점이 있으나 그 내용의 모호성으로 인해 죄형법정주의와 충돌할 우려가 있어 자칫하면 동 조항이 사문화될 우려가 있다.

실제로 하급심 판례(서울지법 2006고합115)는 외국계 펀드가 보유주식의 해당 회사에 대한 M&A관련 언론보도 후 가격이 상승한 주식을 처분한 행위에 대해 "위계행위가 인정되기 위해서는 이 사건 인터뷰에 허위나 기만적 요소가 포함되어 있어야 하는데, 피고인이 실제로 M&A를 시도하거나 다른 주체에 의한 M&A에 참여할 의사가 없음에도 마치 그렇게 할 것처럼 피고인의 피용자가 인터뷰를 하였다고 볼 수 없는 이상, ① 단순히 M&A

---

30) 일본 최고재판소의 입장.

의 가능성을 언급하였다거나 ② 장차 M&A가 이루어질 경우 피고인이 이를 지지할 수도 있다는 의사를 표시한 것에 과연 어떠한 허위나 기만적 요소를 인정할 수 있을지 의문이다"라고 판시하였고 같은 사안에서 "인터뷰를 한 목적에 해당 회사 주가를 상승 내지 견인시키려는 의도가 포함된 것일 수도 있다고 하더라도 이 사건 인터뷰의 내용에 아무런 허위나 기만적 요소가 있다고 볼 수 없는 이상 그러한 내심의 목적을 가지고 인터뷰에 응하였다는 사정만으로 이 사건 인터뷰를 한 것이 위계에 해당한다고 할 수 없다"고 판시함으로써 위계의 인정범위를 좁게 해석하고 있다.

(4) 중요한 사항에 관하여 허위의 표시가 된 문서를 이용하는 행위

중요한 사항이란 투자자의 투자판단에 중대한 영향을 미칠 수 있는 정보라고 할 수 있다. 따라서 법률상의 절차에 따라 공시된 사항은 공시제도의 기능을 고려할 때 중요한 정보라고 할 수 있을 것이다. 허위표시의 경우 구두의 경우도 가능하다는 견해도 있을 수 있으나 동 호의 구성요건이 문서를 이용하는 행위로 국한된 이상 허위표시나 표시누락은 문서에 국한된다는 해석하는 것이 타당하다.

정기보고서나 수시공시, 기타 본인이 직접 작성·배포한 문서에만 적용되고 설명회나 인터뷰 등 구두로 이루어진 표시의 경우에는 적용되기 어렵다. 다만 설명회나 인터뷰시 그 내용을 문서화해 참가자들에게 배포한 경우나 자사의 홈페이지 등에 허위의 사실을 공지한 경우는 허위의 표시가 된 문서를 이용하는 행위에 포함될 수 있을 것이다.

동 호에서 가장 문제가 되는 것은 허위의 표시를 어떤 기준을 가지고 판단할 것인가 하는 것이다.

이 문제에 대해 판례[31](2003도686)는 "허위사실을 유포하거나 허위의 표시를 하였는지 여부는 공시내용 자체가 허위인지 여부에 의하여 판단하여야 할 것이지 실제로 공시내용을 실현할 의사와 능력이 있었는지 여부에 의하여 판단할 것은 아니다"라고 판시하면서 "주주총회의 결의를 거쳐 회사의 사업목적을 추가하는 정관변경을 한 다음 그 사실을 공시하거나 기사화한 것이 허위사실을 유포하거나 허위의 표시를 한 것으로 볼 수는 없다"고 판단하고 있다.

(5) 문서이용행위와 인과관계

앞에서 살펴본 바와 같이 허위의 공시 등으로 형사책임을 묻기 위해서는 부당한 이득이나 경제적 이득을 실제로 취할 필요가 없다.

그러나 (구)증권거래법 제188조의4 제4항이 증권거래에 있어서 일반적 사기금지 규정[32]으로 역할을 하고 있다면 과연 허위의 문서이용행위와 타인의 오해유발 사이에 인과관계가 필요한지 더 나아가 실제로 타인의 오해가 유발되었는지가 문제된다.

이에 대해 판례(2003도6759)는 "188조의4 제4항 2호의 문언의 해석상 일단 타인에게 오해를 유발하게 함으로써 금전 기타 재산상의 이익을 얻기 위하여 중요한 사항에 관한 허위·부실표시 문서를 이용한 이상 그로써 바로 위 조항 위반죄가 성립하는 것이고, 문서 이용행위로 인하여 실제 타인에게 오해를 유발하거나 금전 기타 재산상의 이익을 얻을 것을 요하지 않으므로 허위·

31) 기술투자사의 대표이사가 다른 회사를 인수한 후 인수회사의 주주총회 결의를 거쳐 사업목적에 '정보통신관련 등'을 추가하고 이를 공시한 후(공시 후 일간지에 보도됨) 주가가 상승하자 보유주식을 대량매도하여 시세차익을 취한 사례임.

32) 형법상 사기죄가 성립하기 위해서는 기망과 착오 및 재물의 편취 사이에 인과관계가 인정되어야 한다.

부실표시 문서 이용행위와 타인의 오해 사이의 인과관계 여부는 위 죄의 성립에 아무런 영향을 미치지 않는다"고 판시함으로써 문서이용행위와 타인의 오해유발 사이의 인과관계뿐 아니라 타인의 오해유발도 불필요하다는 입장을 견지하고 있다.

(6) 이득액의 산정기준

(구)증권거래법 제188조의4 제4항 위반행위는 그 이득액에 따라 달리 처벌된다.[33] 따라서 제207조의2 단서나 제2항의 이득액은 범죄구성요건이고 이에 대한 입증이 필요하다고 하겠다.[34]

이득액의 산정방법에 대해 판례(2002도1855, 2002도1256)는 시세차익방식[35]을 사용하고 있는바 "위반행위로 인하여 얻은 이익이라 함은 손실액의 반대되는 개념으로 당해 위반행위로 인하여

---

33) 제207조의2(벌칙) ① 다음 각호의 1에 해당하는 자는 10년 이하의 징역 또는 2천만원 이하의 벌금에 처한다.
다만, 그 위반행위로 얻은 이익 또는 회피한 손실액의 3배에 해당하는 금액이 2천만원을 초과하는 때에는 그 이익 또는 회피손실액의 3배에 상당하는 금액 이하의 벌금에 처한다.
  1. 제188조의2 제1항 또는 제3항의 규정에 위반한 자
  2. 제188조의4의 규정에 위반한 자
② 제1항 각호의 위반행위로 얻은 이익 또는 회피한 손실액이 5억원 이상인 때에는 다음의 구분에 따라 가중처벌한다.
  1. 이익 또는 회피한 손실액이 50억원 이상인 때에는 무기 또는 5년 이상의 징역에 처한다.
  2. 이익 또는 회피한 손실액이 5억원 이상 50억원 미만인 때에는 3년 이상의 유기징역에 처한다.
③ 제1항과 제2항의 규정에 의하여 징역에 처하는 경우에는 10년 이하의 자격정지를 병과할 수 있다.

34) 2002도2251 판결 참조.

35) 금융감독위원회에서는 내부적으로 관여율방식을 사용하여 행정조치/검찰통보고발의 기준으로 사용하고 있다.
관여율방식에 따른 이득액 산정의 방식은 다음과 같다.
※ 이득액 = 시세차익 × 시세조정관여율(하루 동안의 조정에 의한 거래량 / 전체거래량).

행위자가 얻은 이윤 즉 그 거래로 인한 총수입에서 그 거래를 위한 총비용을 공제한 차액을 말한다"고 판시하고 있다. 따라서 이득액을 단순화하여 계산하면 유가증권의 총 매도금액에서 총 매수금액 외에 그 거래를 위한 매매수수료, 매도수수료, 증권거래세 등의 거래비용을 공제한 순매매이익을 의미한다고 할 수 있다(총 매도금액 - 총 매수금액 - 거래비용).

만약 보유주식의 일부만을 처분하고 일부는 계속보유하고 있다면, 이 경우 보유주식도 총수입에 포함된다고 해석할 수 있을 것이다. 거래비용은 실제거래에 소요된 비용을 의미함으로 이득액 자체에 대해 부과된 양도소득세 등은 거래비용에 포함된다고 할 수 없다.[36]

이득액 산정과 관련하여 문제되는 것은 순차적으로 허위의 공시를 하여 고점에서 주식을 매도하고 저점에서 다시 매수하여 시세차익을 챙기는 경우, 과연 이러한 행위를 개개의 행위로 보아 처벌할 것인가 아니면 포괄적으로 하나의 죄로 보아 처벌할 것인가이다.

개개의 행위로 처벌한다면 이득액이 합산되지 않아 피고인에게 유리할 것이고 포괄적으로 하나의 죄로 처벌한다면 반대의 경우가 발생할 것이다.

이에 대해 판례(2002도1256, 2002도1855, 시세조정행위 사례임)는 "동일 죄명에 해당하는 수 개의 행위를 단일하고 계속된 범의하에 일정기간 계속하여 행하고 그 피해법익도 동일한 경우에는 이들 각 행위를 모두 포괄하여 일죄로 처단하여야 할 것인바, 주식시세조종의 목적으로 허위매수주문행위, 고가매수주문행위 및 통정매매행위 등을 반복한 경우, 이는 시세조종 등 불공정거래의 금지를 규정하고 있는 증권거래법 제188조의4에

---

36) 2003도686 판결 참조.

해당하는 수개의 행위를 단일하고 계속된 범의하에서 일정기간 계속하여 반복한 범행이라 할 것이고, 이 범죄의 보호법익은 유가증권시장 또는 협회중개시장에서의 유가증권 거래의 공정성 및 유통의 원활성 확보라는 사회적 법익이고 각각의 유가증권 소유자나 발행자 등 개개인의 재산적 법익은 직접적인 보호법익이 아닌 점에 비추어 위 각 범행의 피해법익의 동일성도 인정되므로, 증권거래법 제188조의4 소정의 불공정거래행위금지위반의 포괄일죄가 성립한다"고 판시하여 포괄일죄의 성립을 긍정하고 있다.

이러한 판례의 태도가 일면타당하다고 할 수 있으나 제188조의4 제4항의 경우는 위 사안과 다르게 통상적으로 시간적 간격이 있는 경우가 대부분이므로 이러한 경우까지 동일한 범의의 행위로 포섭하는 것은 무리가 따르지 않을까 생각한다.

(7) 자통법상의 규제

지금까지 살펴본 바와 같이 (구)증권거래법상의 제188조의4 제4항규정은 일반적 사기금지규정으로 인식되어 왔다. 그러나 목적조항을 요구하고 있어 명실상부한 규정으로 기능하지 못한다는 비판이 있어 왔다.

이러한 비판과 개별적인 규제의 범위를 벗어나는 다양한 부정행위를 포괄적으로 방지하기 위하여 자통법은 시세조정행위와 그 장을 분리하여 거의 완전한 형태의 일반규정을 신설하였다. 그러나 구법의 경우에서 살펴본 바와 같이 실제거래에서 발생하는 부정행위에 포괄적으로 대처하기 위한 규정은 그 규정형식에 추상적이고 포괄적인 용어를 사용할 수밖에 없고, 죄형법정주의와 형벌의 최후수단성에 기대고 있는 법원에서는 실제 사례에 있어 일반규정의 해석을 엄격히 할 수밖에 없다는 한계에 직면하게 된다.

현행법은 이러한 한계에 대한 적절한 고려나 대책 없이 목적조항을 폐지하는 한편 거래행위를 위한 사전행위도 그 규제범위에 명문으로 포함시키는 등 그 추상성과 포괄성을 확장시키고 있는바 과연 이러한 입법형식이 죄형법정주의에 정면으로 위배되는 위헌적인 규정이 아닌지 더 나아가 시장의 공정성 확보와 투자자 보호라는 입법목적을 달성할 수 있을지 걱정이 앞선다. 특히 자통법 제178조 제1항 제1호는 금융투자상품의 매매 및 그 밖의 거래에 있어 부정한 수단, 계획 또는 기교의 사용을 금지하고 있는바, 이는 (구)증권거래법 제188조의4 제4항 제1호의 위계보다 더욱 불확정적인 개념으로 법적 안정성을 해치고, 이익 추구가 최우선 목표인 기업의 활동을 도덕적인 기준으로 재단함에 따라 창의적이고 활발한 기업의 활동을 제약하는 결과를 야기시키게 될 것이다.

구법과 현행법의 규정을 비교해보면 아래 표와 같다.

	(구)증권거래법 제188조의4 제4항	자통법 제178조
규정의 위치	시세조정행위와 같은 조에 규정	시세조정행위와 독립된 장에 규정(부정거래행위 등의 금지)
규제의 범위	유가증권의 매매 기타 거래	① 금융투자상품[37]의 매매 기타 거래 ② 금융투자상품의 매매 기타 거래할 목적 시세의 변동을 도모하기 위한 목적의 행위
금지되는 행위	① 부당한 이득을 얻기 위하여 고의로 허위의 시세 또는 허위의 사실 기타 풍설을 유포하거나 위계를 쓰는 행위	① 부정한 수단, 계획 또는 기교사용 ② 주요사항에 관하여 거짓의 기재 또는 표시를 하거나 그

	② 중요한 사항에 관하여 허위의 표시를 하거나 필요한 사실의 표시가 누락된 문서를 이용하여 타인에게 오해를 유발하게 함으로써 금전 기타 재산상의 이익을 얻고자 하는 행위	밖의 기재 또는 표시를 사용하여 금전, 그 밖의 재산상의 이익을 얻고자 하는 행위 ③ 매매, 그 밖의 거래를 유인할 목적으로 거짓의 시세를 이용하는 행위 ④ 풍문의 유포, 위계의 사용, 폭행 또는 협박을 하는 행위
처벌 규정	• 이익 50억원 이상 무기 또는 5년↑ • 이익 5억원 이상 50억원 미만 3년↑(10년 이하 자격정지 병과가능) • 이익 5억원 미만 10년↓ 또는 5억원↓ (이익×3〉 5억원이면 이익×3액)	• 이익 50억원 이상 무기 또는 5년↑ • 이익 5억원 이상 50억원 미만 3년↑(10년 이하 자격정지병과가능) • 이익 5억원 미만 10년↓ 또는 2천만원↓ (이익×3〉 2천만원이면 이익×3액)

구법과 비교하여 보면 자통법상의 부정거래금지 규정의 특징은 ① 거의 모든 부정거래행위를 망라할 수 있는 부정한 수단, 계획 또는 기교사용의 금지라는 일반조항이 신설되었고, ② 규제의 범위를 유가증권에서 증권 및 파생상품까지 범위를 확장하였으며, ③ 매매 및 그 밖의 거래에 관한 행위뿐 아니라 이를 위한 준비단계의 행위까지 규제범위를 확대하였고, ④ 허위표시금지와 관련하여서는 문서에 국한되지 않고 표시행위를 사용하는 것까지

37) 금융투자상품이란 이익을 얻거나 손실을 회피할 목적으로 현재 또는 장래의 특정(特定) 시점에 금전, 그 밖의 재산적 가치가 있는 것을 지급하기로 약정함으로써 취득하는 권리로서, 그 권리를 취득하기 위하여 지급하였거나 지급하여야 할 금전 등의 총액이 그 권리로부터 회수하였거나 회수할 수 있는 금전 등의 총액을 초과하게 될 위험이 있는 것을 말하며 이에는 증권과 파생상품이 있다(자통법 제3조).

금지하고 있으며, ⑤ 풍문의 유포, 위계의 사용뿐 아니라 거래를 위하여 폭행 또는 협박을 하는 행위까지 처벌함으로써 부정거래와 관련된 폭행 또는 협박을 가중처벌하고 있다는 데 있다고 할 수 있다.

제5장

국가권력과 경제권력의 이중주, 뇌물과 조세범죄

자본주의의 역사는 독점에 대한 투쟁의 기록이다. 기업의 속성상 기업은 시장지배력의 확보를 지향하고, 그 달콤함에 취해 넘어서는 안될 선을 넘어서는 예는 수없이 존재한다.

그런데 독점적 지위를 획득하고 유지하기 위해서는 국가권력의 양해가 절대적으로 필요하다. 이를 위해 기업은 경제적 이익을 국가권력에게 공급한다.

조세는 사회공동체를 유지하기 위해 구성원 모두가 수인하여야 할 경제적 부담이다.

그러나 막상 자기 소득의 많은 부분을 공동체를 위해 내어놓아야 한다는 현실에 직면하면 누구나 망설이고 부담을 회피하려고 한다.

만일, 뇌물과 조세범죄가 결합되어 일상화된다면 독점 내지 특혜라는 전염성이 강한 질병이 우리사회에 퍼지게 되고, 세수부족으로 이런 사회적 불균형을 치료하기 위한 백신을 생산하고 공급할 능력마저 사라져 버리게 된다.

그러나 질병이 심각하다고 하여 검증되지 않거나 과도한 항생제를 투약하면 슈퍼바이러스의 발현과 같은 최악의 결과가 초래된다.

자유시장경제질서의 파괴, 자유민주주의의 파괴 그리고 마지막으로 법치주의의 파괴.

제1절 뇌물공여에 대한 기업의 형사책임

1. 뇌물죄의 의의

뇌물죄는 공무원 또는 중재인이 그 직무에 관하여 부정한 이익을 취득하는 것을 형사적으로 처벌하기 위한 범죄이다.

이러한 뇌물죄는 국가의 다양한 행위가 공정하게 결정·집행될 것이라는 국민의 신뢰를 보호하기 위하여 형법체계에 도입되었다. 따라서 뇌물죄는 국민이 국가의사 결정에 영향을 미치기 시작하고 국가권력에 대한 책임을 묻기 시작한 이후 즉 시민혁명에 의해 성립된 국민국가 시대에 와서야 각국의 형법전에 등장하였다고 할 수 있다. 결국 뇌물죄의 보호법익은 직무에 대한 순수성 내지 불가매수성이라고 할 수 있다.

그러나 기업의 활동과 관련하여 뇌물죄에 대한 이해의 폭을 넓히고 그 한계를 명확하게 하기 위해서는 뇌물죄의 본질에 대해서 정치·경제적 관점에서 고찰해 볼 필요가 있다.

국가는 다양한 경제영역에 있어서 자원의 분배에 대한 독점적인 권한(대표적으로 각종 인·허가 권한을 들 수 있다)을 보유하고 있다. 이에 따라 제한된 권한이나 서비스에 대한 경제적 지대(Economic Rent)가 발생하게 된다. 각 경제주체들은 이러한 서비스를 획득하여 독점적 이익을 추구하게 되는데 이를 지대추구행위(rent seeking activities)라고 한다. 뇌물은 담합행위와 더불어 이러한 지대추구행위의 대표적인 경우라고 할 수 있다.

국가권력은 제한된 재화를 적법한 절차와 국민적 합의를 통해 공정하게 분배[1]할 의무가 있다. 뇌물수수 및 공여행위는 이러한 민주적·정치적 메커니즘을 금전 등을 동원해서 무력화시키는 행위이기 때문에 정치적으로는 자유민주주의 체계를 흔드는 위험을 내포하고 있다. 또한 경제적으로 지대추구행위는 경제전반의 효율성을 저하시켜 경제성장의 기반을 잠식하고, 자유경제시장질서의 핵심이라고 할 수 있는 공정한 경쟁 시스템을 마비시킨다.

그런데 뇌물의 수수와 공여는 그 불법성에 있어 다른 측면을 가지고 있다. 즉 자유시장 경제질서하에서의 지대추구행위는 근절되어야 하지만 그 가능성은 자유시장 경제질서의 속성상 당연히 내포되어 있다. 따라서 공정거래법 등에서는 지대추구행위에 대해 형사적 제재보다는 일차적으로 행정적·경제적 제재를 통해 이를 보정하려고 하고 있는 것이다.[2)] 이러한 맥락에서 뇌물수수에 비해 뇌물공여행위에 대해서는 그 법정형을 하향하여 규정하고 있고, 징역형 이외의 벌금형도 부과할 수 있도록 하고 있는 것은 위와 같은 차이를 반영한 것이라 할 수 있다.

반면에 자유민주적 정치체제는 국민에게 존재하는 권한의 위임과 권한의 행사에 대한 사전·사후통제를 기본으로 하고 있으며, 본질적으로 위임된 권한의 적법하고 정당한 행사를 전제로 하고 있다. 따라서 이러한 위임관계상 의무이행에 대한 신뢰를 파괴하거나 파괴할 위험이 있는 뇌물을 수수하는 행위는 뇌물을 공여하는 행위에 비해 그 비난가능성이 높으므로 이를 법정형에 반영하여 뇌물공여죄보다 상향하여 처벌하고 있다.

문제는 과연 이러한 뇌물수수 내지 공여행위에 대해 국가권력이 어느 정도까지 형사적 수단을 동원하여야 하는가 내지 동원할 수 있는가 하는 것이다. 생각건대 뇌물의 수수·공여행위가 형사적으로 비난받을 정도에 이르기 위해서는 불법적 이익 등에 의해 직무가 매수되었을 경우 국민과 국가와의 신임관계를 파괴

---

1) 공정한 분배가 항상 평등한 분배를 의미하는 것은 아니다. 즉 국가는 공공의 이익을 위하여 자원을 선택적 또는 집중적으로 분배할 수 있다.

2) 공정거래법상 각종 불법행위에 대해 형사적 제재가 가해지는 경우는 드물다.

할 정도의 위험성이 존재하여야 하고, 경제적으로 특혜의 부여나 기준 미달자에 대한 인·허가 등 공정한 경쟁질서를 파괴할 위험성이 존재하여야 한다고 할 것이다. 이러한 위험성이 존재하지 아니하는 경우 형벌의 보충적 성격에 비추어 형벌적 제재보다는 행정적 제재[3]가 더욱 타당할 것이다.

현행법상 뇌물죄에 대한 규정은 형법뿐만 아니라 각 특별법에 복잡하게 산재하여 있다. 따라서 이하에서는 위에서 설명한 위험성 개념을 중심으로 각 법률에 퍼져 있는 뇌물관련 규정의 한계에 대해 구체적으로 살펴보겠다.

2. 뇌물의 이익성

뇌물이란 "직무에 관한 불법한 보수 또는 직무에 관한 부당한 이익"을 말한다. 뇌물로 인정되기 위해서는 우선 이익으로 인정되어야 한다. 이익이란 재산적 이익을 비롯하여 사람의 수요·욕망을 충족시키기에 족한 일체의 것을 의미[4]하는바, 이러한 이익에는 유형·무형적 이익,[5] 소극·적극적 이익, 재산적·비재산적 이익,[6] 현재 및 장래의 이익이 모두 포함된다.

문제는 주관적으로는 가치가 있으나 교환가치가 없는 경우[7]

---

3) 행정내부 징계나 입찰자격 제한 등의 조치.

4) 92도1762, 78도1793 등.

5) 증뢰자의 명의로 리스된 승용차를 사용하게 하는 경우(2006도1716) 등.

6) 재산적 이익과 관련된 정보도 뇌물이 될 수 있다. 개발예정지에 대한 정보를 제공한다든가 혹은 특정회사의 주가를 상승시킬 수 있는 내부정보를 제공하는 것이 대표적이다. 이러한 경우 뇌물죄 기수시기는 투기적 사업에 참여하는 행위가 종료된 때로 보아야 하며, 그 행위가 종료된 후 경제사정의 변동 등으로 인하여 당초의 예상과는 달리 그 사업 참여로 인한 아무런 이득을 얻지 못한 경우라도 뇌물수수죄의 성립에는 아무런 영향이 없다(2000도2251).

7) ○○백화점 붕괴 사고를 조사하던 검찰이 관할구청장이 받은 사우나이용권

에 이익성을 인정할 수 있는가이다.

판례가 이익을 사람의 수요·욕망을 충족시키기에 족한 일체의 것으로 판시하고 있는 한, 교환가치의 유무를 뇌물판단의 기준으로 삼는 것은 부당하다고 할 것이다. 다만 뇌물로서 제공되는 이익은 사람의 경제적·법적·인격적 사정을 객관적으로 향상시킬 수 있는 것[8]이어야 하므로 단순히 명예욕이나 호기심을 충족시키는 정신적 이익은 뇌물로서의 이익성이 없다고 하여야 할 것이다.

3. 뇌물의 직무관련성 및 대가성

다음으로 뇌물(이익)은 직무의 대가로(관하여) 제공된 것이어야 한다. 즉 뇌물은 직무와 관련성이 있어야 하며, 직무관련성이 인정된다면 직무와 대가성이 존재하여야 한다.

판례(2005도1420, 2001도670)[9]는 뇌물죄의 '직무'에 관하여 "직무에는 ① 공무원이 법령상 관장하는 직무 그 자체뿐만 아니라 ② 직무와 밀접한 관계가 있는 행위 또는 ③ 관례상이나 사실상 관여하는 직무행위도 포함된다"고 판시하면서 구체적인 행위가 직무인가를 판단하기 위해서는 "그것이 공무의 일환으로 행하여졌는가 하는 형식적인 측면과 함께 그 공무원이 수행하여야 할 직무와의 관계에서 합리적으로 필요하다고 인정되는 것이라고 할 수 있는가 하는 실질적인 측면을 아울러 고려하여 결정하여야 할 것이다"라고 판시하여 판단기준을 제시하고 있다. 따라서 형식적으로 공무의 외관(작성명의)을 가진다 하더라도 실질에 있어

을 교환가치가 없어서 뇌물에 포함시키지 않는다고 발표함으로써 문제되었다.

8) 임웅, "수뢰죄의 본질과 구성요건," 고시연구, 1992.12.

9) 일명 서울대 의대 교수 사건.

공무와의 연관성이 없다면 뇌물죄의 직무로 볼 수 없다는 결론에 이른다.

위 판례는 판례상 정립된 직무와 밀접한 행위를 직무에 포함시키는 판례이론에 있어 직무와 밀접한 행위의 한계를 어느 정도 제시하였다고 할 수 있다. 이에 대해서는 후술하고 우선 직무의 가장 대표적인 경우인 공무원이 법령상 관장하는 직무의 의미에 대해 살펴보겠다.

(1) 법령상 관장하는 직무

법령에는 법률과 그 시행령 그리고 시행규칙 등이 있을 수 있다. 따라서 이러한 법령에 의해 자신의 일반적 직무권한에 속하는 사항이면 직무에 해당되고 실제로 그 직무를 수행하고 있어야 하는 것은 아니다.

문제는 일반적 직무권한의 범위를 어떻게 상정할 수 있는가 이다. 생각건대 행정조직의 경우 내부직제(통상 행정규칙의 형식을 취한다)의 최소단위(과, 팀 등)에 속하는 사람들은 과나 팀 내부적으로 업무가 분장되어 있다 하더라도 이는 행정의 능률을 위한 내부 사무분장일 뿐이므로 같은 과나 팀에 속하는 사람들에게는 직제상 그 과나 팀의 업무는 법령상 관장하는 직무라고 하여야 할 것이다.

판례(97도165)도 "양도소득세, 상속세 및 증여세는 소득세과 재산세계에서, 종합소득세는 같은 과의 소득세계에서 담당하도록 구분되어 있는 경우에 소득세계 공무원인 피고인이 양도소득세를 적게 내도록 하여 주겠다는 명목으로 400만원을 교부받은 경우 알선수뢰죄가 아니라 수뢰죄가 성립한다"고 판시하고 있다.

그러나 앞의 사례와 다르게 개별법령에 일반적인 직무를 특별히 명시하고 있는 경우(주로 특정직 공무원) 행정조직 내의 소속 여부를 떠나 법령상 관장하는 직무로 보아야 한다.

판례(2003도1060)도 "경찰관직무집행법 제2조 제1호는 경찰관이 행하는 직무 중의 하나로 범죄의 예방·진압 및 수사를 들고 있고, 이와 같이 범죄를 예방하거나, 진압하고, 수사하여야 할 일반적 직무권한을 가지는 피고인이 도박장개설 및 도박범행을 묵인하고 편의를 봐주는 데 대한 사례비 명목으로 금품을 수수하고, 나아가 도박장개설 및 도박범행사실을 잘 알면서도 이를 단속하지 아니하였다면, 이는 경찰관으로서 직무에 위배되는 부정한 행위를 한 것이라 할 것이고, 비록 피고인이 이 사건 범행당시 교통계에 근무하고 있어 도박범행의 수사 등에 관한 구체적인 사무를 담당하고 있지 아니하였다 하여도 달리 볼 것은 아니라고 할 것이다"라고 판시하고 있다.

(2) 직무와 밀접한 관계가 있는 행위

판례는 앞에서 살펴본 바와 같이 직무의 범위 속에 직무와 밀접한 관계가 있는 행위 및 관례상 사실상 관여하는 직무행위도 포함시키고 있다.

이와 관련하여 문제가 되는 것은 먼저 ① 전직전의 직무에 관하여 전직 후에 뇌물을 수수한 경우 수뢰죄가 성립할 수 있는가이다.

이러한 경우는 두 가지 경우로 나누어 볼 수 있다. 첫 번째로 공무원이 담당했던 당시에 처리한 공무에 대해 뇌물을 수수한 경우 직무수행의 시기와 금품수수의 시기는 문제되지 않는다는 판례(95도1269, 94도3022 등)의 확고한 태도와 같이 과거의 직무행위에 대한 공정과 신뢰를 보호하기 위해 당연히 직무관련성을 인정하여야 할 것이다. 이 경우 전직 전에 공무를 부정하게 처리한 경우는 사후수뢰죄에 해당할 것이다.

두 번째로 전직 후 전직 전의 업무에 대해 새롭게 뇌물을 수수한 경우는 원칙적으로 직무관련성이 부정되어야 할 것이다.

해당 공무원이 현실적으로 처리할 아무런 권한이 없는 경우에는 직무와 뇌물간의 대가관계를 인정하기 힘들기 때문이다. 다만 이러한 경우에도 앞에서 살펴본 바와 같이 일반적 권한이 유보되어 있는 경우에는 직무관련성을 인정할 수 있을 것이다.

판례(94도993)도 "슬롯머신 업소의 단속이 경찰의 업무에 속하는 이상 과거에도 슬롯머신 업소에 관한 업무를 담당한 바 있던 피고인이 당시 현실적으로 그와 같은 업무를 담당하고 있지 않았다 하더라도 슬롯머신 업소의 위법행위시 잘 보살펴 달라는 취지로 위 돈을 교부하였다면 피고인의 직무에 관하여 뇌물을 교부한 것이라고 하여야 할 것이다"라고 판시하고 있다. 또한 전직 후 전직 전의 업무에 대해 새롭게 뇌물을 수수한 것이 알선의 의미로 해석될 수 있다면 알선수뢰죄에 해당할 수 있을 것이다.

판례(93도1065)도 "○○시청 공난관리계(공단관리업무를 주로 함)의 전임계장이었고 이 사건 당시 같은 시청에서 지방세외수입을 관리하는 세외수입계장으로 근무하던 피고인이 공단관리계장의 직무에 관한 사항을 알선한 경우 특가법 제2조 소정의 알선수뢰죄가 성립한다"고 판시하고 있다.

② 과거의 직무에 대한 뇌물수수와 반대로 미래의 직무에 대한 뇌물수수의 경우 직무관련성을 인정할 수 있을까? 이 경우도 역시 두 가지 경우로 나누어 생각해 볼 수 있다.

첫 번째 자신의 일반적 직무범위에 속해 있으나 미래에 담당하게 될 직무에 대해서는 전직의 경우와 마찬가지로 쉽게 직무관련성이 인정될 수 있을 것이다.

판례(97도2609)도 "국회의원이 그 직무권한의 행사로서의 의정활동과 전체적, 포괄적으로 대가관계가 있는 금원을 교부받았다면 그 금원의 수수가 어느 직무행위와 대가관계가 있는 것인지 특정할 수 없더라도 이는 국회의원의 직무에 관련된 것으로 보아야 한다"라고 판시하고 있다.

두 번째로 이른바 '스폰서'의 경우 즉 전도유망한 초임공무원들에게 기업가가 기업 내 해당 공무원의 선후배를 동원하여 애경사에 금전적 도움을 주고, 전별금 등을 챙겨주거나 향응을 제공하는 행위 등은 개인적인 관계를 이용하여 항구적 부패고리를 만드는 행위로 사회적인 비난이 대상이 될 수 있지만, 미래의 불확정적인 직무에 대해서까지 이를 직무행위로 확대하는 것은 죄형법정주의를 형해화시킬 수 있는 위험성이 있다고 할 것이다.

이러한 해석에 대해 사회적 폐해에 대해 면죄부를 주는 것이라고 비난할 수 있으나, 반대로 생각하여 보면 이러한 해석은 향후 부정한 처사를 요구하는 이익제공자의 위협에서 공무의 순수성을 지킬 수 있는 방법이 될 수도 있다는 사실도 고려하여야 할 것이다. 이 문제에 대해 명시적으로 언급하고 있는 판례는 찾아보기 어렵다.

③ 다음으로 문제되는 것은 공무원이 해당 직무에 대해 결정권이 없는 경우에 직무관련성을 인정할 수 있을 것인가이다.

이 경우도 두 가지 경우를 상정하여 볼 수 있다. 첫 번째로 해당 공무원이 결정권자를 보좌하는 경우이다.

판례(94도619)는 "대통령경제수석비서관이 은행장으로부터 선처해 달라는 취지로 금원을 받은 경우 <u>경제수석비서관은 금융기관의 업무에 관하여 대통령에게 사실상의 영향력을 행사할 수 있는 지위</u>이므로 피고인이 금원을 수수한 것은 적어도 직무와 밀접한 관계가 있다"고 판시하고 있고, 또 다른 판례(87도1472)는 "개인택시 면허 청탁을 받고 뇌물을 수수한 경우, <u>개인택시면허를 받을 자를 결정함에 있어 피고인은 중간결재권자일 뿐, 최종결정권자는 상급자인 부시장, 시장이라 하더라도 그 직무와 관하여 뇌물을 수수한 것</u>이다"라고 판시하고 있다. 상급기관과의 관계에 대한 판례도 발견된다. 즉 판례(82도2350)는 "도시계획시설결정승인이 <u>시장의 소관사항이 아니고 도지사의 소관사항일지라도</u>

시 도시계획계장으로 위 승인신청서를 수리하여 결재를 거쳐 상급승인기관에 전달하는 직무에 종사하고 있다면 그 신청에 관한 금품수수는 직무에 관한 것이라고 할 수 있다"라고 판시하였다.

앞에서 본 바와 같이 판례는 결정권자를 보좌하는 경우에도 직무관련성을 인정하고 있다. 그러나 판례를 반대해석하여 보면 보좌가 아닌 사실적 보조에 그치는 경우 또는 결정권자에게 영향력을 미치지 아니하는 경우에는 직무관련성을 인정할 수 없다고 하여야 할 것이다.[10)]

두 번째로 기관위임사무 등 상급기관에 결정권한이 존재하지 않는 경우이다. 이에 대해 판례(84도1139)는 "설사 컨트리클럽에 대한 지도, 감독 업무가 각 시·도지사에 위임되었다고 하더라도 지방자치단체의 장에게 위임한 국가행정사무에 관하여는 당해 주무장관이 이를 지휘·감독하도록 되어 있고, 교통부 관광국 시설과장 또는 지도과장인 피고인은 교통부장관을 보좌하여 관광호텔, 골프장 등 관광이용시설업체의 지도, 감독 등의 업무를 관장하고 있었으므로 이를 들어 피고인의 직무외의 관련성을 부정할 수 없다"고 판시하고 있어 적어도 상급기관에 해당 업무에 대한 지휘·감독권이 존재하는 한 직무관련성을 인정하고 있다.

그러나 위의 경우와는 다르게 공무원에게 아무런 결정권한도 없는 경우에는 직무관련성이 부정될 수 있다.

판례(99도275)도 "경찰청 정보과에 근무하는 경찰관인 피고인이 피고인 2가 경영하는 회사가 중소기업협동조합중앙회 회장에 의하여 외국인산업연수생에 대한 국내 관리업체로 선정되는 데 힘써 달라는 부탁을 받고 금전 및 각종 향응을 받았다고 하는 공소사실에 대하여, 정보과 형사인 피고인이 국내외에 걸쳐 발생하는 정치, 경제, 사회, 문화 등 제반 분야의 일들 중 일정 중요

---

10) 이에 대한 대해서는 80도1375 판결 참조.

도 이상의 정보를 수집하고 분석하여 상부에 보고하는 직무를 담당하고 있으므로 추상적으로는 위 국내관리업체 선정도 피고인의 정보수집 대상에 포함된다 하더라도 원래 국내관리업체 선정이 당시의 통상산업부 또는 그 산하 중소기업청의 소관으로서 피고인이 소속된 경찰청의 업무와는 아무런 관련이 없는 점, 중소기업협동조합중앙회는 피고인의 출입처가 되어 본 적이 없는 점, 비밀리에 행하여지는 정보업무의 특성 등에 비추어 직무를 통하여 위 국내관리업체 선정에 어떠한 영향을 준다고는 할 수 없으므로 중소기업협동조합중앙회장의 국내관리업체 선정은 피고인의 직무와 관련성이 있다고 할 수 없다고 한 원심 판결은 옳다"고 판시하였다.

④ 마지막으로 공무원이 사경제 영역의 업무를 알선하는 경우이다. 원칙적으로 사경제 영역의 업무는 뇌물죄의 대상직무라고 할 수 없으나, 관급공사 등 국가가 간접적으로 사경제 영역에 영향을 미칠 수 있는 경우에 과연 직무관련성을 인정할 수 있는가가 문제된다.

이에 대해 판례(96도582)는 "하도급업체를 선정하는 업무 자체는 수급인의 업무에 속한 사항이라 하더라도, 한국토지개발공사 간부직원인 피고인이 공사현장의 관리를 총괄하는 지위에서 하도급업체가 공사현장에서 행하는 제반업무를 감독하고 수급인에 대하여 하도급업체의 교체를 요구하는 등의 권한을 행사할 수 있다면, 수급인에 의한 하도급업체의 선정은 피고인의 직무와 밀접한 관련이 있다고 할 수 있으므로, 피고인이 수급인에 대하여 하도급업체의 선정을 알선하고 하도급업체로부터 금원을 수수한 경우 그 직무에 관하여 뇌물을 수수한 것으로 수뢰죄가 성립한다"고 판시하고 있다.

(3) 대가성의 의미

뇌물로 인정되기 위해서는 직무행위와 뇌물 사이에 대가관계가 인정되어야 한다. 대가관계란 직무집행이 뇌물의 반대급부로 행하여지는 것을 의미한다. 직무와 뇌물 사이에 직무연관성이 인정되면 대가관계가 또한 인정되는 것이 일반적이나 적어도 대가관계가 인정되려면 뇌물을 수수하거나 뇌물수수를 약속하는 경우, 증뢰자의 의사표명에서 객관적인 대가관계가 확인되어야 하며, 수뢰자가 증뢰자의 제의와 자신의 직무행위와의 대가관계를 이해하고 승낙하여야 한다.[11] 다만 증·수뢰자의 대가관계에 대한 인식은 묵시적이더라도 인정된다. 또한 증뢰자의 의사표명에서 직무와 뇌물 사이의 객관적인 대가관계가 확인되어야 하지만 대가관계는 포괄적이라 하더라도 인정된다. 즉 뇌물의 대가가 되는 직무가 개괄적 또는 포괄적으로 특정될 수 있다면 대가관계는 인정된다. 앞에서 살펴본 97도2069 판결에서 판례 또한 이러한 입장을 견지하고 있다.

① 대가관계와 관련하여 문제되는 것은 이른바 '사교적 의례'에 있어 대가관계를 인정하는 것이 가능한가이다.[12]

기본적으로 판례(98도3584, 96도865, 83도1499)는 "공무원의 직무와 관련하여 금품을 수수하였다면 그 수수한 금품은 뇌물이 되는 것이고, 그것이 사교적 의례의 형식을 사용하고 있다 하여도 직무행위의 대가로서의 의미를 가질 때에는 뇌물이 된다"고 판시하고 있다. 또한 직무행위의 대가성 판단에 있어 판례(2008도2590, 2005도4204 등)는 "공무원이 얻는 어떤 이익이 직무와 대가관계가 있는 부당한 이익으로서 뇌물에 해당하는지 여부는 당해 ㉠ 공무원의 직무의 내용, ㉡ 직무와 이익제공자와의 관계, ㉢ 쌍

11) 한정환, "뇌물죄의 보호법익 그리고 뇌물과 직무행위와의 대가관계"(형사법연구 제9호).

12) 사교적 의례의 의의, 법적 성질에 대해 학설의 대립이 있으나, 논외로 한다.

방간에 특수한 사적인 친분관계가 존재하는지의 여부, ㉣ 이익의 다과, ㉤ 이익을 수수한 경위와 시기 등의 제반 사정을 참작하여 결정하여야 할 것이고, 뇌물죄가 직무집행의 공정과 이에 대한 사회의 신뢰 및 직무행위의 불가매수성을 그 보호법익으로 하고 있음에 비추어 볼 때, 공무원이 그 이익을 수수하는 것으로 인하여 사회일반으로부터 직무집행의 공정성을 의심받게 되는지 여부도 뇌물죄의 성부를 판단함에 있어서의 판단 기준이 된다"고 판시하고 있다.

따라서 사교적 의례가 뇌물이 되는지를 판단하기 위해서는 먼저 쌍방간에 교우관계나 친척관계 등 특수한 사적 관계의 존재여부를 따져 그러한 관계가 존재하지 않는다면 대가관계를 쉽게 인정할 수 있을 것이다.

그러나 특수관계가 존재하더라도 제공된 이익이 이러한 관계에 합당하지 않게 고액이라면 대가관계는 인정될 수 있다.

다음으로 이익제공자의 입장에서 직무와의 관련성이 희박하다면 대가성이 부정될 수 있다. 그러나 이러한 경우도 이익의 다과 및 이익 수수의 경위 및 시기를 고려하여 대가성 여부를 판단하여야 할 것이다. 또한 이익을 수수한 시기가 특정업무와 근접하여 있고, 그 경위도 특정업무처리와 관련되어 있다면 이익의 다과를 묻지 않고 대가관계를 쉽게 인정할 수 있을 것이다.

판례(2006도8779)는 위에서 설명한 요소를 종합적으로 고려하여 재건축추진위원장이 재건축조합의 조속한 설립인가를 위해 담당공무원에게 두 차례에 걸쳐 점심식사를 제공한 사안에서, 뇌물공여죄의 성립을 인정하였다.[13)]

13) 위 사례의 경우 수뢰자는 어떻게 처벌되었는지 알 수 없다. 실무에서는 일정금액 이하의 뇌물을 수수한 경우 수뢰자는 징계처분을 받고 증뢰자는 형사처벌받는 것으로 알려져 있다. 그러나 이러한 실무관행이 과연 뇌물죄의 본질에 합치되는 것인지, 뇌물죄의 근절에 도움이 되는 것인지는 형사

② 대가관계와 관련하여 문제되는 또 다른 경우는 공무원이 개인적인 전문지식 등을 이용하여 보수를 받은 경우 대가성을 인정할 수 있을 것인가 하는 것이다.

이에 대해 판례(79도31)는 "피고인은 ○○구청 과장직에 있어 건축설계업자들이 납품하는 아파트설계를 검수하는 직무를 담당하고 있으나, 피고인은 1급 건축사의 자격을 가진 사람으로 구조계산을 할 수 있는 전문지식을 보유하고 있기 때문에 설계업자인 다른 피고인들로부터 그들이 납품할 설계에 필요한 구조계산의 용역을 위촉받아 그 일을 하여 주고 피고인들간에 금원을 수수하였으며 그 가액도 용역의 대가로선 상당하였음을 알 수 있으니 이런 취지에서 본건 수수된 금원이 피고인의 직무에 관한 것이 아니라 동 피고인 개인의 용역대가로 받았다고 단정한 제1심 판시의 조치에 수긍이 가며 그 과정에 거친 증거취사에 소론과 같은 위법이 있다 할 수 없어 이를 유지한 원심판단 또한 정당하다"고 판시하고 있다.

그러나 이러한 경우에도 판례의 판시와 같이 수수한 가액이 정당한 보수를 상회하는 경우에는 대가성이 인정될 수 있을 것이다.

③ 마지막으로 수수한 뇌물이 다른 법령에 의해 적법하게 전달되어진 경우, 대가성을 인정할 수 있는가이다. 이러한 문제는 적법한 정치자금전달에 있어 자주 나타나는 문제이다.

이에 대해 판례(2006도8568)는 "정치자금의 기부행위는 정치활동에 대한 재정적 지원행위이고, 뇌물은 공무원의 직무행위에 대한 위법한 대가로서 양자는 별개의 개념이므로, 금품이 정치자금의 명목으로 수수되었고 또한 당시 시행되던 구 정치자금에 관한 법률에 정한 절차를 밟았다 할지라도, 상대방의 지위 및 직무권한, 당해 기부자와 상대방의 종래 교제상황, 기부의 유무나

정책적으로 검토하여 보아야 할 문제이다.

시기, 상대방, 금액, 빈도 등의 상황과 함께 당해 금품의 액수 및 기부하기에 이른 동기와 경위 등에 비추어 볼 때, 정치인의 정치활동 전반에 대한 지원의 성격을 갖는 것이 아니라 공무원으로서의 정치인의 특정한 구체적 직무행위와 관련하여 제공자에게 유리한 행위를 기대하거나 혹은 그에 대한 사례로서 이루어짐으로써 정치인인 공무원의 직무행위에 대한 대가로서의 실체를 가진다면 뇌물성이 인정된다"고 판시하고 있다.

4. 형법상 뇌물죄의 체계

앞에서 살펴본 바와 같이 뇌물의 이익성과 직무관련성 및 대가성이 인정되면 뇌물죄의 뇌물에 해당하게 된다. 형법은 이러한 뇌물이 수수, 공여되는 다양한 형태를 예정하고 이를 규정하고 있다. 이를 정리하면 아래 표와 같다.

	주 체	행위태양	법 정 형
단순수뢰죄 (제129조 제1항)	공무원 또는 중재인	▪ 수수, 요구, 약속	5년↓ 징역 또는 10년↓ 자격정지
사전수뢰죄 (제129조 제2항)	공무원 또는 중재인이 될 자	▪ 수수, 요구, 약속 후 공무원, 중재인에 취임	3년↓ 징역 또는 7년↓ 자격정지
제3자 뇌물제공죄 (제130조)	공무원 또는 중재인	▪ 부정한 청탁을 받고 제3자에게 뇌물을 공여하게 하거나 공여를 요구 또는 약속	5년↓ 징역 또는 10년↓ 자격정지
수뢰후 부정처사죄 (제131조 제1항)	공무원 또는 중재인	▪ 단순 · 사전수뢰 또는 제3자 뇌물공여죄를 범한 자가 직무상 부정한 행위	1년↑ 유기징역

사후수뢰죄 (제131조 제2항, 제3항)	공무원 또는 중재인	▪청탁을 받고 직무상 부정한 행위를 한 후 뇌물을 수수, 요구, 약속	1년↑ 유기징역
	공무원 또는 중재인이었던 자	▪재직 중에 청탁을 받고 직무상 부정한 행위를 한 후 퇴직 후 뇌물을 수수, 요구, 약속	5년↓ 징역 또는 10년↓ 자격정지
알선수뢰죄 (제132조)	공무원	▪그 지위를 이용하여 다른 공무원의 직무에 속한 사항의 알선에 관하여 뇌물을 수수, 요구, 약속	3년↓ 징역 또는 7년↓ 자격정지
뇌물공여죄 (제133조 제1항)	제한 없음	▪위 죄의 뇌물을 약속, 공여, 공여의 의사표시	5년↓ 징역 또는 2천만원↓ 벌금
제3자 뇌물교부죄 (제133조 제2항)	제한 없음	▪뇌물공여의 목적으로 제3자에게 금품을 교부	5년↓ 징역 또는 2천만원↓ 벌금
제3자 뇌물취득죄 (제133조 제2항)	뇌물을 교부받은 자	▪정을 알면서 뇌물을 교부받음	5년↓ 징역 또는 2천만원↓ 벌금

다음에서는 형법상 각 죄에서 논점이 되는 부분들을 살펴보겠다.

(1) 뇌물 수수와 공여의 의미

뇌물을 수수한다는 것은 영득의 의사로 공여된 뇌물을 받는 것을 의미한다. 따라서 후일 기회를 보아 반환할 의사로 일단 받아둔 데에 불과하다면 뇌물의 수수라고 말할 수 없다.[14]

영득의 의사로 공여된 뇌물을 받는 것은 공여된 뇌물에 대한 실질적인 사용 및 처분권한을 취득하는 것을 말한다. 따라서 공여된 뇌물에 대해 법률상 소유권을 취득하여야 하는 것은 아니다.[15] 다만 적어도 사실상의 사용 및 처분권을 취득하여야 하므로 증뢰자가 리스한 자동차를 수뢰자가 사용한 경우는 자동차 자체를 뇌물로 볼 수 없고 리스료 상당의 이익이 뇌물이라고 하여야 할 것이다.

뇌물공여의 의미에 대해 판례(2005도4737)는 "뇌물공여죄가 성립하기 위하여는 뇌물을 공여하는 행위와 상대방측에서 금전적으로 가치가 있는 그 물품 등을 받아들이는 행위가 필요할 뿐 반드시 상대방측에서 뇌물수수죄가 성립하여야 함을 뜻하는 것은 아니라 할 것이다"라고 판시하고 있다. 이러한 판례의 태도는 뇌물수수죄와 공여죄를 독립된 별개의 범죄로 보는 것으로 이해된다. 각 죄가 서론에서 설명한 바와 같이, 그 처벌의 근거가 다르다는 것을 고려해 보면 타당한 결론이라고 생각된다.

(2) 부정한 청탁의 의미

제3자 뇌물공여죄가 성립하기 위해서는 공무원이 부정한 청탁을 받고 뇌물을 수수, 요구, 약속하여야 한다.

판례(2004도3424)[16]는 제3자 뇌물공여죄의 부정한 청탁의 의미에 대해 "형법상의 뇌물죄는 공무원의 직무집행의 공정과 이에 대한 사회의 신뢰 및 직무집행의 불가매수성을 그 보호법익으로

---

14) 2006도3628 판결 참조.

15) 2006도1716 판결 참조.

16) 공정거래위원회 위원장인 피고인이 이동통신회사가 속한 그룹의 구조조정 본부장으로부터 당해 이동통신회사의 기업결합심사에 대하여 선처를 부탁받으면서 특정 사찰에의 시주를 요청하여 시주금을 제공케 한 사안에서, 그 부탁한 직무가 피고인의 재량권한 내에 속하더라도 형법 제130조에 정한 '부정한 청탁'에 해당하고, 위 시주는 기업결합심사와 관련되어 이루어진 것이라고 판단하여 제3자뇌물수수의 죄책을 인정한 원심의 조치를 수긍한 사례임.

하는 것이다. 따라서 형법 제130조의 제3자 뇌물공여죄에 있어서 부정한 청탁이라 함은, 그 청탁이 위법하거나 부당한 직무집행을 내용으로 하는 경우는 물론, 비록 청탁의 대상이 된 직무집행 그 자체는 위법·부당한 것이 아니라 하더라도 당해 직무집행을 어떤 대가관계와 연결시켜 그 직무집행에 관한 대가의 교부를 내용으로 하는 청탁이라면 이는 의연 부정한 청탁에 해당한다고 보아야 할 것이다"라고 판시하고 있다.

이러한 판례의 태도는 청탁의 범위에 묵시적 청탁을 포함하는 경우 단순수뢰죄와 거의 차이가 없게 된다.

역시 판례(2004도4959)[17]는 "이러한 청탁은 명시적으로는 물론 묵시적으로도 행하여질 수 있으며, 공무원이 부정한 청탁에 따라 부정한 행위를 하였을 것을 요하지도 않는다"고 판시하였다.

뇌물이 제3자[18]에게 공여된 경우 현행 형법이 부정한 청탁이 있을 경우에만 뇌물죄로 처벌하고 있으므로 부정한 청탁의 범위를 넓게 인정하지 아니하면 제3자에게 뇌물이 공여된 경우를 처벌할 수 없는 문제가 발생하기 때문에 고육지책으로 판례가 부정한 청탁의 범위를 넓게 해석하는 것은 이해할 수 있다. 그러나 엄연히 법문에 구성요건으로서 '부정한 청탁'이 규정되어 있고, 이는 사후수뢰죄의 '청탁'과는 구별되는 어떤 요소를 가지고 있어야 한다.

또한 수뢰 후 부정처사죄에서의 부정한 행위에 대해 판례(2003도1060)는 "수뢰후 부정처사죄에서 말하는 부정한 행위라 함은 직무에 위배되는 일체의 행위를 말하는 것으로 직무행위 자체는 물론 그것과 객관적으로 관련 있는 행위까지를 포함한다 할 것이

---

17) 성남시장이 정자·백궁지구의 도시설계변경 및 건축허가 관련 업무를 처리하며 위 지구에 주상복합아파트 건설사업을 추진하는 甲으로부터 이에 관한 편의를 제공해 달라는 묵시적 청탁을 받고, 위 주상복합아파트의 건축설계 용역을 乙업체에게 도급하여 달라고 甲에게 부탁한 사안에서, 제3자 뇌물제공죄의 성립을 인정한 사례임.

18) 제3자의 범위에 대해서는 2003도8077, 98도1234 등 판결 참조.

다"라고 판시하고 있는바, 부정한 청탁에서의 '부정'과 부정한 행위에서의 '부정'은 그 의미에 있어 동일성이 유지되어야 한다.

그러나 판례의 태도대로라면 대가관계만 인정되면 부정한 청탁으로 볼 수 있는 것이다. 따라서 적어도 배임수증재죄의 기준만이라도 뇌물죄의 특색을 반영하여 적용할 필요가 있다. 판례도 이러한 문제점을 인식하고 해결을 모색하고 있으나 '부정성'에 대한 해석이 아닌 '부정한 청탁의 인식'의 측면에서 접근하고 있다.

판례(2006도8568)는 "제3자 뇌물공여죄에서 부정한 청탁을 요건으로 하고 있는 취지는 처벌의 범위가 불명확해지지 않도록 하기 위한 것이므로, 청탁의 부정성을 규정짓는 이러한 대가관계에 관한 양해가 명시적이든 묵시적이든 당사자 사이에 존재하여야 하며, 이와 같이 청탁과 관련하여 대가관계에 대한 양해가 존재하지 않는다면 단지 나중에 제3자와 금품 수수가 있었다는 사정만으로 소급하여 청탁이 부정한 것으로 평가할 수는 없고, 적어도 당사자들이 제3자에 대한 금품의 지급 여부를 청탁 및 직무집행 당시까지 전혀 예견조차 하지 못하였음이 명백하고, 제3자에 대한 금품의 지급이 다른 동기에 의하여 결정되었을 개연성도 있다면, 비록 당사자가 상정한 청탁의 대가에 해당하는 부분은 그 죄책을 물을 수 있다 하더라도, 그 이외의 부분까지 청탁 당시에 대가관계의 연결에 관한 인식이나 양해가 있었던 것으로 보아 부정한 청탁에 해당한다고 볼 수는 없다"고 판시하였다. 같은 취지로 판례(2008도6950)[19]는 "부정한 청탁은 명시적인 의사표시에 의한 것은 물론 묵시적인 의사표시에 의한 것도 가능하다. 묵시적인 의사표시에 의한 부정한 청탁이 있다고 하기

19) 대통령비서실 정책실장이 기업관계자들에게 기업 메세나(Mecenat) 활동의 일환인 미술관 전시회 후원을 요청하여 기업관계자들이 특정 미술관에 후원금을 지급한 사안에서, 직권남용권리행사방해죄 및 제3자 뇌물공여죄가 성립하지 않는다고 한 사례임.

위하여는, 당사자 사이에 청탁의 대상이 되는 직무집행의 내용과 제3자에게 제공되는 금품이 그 직무집행에 대한 대가라는 점에 대하여 공통의 인식이나 양해가 존재하여야 하고, 그러한 인식이나 양해 없이 막연히 선처하여 줄 것이라는 기대에 의하거나 직무집행과는 무관한 다른 동기에 의하여 제3자에게 금품을 공여한 경우에는 묵시적인 의사표시에 의한 부정한 청탁이 있다고 보기 어렵다"고 판시함으로써 이러한 경향을 확인하고 있다.

그러나 묵시적 청탁과 이에 대한 양해라는 요소 즉 대가관계의 양해는 앞에서 살펴본 바와 같이 단순수뢰죄에서도 요구되는 요소라고 할 수 있다. 결론적으로 판례는 실질에 있어 단순수뢰죄와 제3자 뇌물공여죄를 구별하지 않고 있다고 할 수 있다. 입법의 불완전성과 공무에 대한 일반국민의 신뢰보호라는 뇌물죄의 특성을 십분 감안하더라도 과연 판례의 이러한 태도가 죄형법정주의라는 우리형법의 대원칙에 반한 것은 아닌지 검토하여 보아야 한다.

(3) 알선수뢰죄의 성립범위

알선수뢰죄가 성립하기 위해서는 공무원이 그 직위를 이용하여 다른 공무원의 직무에 속한 사항의 알선(일정 사항을 중개 및 청탁)에 뇌물을 수수하여야 한다.

판례(2006도735)는 "공무원이 그 지위를 이용하여라 함은 친구, 친족관계 등 사적인 관계를 이용하는 경우에는 이에 해당한다고 할 수 없으나, 다른 공무원이 취급하는 사무의 처리에 법률상이거나 사실상으로 영향을 줄 수 있는 관계에 있는 공무원이 그 지위를 이용하는 경우에는 이에 해당하고, 그 사이에 상하관계, 협동관계, 감독권한 등의 특수한 관계가 있음을 요하지 않는다고 할 것이고, 다른 공무원의 직무에 속한 사항의 알선행위는 그 공무원의 직무에 속하는 사항에 관한 것이면 되는 것이지 그것이 반드시 부정행위라거나 그 직무에 관하여 결재권한이나 최종

결정권한을 갖고 있어야 하는 것이 아니다"라고 판시하고 있다.

실무에서는 공무원이 다른 공무원의 직무에 관하여 뇌물을 받는 경우 통상 당해 공무원이 다른 공무원에게 청탁, 알선한다는 외관을 띠게 되는 것에 착안하여 알선수뢰죄로 공소제기하고 있다. 그러나 앞에서 살펴본 바와 같이 직무관련성이 존재하면 단순수뢰죄가 성립하는 것이고 직무관련성조차 없는 직무에 대해서는 지위이용이 있었는지 및 다른 공무원의 직무에 관한 알선에 관한 뇌물인지를 면밀히 따져 알선수뢰죄로 처단하여야 할 것이지, 이러한 구성요건 요소에 대한 면밀한 검토가 없이 무조건 알선수뢰죄로 의율하는 것은 바람직하지 않다.

이러한 취지에서 판례도 일련의 판결을 생성해내며 알선의 의미를 구체화시키고 있는바, 의미 있는 판결 몇 가지를 살펴보도록 하겠다.

판례(2001도3931, 99도3115 등)는 알선과 관련하여 알선의뢰인과 알선상대방과 사이의 중개를 의뢰받은 사람이 스스로 알선행위를 하지 아니하고 단순히 알선행위를 할 사람을 소개하거나, 알선의뢰자와 같은 입장에서 알선행위자에게 알선행위를 부탁하는 것만으로는 알선개념에 포함되지 않으나, 알선행위자와 공범관계에 있거나 또는 전체적으로 보아 소개 또는 부탁행위를 통하여 알선의 실행행위를 주도하거나 적극 관여한 것으로 평가할 수 있는 경우에는 그 소개 또는 부탁행위도 알선의 개념에 포함된다고 하고 있다.

또한 판례(2004도5655)[20]는 "알선의 상대방인 공무원이나 그 직무의 내용이 구체적으로 특정될 필요까지는 없다 할 것이지만, 알선수재죄가 성립하기 위하여는 알선할 사항이 공무원의 직무에

20) 특가법 제3조의 알선수재에 대한 판결이나 알선의 의미는 알선수뢰죄와 동일하다.

속하는 사항이고, 금품 등 수수의 명목이 그 사항의 알선에 관련된 것임이 어느 정도 구체적으로 나타나야 하고, 단지 금품 등을 공여하는 자가 금품 등을 수수하는 자에게 잘 보이면 그로부터 어떤 도움을 받을 수 있다거나 손해를 입을 염려가 없다는 정도의 막연한 기대감 속에 금품 등을 교부하고, 금품 등을 수수하는 자 역시 공여자가 그러한 기대감을 가지고 금품 등을 교부하는 것이라고 짐작하면서 이를 수수하였다는 정도의 사정만으로는 알선수재죄가 성립한다고 볼 수 없다"[21]고 판시하여 알선의 의미를 구체화하고 있다.

앞으로도 '알선'의 의미나 특히 '지위이용'의 의미에 대한 구체적인 판례들이 생성되기를 기대한다.

5. 특가법상 뇌물죄의 체계

(1) 특가법 제2조(뇌물죄의 가중처벌)

<table>
<tr><th>행위주체</th><th>수뢰액</th><th>수뢰자의 가중처벌</th><th>증뢰자의 처벌</th></tr>
<tr><td rowspan="3">▪ 단순수뢰
▪ 사전수뢰
▪ 제3자 뇌물공여
▪ 알선수뢰죄를 범한 자</td><td>1억원↑</td><td>무기 또는 10년↑징역
(수뢰액 2배↑, 5배↓의 벌금 병과)</td><td>형법 제133조
(뇌물공여죄)</td></tr>
<tr><td>5천만원↑,
1억원↓</td><td>7년↑징역
(수뢰액 2배↑, 5배↓의 벌금 병과)</td><td>형법 제133조
(뇌물공여죄)</td></tr>
<tr><td>3천만원↑,
5천만원↓</td><td>5년↑ 징역
(수뢰액 2배↑, 5배↓의 벌금 병과)</td><td>형법 제133조
(뇌물공여죄)</td></tr>
</table>

21) 공여자와 수수자가 막연한 기대감 속에 금품 등을 교부·수수하였을 뿐 구체적으로 도와달라거나 특정한 부탁을 한 사실이 없다는 이유로 알선수재죄가 성립하지 않는다고 한 사례임.

(2) 특가법 제3조(알선수재)

	주체	행위태양	법정형	증뢰자의 처벌
알선수재죄	제한 없음	▪공무원의 직무에 속한 사항의 알선에 관하여 이익을 수수, 요구, 약속	5년↓ 징역 또는 천만원↓ 벌금	▪형법 제132조 행위 → 뇌물공여죄[22] ▪그 외 행위 → 처벌불가
알선수뢰죄 (형법 제132)	공무원	▪그 지위를 이용하여 다른 공무원의 직무에 속한 사항의 알선에 관하여 뇌물을 수수, 요구, 약속	3년↓ 징역 또는 7년↓ 자격정지	▪뇌물공여죄로 처벌

(특가법 제3조와 유사한 규정)

변호사법 위반 (제111조)	제한 없음	▪공무원[23]이 취급하는 사건 또는 사무에 관하여 청탁 또는 알선을 한다는 명목으로 금품·향응, 그 밖의 이익을 받거나 받을 것을 약속하거나, 제3자에게 이를 공여하게 하거나 공여하게 할 것을 약속	5년↓ 징역 또는 천만원↓벌금 (병과가능)	▪형법 제132조 행위 → 명시적 판례 없음 ▪그 외 행위 → 처벌불가

22) 형법 제132조의 알선수뢰죄에 해당하는 행위를 특가법 제3조 위반죄로 처벌하는 것은 특별법 우선 적용의 결과일 뿐이며, 그로 인해 피고인이 공여한 금원이 형법 제132조에 정해진 뇌물로서의 성격을 잃게 되는 것은 아니므로 피고인을 형법 제133조 제1항의 뇌물공여죄로 처벌할 수 있다(2002도1954 판결 참조).

판례(2004도8460)는 특가법 제3조의 알선수재죄의 알선상대방인 공무원의 범위와 관련하여 "특가법 제4조는 뇌물죄에 있어서 행위의 주체와 형법 제132조에 있어서 알선상대방인 공무원의 개념을 확장하고 있는 규정이고, 형법 제129조 내지 제132조의 적용 및 이에 대한 가중처벌규정에만 제한되므로 특가법 제3조에 대해서까지 제4조의 적용범위 확장이 이루어진다고 볼 수 없다"고 판시하면서 특가법 제4조에 의해 공무원으로 의제되는 한국전력공사사장은 특가법 제3조 소정의 알선대상인 공무원에 해당하지 않는다고 설시하고 있다.

(3) 특가법 제4조(뇌물죄적용대상의 확대)

정부관리기업체의 범위	간부직원의 범위	공무원 간수범위
▪ 시행령 제2조 → 47개 기업체	▪ 시행령 제3조 → 임원 · 과장대리급[24]	▪ 형법 제129조 내지 제132조의 적용

23) 다른 법률에 따라 형법 제129조부터 제132조까지의 규정에 따른 벌칙을 적용할 때에 공무원으로 보는 자는 위 공무원으로 본다(변호사법 제111조 제2항).

24) 과장대리급 이상의 직원인지 여부는 현실적인 직위 명칭 여부를 불문하고 직급을 기준으로 판단한다.
한국전기통신공사 경기사업본부에는 조직의 최소단위가 부이고 과는 없어 위 공사 일반직 3급 직원인 피고인도 범행 당시 위 공사 경기사업본부 총무부 또는 관리국 인사부에 일반직원으로 근무하고 있었으나 위 공사 직제규정시행세칙은 편제상 직위가 부여되지 않은 일반직 3급 직원을 과장으로 호칭하도록 하고 있으며, 또 위 사업본부 산하 현업기관에서 피고인과 같은 일반직 3급 직원을 과장으로 보하도록 규정하고 있다면, 피고인이 비록 현실적으로 과장의 직위를 가지고 있지는 않다 하더라도 과장과 동급의 직급에 있다고 보아야 할 것이어서 형법 제129조 제1항 소정의 뇌물수수죄의 주체가 될 수 있다(91도3191).

(개별 법률에 의한 공무원 간주)[25]

<table>
<tr><th>개별 법률</th><th>공무원 간주대상</th><th>공무원 간주범위</th></tr>
<tr><td>■ 공공기관의 운영에 관한 법률(제53조)</td><td>• 공기업 · 준정부기관의 임직원
• 운영위원회의 위원
• 임원추천위원회의 위원으로 공무원 아닌 자</td><td rowspan="6">• 형법 제129조 내지 제132조의 적용 → (특가법 알선수재죄로 의율 불가능)</td></tr>
<tr><td>■ 지방공기업법(제83조)</td><td>• 지방공사와 지방공단의 임원 및 대통령령이 정하는 직원</td></tr>
<tr><td>■ 국민건강보험법(제26조)</td><td>• 국민건강보험공단의 임원 및 직원</td></tr>
<tr><td>■ 도시 및 주거환경정비법(제84조)</td><td>• 법 제13조에 의하여 설립된 조합의 임원과 정비사업전문관리업자의 대표자 및 직원</td></tr>
<tr><td>■ 정보통신망이용촉진법(제60조)</td><td>• 한국전산원 및 보호진흥원의 임원 및 직원</td></tr>
<tr><td>■ 도시개발법(제82조)</td><td>• 도시개발을 위하여 설립한 조합의 임원 및 직원</td></tr>
</table>

25) 개별법률에서 공무원의제 규정을 두는 경우에는 개별법률의 규정이 우선 적용된다.
형법 제129조 내지 제132조의 적용에 있어서 지방공사와 지방공단의 직원까지 공무원으로 본다고 규정한 지방공기업법 제83조는 헌법 제11조 제1항, 제37조 제2항 등에 위반된다고 볼 수 없고, 또한 지방공기업법 제83조의 명문의 규정에 반하여 지방공사와 지방공단의 직원을 특정범죄가중처벌등에관한법률 제4조 제1항 소정의 간부직원, 즉 과장대리급 이상의 직원으로 한정하여 해석할 수도 없다(2001도6721).

개별 법률	공무원 간주대상	공무원 간주범위
■ 노동위원회법(제29조)	▪ 위원 중 공무원이 아닌 위원	▪ 형법 기타 법률의 규정에 의한 벌칙의 적용 → (특가법 알선수재죄로 의율 가능)
■ 공무원연금법(제15조)	▪ 임원 및 직원	
■ 한국은행법(제106조)	▪ 금융통화위원회 위원 ▪ 한국은행의 부총재보·감사 및 대통령령으로 정하는 직원	
■ 한국산업은행법(제17조)	▪ 임 원	
■ 한국수출입은행법(제17조)	▪ 임 원	
■ 중소기업은행법(제32조)	▪ 임 원	
■ 공사채등록법(제16조)	▪ 공사채의 등록업무에 종사하는 등록기관의 임원 및 직원	

6. 변호사법상 알선수재죄의 체계

	주체	행위태양	법정형	증뢰자의 처벌
변호사법(제111조①)	제한 없음	▪ 공무원이 취급하는 사건 또는 사무에 관하여 청탁 또는 알선을 한다는 명목으로 금품·향응, 그 밖의 이익을 받거나 받을 것을 약속하거나, 제3자에게 이를 공여하게 하거나 공여하게 할 것을 약속	5년↓ 징역 또는 천만원↓ 벌금 (병과가능)	▪ 형법 제132조 행위 → 명시적 판례 없음 ▪ 그 외 행위 → 처벌불가
변호사법(제111조②)	다른 법률에 따라 형법 제129조부터 제132조까지의 규정에 따른 벌칙을 적용할 때에 공무원으로 보는 자는 제1항의 공무원으로 본다.			

변호사법 제111조 위반죄가 성립하기 위해서는 알선의뢰자, 알선행위자, 알선상대방이 필요하다.[26] 따라서 알선의뢰자와 알선행위자가 동일인으로 평가할 수 있거나, 알선행위자가 단순히 금품을 전달하는 역할을 하는 경우에는 변호사법 제111조가 성립할 수 없다.

이에 대해 판례(2005도5567)는 "단체에 소속된 직원으로서의 외관을 갖춘 것이 그 단체가 관련된 사건 또는 사무의 처리를 위하여 담당공무원에게 청탁하는 행위를 용이하게 하기 위한 수단에 불과하다면 그러한 외관을 가진 자가 처리하는 단체의 사건 또는 사무를 행위자 자신의 사건 또는 사무에 해당한다고 볼 수는 없다. 또 공무원이 취급하는 사건 또는 사무에 관하여 청탁한다는 명목으로 금품을 받으면 그 즉시 위 조항 위반죄가 성립되는 것이고 금품을 교부받은 자가 실제로 청탁을 하였는지 여부는 죄의 성립에 영향을 미치지 않는다. 교회측으로부터 교육부 담당공무원에 대하여 청탁한다는 명목으로 5,200만 원을 교부받은 1996.9. 당시, 피고인은 교회가 추진 중이던 교회 이전 및 학교법인 설립과 관련된 여러 행정기관에 대한 청탁 활동 등의 편의를 위하여 교회 사무처장이라는 직함을 사용하고 있었을 뿐, 교회의 목회활동을 비롯한 통상적인 교회 운영에는 전혀 관여한 바 없고 당시 교회 정식 조직 편제상에는 사무처장이라는 직위 자체가 존재하지도 않았던 사실이 인정되는바, 앞서 본 법리에 위 인정 사실을 비추어 살펴보면 피고인이 교회측으로부터 교육부 담당공무원에게 청탁한다는 명목으로 금원을 수수한 이상 구 변호사법 제90조 제1호 위반죄의 죄책을 면할 수 없는 것이고, 실제 교육부 담당공무원에게 청탁을 하였는지는 죄책의 성립에 영향을 미치지 않는다고 할 것이다"라고 판시하고 있다.

---

26) 이는 형법, 특가법상의 알선수뢰, 알선수재죄와 동일한 구조이다.

또한 판례(2002도3600)는 "공무원이 취급하는 사건 또는 사무에 관하여 청탁 또는 알선을 한다는 명목으로 금품·향응 기타 이익을 받는 등의 행위를 하는 경우에 성립하는 구 변호사법 제90조 제1호 위반죄에서, 위 금품 등은 어디까지나 위와 같은 청탁 혹은 알선행위의 대가라는 명목으로 수수되어야 하므로, 알선행위자가 아닌 제3자가 그 대가인 금품 기타 이익을 중간에서 전달한 것에 불과한 경우에는 그 제3자가 알선행위자와 공동가공의 의사를 가지고 전달행위를 하여 실행행위에 관여한 것으로 평가할 수 있는 경우는 별론으로 하고 그 자체만으로는 특가법 제3조가 정하는 알선수재죄의 구성요건에 해당하지 아니하며, 공무원이 취급하는 사건 또는 사무에 관한 청탁 의뢰를 받고 청탁 상대방인 공무원에게 제공할 금품을 받아 그 공무원에게 단순히 전달한 경우에는 구 변호사법 제90조 제1호 위반죄가 성립할 수 없다"고 판시하고 있다.

7. 특경법상 수·증재죄의 체계

	주체	행위태양	법정형
제5조① (수재의 죄)	금융기관 임직원	▪금품 기타 이익 수수, 요구, 약속	5년↓ 징역 또는 10년↓ 자격정지
제5조② (수재의 죄)	금융기관 임직원	▪부정한 청탁을 받고 제3자에게 금품 기타 이익을 공여하게 하거나 공여를 요구 또는 약속	5년↓ 징역 또는 10년↓ 자격정지
제5조③ (수재의 죄)	금융기관 임직원	▪그 지위를 이용하여 소속금융기관 또는 다른 금융기관의 임직원의 직무에 속한 사항의 알선에 관하여 금품 기타 이익을 수수, 요구, 약속	5년↓ 징역 또는 10년↓ 자격정지

제5조④ (가중처벌)	위 죄를 범한 자	▪가액 1억원↑ ▪가액 5천만원↑, 1억원↓ ▪기액 3천만원↑, 5천만원↓	▪무기또는 10년↑ 징역 ▪7년↑ 징역 ▪5년↑ 징역 ▪수수액 2배↑ 5배↓ 벌금병과
제6조① (증재의 죄)	제한없음	▪금품 기타 이익을 약속·공여·공여의 의사표시	5년↓ 징역 또는 3천만원↓ 벌금
제6조② (증재의 죄)	▪증재자 ▪금품을 교부받은 자	▪증재의 목적으로 제3자에게 금품을 교부 ▪정을 알면서 금품을 교부받음	5년↓ 징역 또는 3천만원↓ 벌금
제7조 (알선수재의 죄)	제한없음	▪금융기관의 직무에 관한 사항의 알선에 관하여 금품 기타 이익을 수수·요구 또는 약속하거나 제3자에게 이를 공여하게 하거나 공여하게 할 것을 요구 또는 약속	5년↓ 징역 또는 5천만원↓ 벌금

8. 수뢰액의 산정

앞에서 살펴본 바와 같이 특가법은 수뢰액에 따라 수뢰자를 가중처벌하고 있다. 수뢰자는 수뢰액의 액수에 따라 가중 처벌되므로 그 가액의 산정이 중요한 문제가 되고, 증뢰자 또한 수뢰자의 처벌에 따라 그 처벌 수위가 달라질 수 있으므로 수뢰액을 정확하게 산정하는 것은 증·수뢰자에게 모두 중요한 문제가 된다. 그런데 그 금액의 확정이 어려운 향응이나 비재산적 이익의 경우 수뢰액 산정의 기준이 정립되지 않는다면 형사피고인의 지위는 매우 불안정해질 수밖에 없다.

판례도 이러한 법적 불안정성을 막기 위해 수뢰액을 증거에 의해 산정할 수 없는 경우 특가법을 적용할 수 없다고 하고 있다. 즉 판례(2001도6474)는 "약 3000만원 상당의 컨설팅용역을 제공받아 그 직무에 관하여 뇌물을 수수하였다는 특가법위반의 공소사실에 대하여, 위 컨설팅용역의 시가가 3,000만원이라는 사실을 인정할 증거가 없어 무죄로 판단하고 시가불상의 컨설팅용역을 제공받은 사실만을 인정하여 단순 뇌물수수죄로 인정한 원심의 조치는 옳다"고 판시하였다.

한편 수뢰액 산정이 어려운 향응에 대해 판례는 3단계의 수뢰액 산정기준을 제시하고 있다. 판례(99도5294)는 "피고인이 증뢰자와 함께 향응을 하고 증뢰자가 이에 소요되는 금원을 지출한 경우 이에 관한 피고인의 수뢰액을 인정함에 있어서는 ① 먼저 피고인의 접대에 요한 비용과 증뢰자가 소비한 비용을 가려내어 전자의 수액을 가지고 피고인의 수뢰액으로 하여야 하고 ② 만일 각자에 요한 비용액이 불명일 때에는 이를 평등하게 분할한 액을 가지고 피고인의 수뢰액으로 인정하여야 할 것이고, ③ 피고인이 향응을 제공받는 자리에 피고인 스스로 제3자를 초대하여 함께 접대를 받은 경우에는, 그 제3자가 피고인과는 별도의 지위에서 접대를 받는 공무원이라는 등의 특별한 사정이 없는 한 그 제3자의 접대에 요한 비용도 피고인의 접대에 요한 비용에 포함시켜 피고인의 수뢰액으로 보아야 한다"고 판시하고 있다.

그 밖에 수뢰액 산정이 어려운 이익에 대해서는 시장에서 거래되는 시가를 그 기준으로 제시하고 있다. 비상장주식의 경우 판례(2002도4656)는 "증권거래소에 상장되지 않았거나 한국증권협회에 등록되지 아니한 법인이 발행한 주식의 경우에도 그에 관한 객관적 교환가치가 적정하게 반영된 정상적인 거래의 실례가 있는 때에는 그 거래가격을 시가로 보아 주식의 가액을 평가하여야 한다"고 판시하였다.

통상 단일한 범의에서, 동종범행을 반복하고, 동종법익을 침해하면 포괄일죄가 성립할 수 있다. 따라서 뇌물죄에서도 수뢰자가 위 요건을 충족하면 포괄일죄로 처벌되며, 수뢰액은 합산된다.

그럼 수뢰죄에 있어 경합범과 포괄일죄를 구별짓는 핵심적 요소는 무엇일까? 뇌물죄는 뇌물과 직무행위 사이에 대가관계가 존재하여야 성립한다. 따라서 핵심요소는 대가관계가 동일한가 그렇지 아니한가 하는 사실일 것이다. 즉 대가관계가 다른 경우에는 실체적 경합범으로 처벌하여야지 뇌물죄의 포괄일죄로 처벌할 수 없다.

판례(2002도399)도 "군수가 선착장 공사를 ○○회사에 수의계약해주고 1,000만원을 받고, 그 후 방파제축조공사를 같은 회사에 수의계약해 주고 2,000만원을 받은 경우, 위 각 뇌물을 수수한 것은 위 각 공사와 관련하여 별개의 범의하에 이루어진 것으로 경합범으로 보아야 한다"고 판시하였고, 또 다른 판례(97도2836)는 "원심판결 이유에 의하면, 원심은 피고인 1이 1995.4.부터 같은 해 11. 초순까지 7개월간에 걸쳐 피고인 2로부터 어음할인 한도액 증액, 대출심사 승인에서 선처, 지급보증 등의 부탁을 받으면서 제1심 판시 돈을 받은 행위를 경합범으로 처단하고 있는바, 기록과 대조하여 검토하여 보면, 피고인 1이 단일하고도 계속된 범의하에 위 각 돈을 받은 것이라고 볼 수는 없고, 그 때마다 별개의 범의하에 뇌물을 받은 것이라고 볼 수 있으므로 위와 같은 원심의 조치는 수긍할 수 있고, 여기에 논하는 바와 같이 죄수에 대한 판단을 그르친 위법이 있다고 할 수 없다"고 판시하고 있다.

여러 사람이 공모하여 뇌물을 수수한 경우에는 그 수뢰액을 어떻게 산정할 것인가? 이에 대해 판례(99도1557)는 "수인이 공동하여 뇌물수수죄를 범한 경우에 공범자는 자기의 수뢰액뿐만 아니라 다른 공범자의 수뢰액에 대하여도 그 죄책을 면할 수 없는 것이므로, 특정범죄 가중처벌 등에 관한 법률 제2조 제1항의 적용 여부를 가리는 수뢰액을 정함에 있어서는 그 공범자 전원의 수뢰액을 합한 금액을 기준으로 하여야 할 것이고, 각 공범자들이 실제로 취득한 금액이나 분배받기로 한 금액을 기준으로 할 것이 아니다"라고 판시하여 뒤에서 살펴볼 몰수·추징의 경우와는 다른 결론을 내리고 있다.

9. 필요적 몰수·추징

	몰수·추징 요건
형법 제134조	▪ 범인 또는 정을 아는 제3자가 받은 뇌물 또는 뇌물에 공할 금품 몰수 ▪ 몰수하기 불가능할 때는 그 가액을 추징
특가법 제13조	▪ 특가법 제2조 위반죄 → 형법 제134조에 의해 몰수·추징 ▪ 특가법 제3조 위반죄 → 범인이 취득한 당해 재산 몰수 → 몰수 불가능시 그 가액을 추징
특경법 제10조	▪ 범인 또는 정을 아는 제3자가 받은 금품 기타 이익 몰수 ▪ 몰수 불가능시 그 가액을 추징
변호사법 제116조	▪ 범인 또는 정을 아는 제3자가 받은 금품 그 밖의 이익은 몰수 ▪ 몰수 불가능시 그 가액을 추징
공무원범죄몰수특례법	▪ 형법 제129조 내지 제132조, 특가법 제2조 및 제5조의 범죄를 범한 자가 그 범죄를 통해 취득한 불법재산을 몰수·추징

(1) 몰수·추징의 대상

필요적 몰수·추징의 취지가 범죄에 관련된 이익을 보유하게 하지 않겠다는데 있으므로 뇌물 그 자체가 귀속하는 자로부터 몰수·추징하는 것이 원칙이다. 따라서 수인이 공모하여 뇌물을 수수한 경우에 각자의 수뢰금액을 개별적으로 몰수·추징을 하여야 하며, 수수금액을 개별적으로 알 수 없을 때에는 평등하

추징하여야 한다.[27)]

또한 뇌물 그 자체를 몰수하여야 하므로 뇌물로 받은 돈을 은행에 예금한 경우 그 예금행위는 뇌물의 처분행위에 해당한다 할 것이므로 그 후 수뢰자가 같은 액수의 돈을 증뢰자에게 반환하였다 하더라도 이를 뇌물 자체의 반환이라고 볼 수 없으므로 이러한 경우에는 수뢰자로부터 그 가액을 추징하여야 한다.[28)]

한편 뇌물이 정상적인 수익으로 타인에게 귀속하는 경우는 누구로부터 어떻게 몰수·추징할 것인가?

이에 대해 판례(2004도493)는 "피고인이 주식회사 대표이사로서 특경법 제7조의 알선수재에 해당하는 행위의 대가로 수수료를 받았다면, 수수료에 대한 권리가 회사에 귀속된다 하더라도 행위자인 피고인으로부터 수수료로 받은 금품을 몰수 또는 그 가액을 추징할 수 있다"고 판시하고 있다.

(2) 몰수·추징액의 산정

뇌물수수와 관련하여 수뢰자가 비용을 지출한 경우 이러한 비용을 수뢰액에서 공제하여야 할 것인가?

이에 대해 판례(99도1638)는 "공무원이 뇌물을 받음에 있어서 그 취득을 위하여 상대방에게 뇌물의 가액에 상당하는 금원의 일부를 비용의 명목으로 출연하거나 그 밖에 경제적 이익을 제공하였다 하더라도, 이는 뇌물을 받는 데 지출한 부수적 비용에 불과하다고 보아야 할 것이지, 이로 인하여 공무원이 받은 뇌물이 그 뇌물의 가액에서 위와 같은 지출액을 공제한 나머지 가액에 상당한 이익에 한정되는 것이라고 볼 수는 없으므로, 그 공무원으로부터 뇌물죄로 얻는 이익을 몰수·추징함에 있어서는 그

27) 90도1092 판결 참조.
28) 85도1350 판결 참조.

받은 뇌물 자체를 몰수하여야 하고, 그 뇌물의 가액에서 위와 같은 지출을 공제한 나머지 가액에 상당한 이익만을 몰수·추징할 것은 아니다"라고 판시하고 있다.

또한 판례(87도2353)는 "대출알선에 관하여 약속 또는 수수한 금액 가운데는 대출에 따른 감정비, 등기비용 등으로 지출될 성질을 갖는 돈이 일부 포함되어 있다 하더라도 당사자들이 그 돈을 대출알선 명목으로 약속 또는 교부한 이상 실제로 경비 기타 어떤 용도로 지출하든 이를 불문하고 그 전액이 대출알선에 관하여 교부된 데에는 아무런 영향을 미칠 수 없다"고 판시하고 있다.

(3) 각 범죄에 대한 몰수·추징

알선수뢰죄에 있어 알선의뢰자로부터 수수한 금품을 알선상대방에게 전달한 경우 몰수·추징액을 어떻게 산정하여야 할까?

이에 대해 판례(2002도1283, 93도3064 등)는 "형법 제134조의 규정에 의한 필요적 몰수 또는 추징은, 범인이 취득한 당해 재산을 범인으로부터 박탈하여 범인으로 하여금 부정한 이익을 보유하지 못하게 함에 그 목적이 있는 것으로서, 공무원의 직무에 속한 사항의 알선에 관하여 금품을 받고 그 금품 중의 일부를 받은 취지에 따라 청탁과 관련하여 관계 공무원에게 뇌물로 공여하거나 다른 알선행위자에게 청탁의 명목으로 교부한 경우에는 그 부분의 이익은 실질적으로 범인에게 귀속된 것이 아니어서 이를 제외한 나머지 금품만을 몰수하거나 그 가액을 추징하여야 한다"고 판시하고 있다. 한편 알선수뢰죄에 있어 또 다른 판례(99도1900)는 "공무원의 직무에 속한 사항의 알선에 관하여 금품을 받은 자가 그 금품 중의 일부를 다른 알선행위자에게 청탁의 명목으로 교부하였다 하더라도 당초 금품을 받을 당시 그와 같이 사용하기로 예정되어 있어서 그 받은 취지에 따라 그와 같이 사용한 것이 아니라, 범인의 독자적인 판단에 따라 경비로 사용한 것이라면 이는 범인이 받은 금품을 소비하는 방법의 하나에 지나지 아니하므로, 그 가액 역시 범인으로부터 추징하지 않으면 안 된다"고 판시하고 있다.

제3자 뇌물공여죄에 있어서 누구로부터 몰수·추징하여야 할 것인가?

이에 대해 판례(96도3376)는 "형법 제134조에 의하면 범인 또는 정을 아는 제3자가 받은 뇌물은 필요적으로 몰수, 추징하도록 되어 있는바, 그 규정취지가 범인 또는 정을 아는 제3자로 하여금 불법한 이득을 보유시키지 아니하려는 데에 있는 점에 비추어 볼 때, 범인이라 하더라도 불법한 이득을 보유하지 아니한 자라면 그로부터 뇌물을 몰수, 추징할 수 없으므로, 제3자 뇌물수수의 경우에는 범인인 공무원이 제3자로부터 그 뇌물을 건네받아 보유한 때를 제외하고는, 그 공무원으로부터 뇌물의 가액을 추징할 수 없다고 할 것이다"고 판시하고 있다.

제2절 기업의 조세범죄에 대한 형사책임

1. 조세범죄의 의의

국가에 대한 납세의무에 대해서 일반시민들은 무의식적인 이중인식체계(二重認識體系)속에서 생활하고 있다고 할 수 있다. 모 대기업총수의 상장주식양도에 의한 조세포탈행위에 대해서는 그 반도덕성과 반사회성에 대한 비난에 열을 올리지만, 실상 증여나 상속세를 실제 납부해야 하는 입장에 서면 이를 위법한 수단을 포함한 모든 방법을 동원해 이를 회피해 보려고 애쓰는 것이 통례이다.

따라서 조세범죄를 논의함에 있어서 타범죄와 다르게 주의해야 할 점은 일반국민의 법감정 내지 정의관념을 법리구성에 있어 적절히 드러내는 데 있다고 할 것이다.[29] 조세범죄(조세포탈죄 등)는 국가의 조세채권의 집행에 대한 여러 일탈행위[30]들 중 국가조세채권의 집행을 어렵게 하는 가장 위법적인 행위에 대해 국가형벌권을 발동하는 것이기 때문에 죄형법정주의의 요청이 크고 또한 그 구성요건의 확정에 있어서도 법률적 지식뿐 아니라 고도의 회계관련 지식과 세무관련 지식이 필요하기 때문에 죄형법정주의의 한 요소인 명확성의 원칙이 더욱 절실히 요구된다고 할 수 있다. 이러한 현실적 요구는 「특정경제범죄처벌 등에 관한 법률」 제8조[31]나 소득세법 제94조 제1항[32]등에 대한 위헌시비로 계속해서 분출되고 있다고 할 수 있다.

따라서 이하에서는 먼저 조세범죄의 특징에 대해 살펴보고 각 범죄의 구성요건을 판례를 중심으로 구체화한 후 이를 바탕으로 조세범죄처벌에 대한 좀더 합리적인 기준을 제시해 보려고 한다.

---

29) 이런 맥락에서 조세범죄에 있어 국고주의 사상과 책임주의 사상의 과도한 개입은 바람직하다고 할 수 없다. 책임주의는 조세범죄를 형법의 일반이론에 복종하게 하는 측면(책임주의를 강화하는)으로 국고주의는 책임주의 바탕하에서 조세포탈행위를 효율적으로 방지하기 위한 방법을 조세형법 안으로 개입시키는 측면으로 각각 기능하면서 상호 견제 및 보완되어야 한다고 생각한다.

30) 조세포탈행위에는 합법적인 절세, 조세회피, 위법적인 조세탈루 그리고 마지막으로 형사적으로 처벌되는 조세포탈이 있다.

31) 97헌바68에서 헌법재판소는 위 규정에 대해 합헌결정을 하였다.

32) 2002헌바9, 2004헌바71에서 역시 위 규정에 대해 합헌결정을 하였다.

2. 조세범죄 처벌구조 및 특징

(1) 조세범죄의 처벌구조

조세범죄에 대해서는 조세범처벌법에서 규정하고 있고, 특가법 제8조 및 제8조의2에서 조세범처벌법상의 일부 범죄에 대해 가중처벌하고 있다.

우선 조세범처벌법 제9조는 조세범죄의 가장 기본이 되는 구성요건으로 사기 기타 부정한 행위로써 조세를 포탈하거나 조세의 환급·공제를 받는 행위를 처벌하고 있다. 조세포탈 금액이 연간 5억원 이상이면 그 액수에 따라 특가법 제8조[33]에 따라 가중처벌된다.

다음으로 부가가치세 등의 포탈 수단으로 이용되는 세금계산서 관련 범죄가 있다. 그 핵심은 부가가치세·법인세 포탈의 주범인 이른바 자료상(資料商)을 처벌하고자 하는 데 있다.

즉 조세범처벌법 제11조의2 제4항 및 제5항은 재화 또는 용역을 공급함 없이 세금계산서를 교부하거나 교부받는 행위 및 이를 알선·중개하는 행위를 처벌하고 있다. 특가법 제8조의2[34]

33) 특가법 제8조(조세포탈의 가중처벌)
① 조세범처벌법 제9조 제1항에 규정된 죄를 범한 자는 다음의 구분에 따라 가중처벌한다.
1. 포탈하거나 환급받은 세액 또는 징수하지 아니하거나 납부하지 아니한 세액(이하 "포탈세액 등"이라 한다)이 연간 10억원 이상인 때에는 무기 또는 5년 이상의 징역에 처한다.
2. 포탈세액 등이 연간 5억원 이상 10억원 미만인 때에는 3년 이상의 유기징역에 처한다.

② 제1항의 경우에는 그 포탈세액 등의 2배 이상 5배 이하에 상당하는 벌금을 병과한다.

34) 특가법 제8조의2(세금계산서 교부의무위반 등의 가중처벌)
① 영리의 목적으로 「조세범처벌법」 제11조의2 제4항 및 제5항의 죄를 범한 자는 다음의 구분에 따라 가중처벌한다.
1. 세금계산서 및 계산서에 기재된 공급가액이나 매출처별세금계산서합

는 이러한 행위를 영리목적으로 하는 자를 가중처벌하고 있다. 그 외에도 부가가치세법 규정에 의해 세금계산서를 작성·교부하여야 할 자가 세금계산서를 교부하지 아니하거나, 세금계산서에 허위의 기재를 하는 행위(조세범처벌법 제11조의2 제1항)와 매입처별 세금계산서합계표 또는 세금계산서를 정부에 제출하여야 할 자가 폭행·협박·선동·교사 또는 통정에 의해 세금계산서를 교부받지 아니하거나 허위기재의 세금계산서를 교부받는 행위(법 제11조의2 제2항)를 처벌하고 있으며, 세금계산서를 정부에 제출하여야 할 자가 아닌 제3자가 세금계산서 작성·교부의무자로 하여금 이를 교부하지 아니하게 하거나 허위기재케 할 목적으로 폭행·협박·선동·교사하는 행위(법 제11조의2)를 처벌하고 있다.

이 외에도 법에 의한 면허를 받지 아니하고 주류 등을 제조 판매하는 행위(법 제8조), 납세자가 납세고지에 의하여 지정된 납부기한까지 조세채무를 이행하지 않는 행위(법 제10조)와 근로를 제공받지 아니하고 근로소득 원천징수영수증을 거짓 기재하여 타인에게 교부하거나 근로소득 지급명세서를 거짓 기재하여 정부에 제출하는 행위(법 제11조의3)를 처벌하고 있으며, 체납자 또는 체납자의 재산을 점유하는 자가 조세를 면탈 또는 면탈케 할 목적으로 그 재산을 장닉탈루하거나 또는 허위의 계약을 하는 행위(같은 법 제12조), 납세증명표지를 재사용하거나 정부의 승인을 받지 않고 타인에게 이를 양도하는 행위 등(법 제12조의2)을 처벌하고 있다. 또한 부가가치세법의 규정에 의해 장부를 비치·기장하

계표 또는 매입처별세금계산서합계표에 기재된 공급가액이나 매출·매입금액의 합계액(이하 이 조에서 "공급가액 등의 합계액"이라 한다)이 50억원 이상인 때에는 3년 이상의 유기징역에 처한다.

2. 공급가액 등의 합계액이 30억원 이상 50억원 미만인 때에는 1년 이상의 유기징역에 처한다.

② 제1항의 경우에는 공급가액 등의 합계액에 부가가치세의 세율을 적용하여 계산한 세액의 2배 이상 5배 이하의 벌금을 병과한다.

여야 할 자가 이를 행하지 아니하는 행위 등(같은 법 제12조의3)을 처벌하고 있다.[35)]

(2) 조세범죄 처벌의 특징

가. 형법총칙 규정의 일부 배제

무면허 주류제조·판매범(제8조), 조세포탈범(제9조), 체납범(제10조), 원천징수불이행범(제11조), 납세증명표지 불법사용범(제12조의2), 법인결손금 과대계상범(제12조의3 제3항)을 벌금형에 처할 경우에는 형법총칙상의 ① 형사미성년자(제9조), ② 심신미약자(제10조), ③ 농아자(제11조), ④ 법률의 착오(제16조), ⑤ 방조범의 경감(제32조 제2항), ⑥ 벌금 경합의 가중제한(제38조 제1항 제2호) 규정[36)]을 적용하지 않는다.

세금계산서 교부의무 위반범(제11조의2)[37)] 및 근로소득원천징수영수증 불법 사용범(제11조의3)에 대해서는 벌금형에 처할 경우 벌금 경합의 가중제한(제38조 제1항 제2호) 규정만이 적용되지 않는다.

이런 형법총칙의 배제규정은 조세범죄의 엄벌주의와 조세수입의 확실한 확보라는 목적을 위해 도입된 것으로 생각된다. 그러나 조세범죄가 엄벌되어야 한다는 당위적 요청과 이를 위해 형법상 원칙인 책임주의를 포기한다는 입법적 결단은 목적과 수단의 비례성을 파괴하는 결과를 가져오고 국가형벌권이 입법자의

35) 형식적으로 조세범죄를 탈세범과 위해범으로 나누는 견해도 있다. 이러한 견해에 따르면 조세범처벌법 제9조, 제8조, 제10조, 제11조, 제12조는 탈세범으로 제11조의2, 제12조의2 제1항 및 제3항, 제12조의3, 제13조, 제14조는 위해범으로 나눌 수 있다.

36) 따라서 경합범의 경우 벌금액이 가장 중한 죄에 정한 다액의 1/2까지 가중되는 것이 아니라 각 조세범의 벌금형을 합산한 금액으로 처벌된다.

37) 이러한 벌금 경합 가중제한 규정을 조세포탈행위 전의 행위에까지 배제하는 것은 제11조의2가 조세포탈행위 이전의 준비단계에 대해 그 포탈세액을 예상하여 벌금액을 그 2배에 한정하고 있는 입법취지를 벗어난 과도한 형벌부과라는 비판이 있다.

결단에 의해 과도하게 모든 영역으로 확대파급되는 효과가 나타나게 된다.

이로 인해 입법재량권이 복종하여야 할 우리헌법상 원칙들이 아무런 비판 없이 우회적으로 파괴되고 그 결과 모든 국가권력의 기본권 기속이라고 하는 헌법적 가치가 희석되고 말 것이다.

다른 측면에서 위 규정들이 존재함으로써 얼마만큼 효율적으로 조세수입이 확보되었는가에 대한 실증적 연구 없이 그대로 형법상 책임주의를 배제하는 요소를 존치하는 것은 아무런 근거 없이 국민을 국가형벌권에 과도하게 노출시키는 결과를 야기함으로써 결국 사회통합을 저해하게 될 것이다. 따라서 형법상 책임주의 원칙을 관철시키되 실증적인 연구를 통해 충분한 의견수렴 결과를 반영하여 책임주의 배제 범위를 한정하려는 노력이 필요하다 하겠다.

나. 양벌규정

대부분의 (행정)특별형법에서와 유사하게 조세범에 대해서도 실질적인 행위자와 공범관계에 있지 아니한 본인 즉 법인에게도 지휘・감독책임[38]을 물어 각조의 벌금형에 처할 수 있도록 하고 있다.

즉 조세범처벌법 제3조는 "법인의 대표자, 법인 또는 개인의 대리인, 사용인, 기타의 종업원이 그 법인 또는 개인의 업무 또는 재산에 관하여 이 법에 규정하는 범칙행위를 한 때에는 <u>행위자를 벌하는 외에 그 법인 또는 개인에 대하여서도 각 본조의 벌금형에 처한다</u>"라고 규정함으로써 법정책임자의 범위를 정하는 동시에 법인 본인도 처벌할 수 있도록 하고 있다.

점차 증가하고 있는 법인범죄를 처단하고 조세수입 확보의 실효성을 제고하기 위해 위 규정을 도입한 취지는 이해하나 이

38) 법인의 처벌근거에 대해 과실설의 입장을 따른다.

러한 취지와 책임주의 요청을 동시에 충족시키기 위해서는 적어도 어떠한 경우에 어떤 이유로 법인의 책임이 인정된다는 규정이 추가되어야 한다고 생각한다.

한편 양벌규정에 따른 법인의 처벌이 과연 특가법 제8조의 가중처벌에 있어서도 가능한가에 대해 판례(92도299)는 "특정범죄 가중처벌 등에 관한 법률 제8조의 규정은 조세범처벌법상 조세포탈범의 법정책임자와 이러한 자의 포탈행위에 가담한 공범자인 자연인을 가중처벌하기 위한 규정임이 명백하므로, 현행 형벌체계상 법인에게 징역형을 부과할 수 없으므로 법인에 대하여는 특가법상으로 법인을 조세범처벌법의 각 본조에 정한 벌금형을 가중하여 처벌한다는 명문의 처벌규정(양벌규정)이 없는 이상 특가법 제8조에 의하여 법인을 가중 처벌할 수 없음은 죄형법정주의의 원칙상 당연하다"고 함으로써 양벌규정에 따른 법인의 처벌이 불가능하다고 판시하고 있다.

다. 징역형과 벌금형의 병과

조세범처벌법상 무면허 주류제조·판매범, 조세포탈범, 허위계산서 수수 및 알선·중계사범, 납세증명표지 불법사용범, 장부소각·파기은닉범 및 법인결손금 과대계상범의 경우 정상에 의하여 징역과 벌금을 병과할 수 있도록 규정(법 제5조)하고 있고, 특가법 제8조 제2항은 포탈액 등이 연간 10억원 이상인 경우에는 벌금형을 필요적으로 병과하도록 하고 있다.

이러한 규정들은 조세포탈행위나 포탈의 위험성이 큰 행위에 대하여는 징역형과 벌금형을 병과함으로써 엄격한 형벌의 적용을 통하여 이러한 범죄행위를 사전에 예방[39]하기 위한 것으로 보인다.

39) 특가법 제8조가 적용되어 벌금까지 병과되는 경우, 우리나라의 기업들 중 몇몇 대기업을 제외하고 사업을 계속할 수 있는 기업은 존재하지 않는다고 하여도 과언이 아니다.

그러나 이러한 처벌은 형법상 책임주의에 반하는 것으로 과중한 처벌이라고 할 것이다. 따라서 실무적으로 벌금형을 병과할 수 있는 명확한 기준을 정립하여 피고인의 법적 불안정성을 제거하고 특가법상의 필요적 병과조항도 임의적 병과규정으로 변경할 필요가 있다고 할 것이다.

라. 미수범 불벌원칙

조세범죄에 대해서는 주세포탈미수범(법 제9조 제1항 단서)을 제외하고 모두 기수범만을 처벌한다.

일반 형사범에 있어서는 중한 범죄에 대하여는 특별한 규정을 두어 미수범을 처벌하고 있다. 미수범규정이 존재하는 타 범죄와 비교하여 보면 조세범처벌법상의 범죄의 법정형이 결코 경하지 아니하며 특가법 제8조와 비교하면 더욱 그러하다.

따라서 다수의 범법자 양산의 우려가 있고 통고처분제도 및 가산세제도 등 조세채권을 확보하기 위한 실효적인 행정절차가 존재한다고 하더라도 조세범죄에 대한 미수범을 처벌하지 않는 것은 타 범죄와의 불평등을 낳을 수 있으므로 미수범처벌규정을 신설하는 것이 바람직하다고 생각된다.[40)]

마. 기수시기의 법정화

일반 형사범의 경우 그 기수시기에 대해 이론상 또는 판례상 이견이 있을 수 있으나 조세범죄의 경우 조세범처벌법 제9조의3에서 이를 법정화하고 있다. 즉 부과징수로 조세채권이 발생하는 경우[41)]에는 당해 세목의 과세표준에 대한 정부의 결정 후 그 납부기한이 경과한때 기수가 되고(법 제9조의3 제1항), 신고납부로 조세채권이 발생하는 경우[42)]에는 세목에 따라 법정 신고·

40) 관세법위반의 경우 미수는 물론 예비·음모까지도 처벌하고 있으므로 그 성격이 비슷한 조세범죄에 대해서도 마땅히 미수범 처벌규정을 신설하여야 한다.

41) 상속세, 증여세, 자산평가세 등이 이에 속한다.

납부기한이 경과한 때에 기수가 된다(법 제9조의3 제2항). 이에 대한 자세한 설명은 후에 상술한다.

바. 통고처분 제도

㈎ 의 의

조세채권을 회복하기 위한 간이절차로 조세범처벌절차법에서는 통고처분제도를 도입하고 있다. 즉 전과자를 다수 양산하지 않으면서 효율적으로 형사절차를 통해 얻고자 하는 목적(조세채권의 회복 등)을 달성하기 위한 것으로 조세범죄에 대한 국고주의적 색채가 다분히 짙은 제도이다.

조세범처벌절차법 제9조는 "세무공무원의 보고를 받은 국세청장·지방국세청장 또는 세무서장은 범칙사건의 조사에 의하여 범칙의 심증을 얻은 때에는 그 이유를 명시하여 벌금 또는 과료에 상당하는 금액 등을 납부할 것을 통고하여야 한다고 규정하고 있고 다만 ① 범칙자가 통고대로 이행할 자력이 없다고 인정되는 때와 ② 정상징역형에 처할 것으로 사료되는 때에는 통고처분을 할 수 없고 즉시 고발하여야 한다"고 규정하고 있다.

특가법 제16조는 소추에 대한 특례를 규정하면서 동법 제8조 위반의 범죄에 대해서는 고발이 필요하지 않다고 하고 있으므로 특가법 제8조 위반의 조세포탈죄에 대해서는 통고처분제도가 원용될 수 없다.[43]

통고처분은 행정당국이 발하는 고권적 의사표시라는 점에서

---

42) 법인세, 부가가치세, 특별소비세, 주세, 증권거래세, 교육세, 소득세 등이 이에 해당한다.

43) 판례(87도1059)도 같은 취지로 "특정범죄가중처벌 등에 관한 법률 제16조에 의하면 위 법 제8조에 해당하는 조세범칙사건에 대한 공소에는 고발을 요하지 아니하며, 동법 제8조 위반의 조세포탈죄에 대하여는 세무공무원이 통고처분을 할 권한이 없으므로 피고인이 세무공무원의 통고처분으로 범칙금을 납부하였다 하여도 이는 동법위반(조세포탈죄)의 처단에 영향을 미칠 수 없고 여기에 일사부재리의 원칙이 적용될 수 없다"고 판시하고 있다.

행정행위로서의 성질을 가지고 있지만 동시에 전형적 형사사건인 조세범칙사건을 형사절차에 앞서서 신속·간편하게 처리하기 위한 처분이라는 점에서 사법판단으로서의 성질도 가지고 있다. 이와 같은 이중적 성질 때문에 통고처분은 행정심판이나 행정소송의 대상이 되지 않는다고 볼 것이다.[44)]

(나) 효 과

조세범처벌절차법 제11조는 "통고처분을 받은 범칙자가 통고대로 이행시에는 동일한 사건에 관하여 형사소추가 되지 아니한다"고 규정하고 있다.[45)] 위 규정에 있어 동일한 사건이란 범칙자가 동일하고 기본적인 사실관계가 같은 사건이라고 할 수 있고, 따라서 1개의 범칙사실의 일부에 대한 통고처분을 이행하였을 때에는 그 효과가 범칙사실 전체에 영향을 미친다.

예를 들어 기본적인 사실관계가 동일한 매출누락으로 부가가치세와 법인세를 포탈한 경우 부가가치세 포탈부분만을 통고 처분하여 이행한 때에는 법인세 포탈부분을 별도로 문제삼을 수 없다고 할 것이다.

판례(69도685)는 범칙행위 완성 후 통고처분 전에 포탈세금을 납부하였다 하더라도 세무서장 등의 통고처분권이 소멸되지 않는다고 판시하고 있다. 또한 조세범처벌절차법 제10조는 통고처분에 의해 범칙사건의 공소시효가 중단된다고 규정하고 있다.

공소시효의 중단의 의미에 대해 공소시효가 정지된다고 보는 견해도 있으나 규정상 공소시효의 중단이라고 명확하게 표현하고 있으므로 시효 중단의 효력을 인정한 것으로 보아야 할 것이다. 한편 조세범처벌법 제12조에 따라 만일 통고처분을 받고 15일 이내에 이를 이행하지 아니한 때에는 국세청장·지방국세청장 또는 세무

44) 판례(80누380)도 같은 입장이다.

45) 통고처분을 이행한 조세범칙사건을 검찰에서 기소한 경우에는 법률의 규정에 위반하여 제기된 공소로 보아 공소기각판결을 한다.

서장은 고발의 절차를 밟아야 한다. 다만 15일을 경과하더라도 고발하기 전에 이행한 때에는 고발절차를 밟을 수 없다. 범칙자의 거소가 분명하지 아니하거나 범칙자가 서류의 수령을 거부함으로 인하여 통고할 수 없을 때에도 고발절차를 밟아야 한다.

사. 전속적 고발제도

㈎ 의 의

조세범처벌법에 의한 범칙행위는 조세업무의 전문성·특수성을 고려하고, 침해된 재정권의 신속한 회복을 목적으로 고발이 필요한 친고죄로 규정되어 있다(조세범처벌법 제6조).[46] 다만 조세범처벌법 제12조의2 제2호 납세증명표지의 위조 또는 변조죄와 제15조 세무공무원의 직무범죄는 그 실질에 있어 조세범으로서의 성격뿐 아니라 일반형법상의 형사범으로서의 성격도 아울러 가지고 있으므로 친고죄의 대상에서 제외하고 있다(제6조 단서). 또한 앞에서 살펴본 바와 같이 특가법 제8조를 위반한 경우에는 고발이 필요 없다.

이러한 고발은 검사의 공소제기가 유효하기 위한 소송요건이라고 할 수 있고 따라서 고발이 없이 제기된 공소에 대해서는 절차에 반하는 무효인 공소로서 공소기각판결을 하여야 한다.

판례(70도942)는 "세무공무원의 <u>고발 없이 조세범칙사건의 공소가 제기된 후에 세무공무원이 고발을 하였다 하여도 그 공소제기의 무효가 치유되지 아니하며</u> 그 공소는 공소제기의 절차가 법률의 규정에 위반한 때에 해당하여 공소기각판결의 대상이 된다"고 판시하고 있다. 또한 판례(94도3373)는 "조세범칙행위에 대

---

46) 신동운 교수는 조세범처벌법 제6조를 반의사불벌죄로 해석하고 있다(조세범칙사건의 처리절차). 그러나 반의사불벌죄로 해석하는 것은 명문의 규정에 반하고 고소취소에 있어서 고발의 재량과 함께 선택적 취소권을 부여하는 등 세무관청의 재량권을 무분별하게 확대하는 결과가 야기되므로 찬동하기 어렵다.

한 고발은 공소제기의 요건에 불과하고 당해 범죄의 성립요건이나 개시요건은 아니며 세무서장의 고발이 구속영장을 발부받은 후 검사의 요청에 따라 이루어져도 공소제기 전에 고발이 있으면 그 공소제기는 적법한 것이다"라고 판시하고 있다.

(나) 고발권자

조세범처벌법 제6조는 "범칙행위는 국세청장·지방국세청장·세무서장 또는 세무에 종사하는 공무원의 고발을 기다려 논한다"고 규정함으로써 고발권자를 위의 자로 정의하고 있다.

그러나 조세범처벌절차법 제8조는 세무공무원이 범칙사건의 조사를 완료한 때에는 국세청장·지방국세청장 또는 세무서장에게 보고하여야 한다고 규정하고 있고, 같은 법 제12조에서는 범칙자가 통고처분을 받은 날로부터 15일 이내에 이행하지 아니할 때에는 국세청장·지방국세청장 또는 세무서장은 고발의 절차를 밟아야 한다고 규정하고 있으므로 결국 조세범칙사건에 있어 고발권자는 원칙적으로 국세청장·지방국세청장 또는 세무서장이라고 할 수 있다. 다만 같은 법 제8조 단서에 의해 세무공무원은 ① 범칙혐의자의 거소가 분명하지 아니한 때, ② 범칙혐의자가 도주할 우려가 있을 때, ③ 증거인멸의 우려가 있을 때에는 보고를 생략하고 바로 고발할 수 있다. 그러나 제8조의 단서의 세무공무원은 같은 법 시행령 제1조에 의하여 관할 검찰청 검사장으로부터 범칙사건을 조사할 수 있는 자로 지명된 자에 한정되므로 지명된 세무공무원이 아닌 자는 위 단서규정에 해당하는 경우라 할지라도 고발할 수 없다.[47)]

(다) 고발의 종류

① 즉시고발　　국세청장·지방국세청장 또는 세무서장은 범칙사건의 조사에 의하여 통고대로 이행할 자력이 없거나, 정상

47) 96도2753 판결 참조.

이 징역형에 처할 것으로 사료되는 때에 통고처분을 행하지 아니하고 즉시 고발하여야 한다(조세범처벌법 제9조 제2항, 제3항/필요적 즉시고발사유). 또한 세무공무원은 국세청장등에게 보고하기에 앞서 범칙혐의자의 거소가 불분명하거나 도주의 우려가 있거나 또는 증거인멸의 우려가 있을 때에는 즉시 고발할 수 있다(조세범처벌법 제8조/임의적 즉시고발사유).

② 통고처분 불이행 고발 국세청장·지방국세청장 또는 세무서장은 통고이행기간인 15일이 경과하도록 범칙자가 통고처분을 이행하지 아니할 때에는 고발을 하여야 한다. 다만 15일을 경과하여도 고발하기 전에 이행한 때에는 고발할 수 없다(조세범처벌절차법 제12조 제1항).

③ 통고불능으로 인한 고발 국세청장·지방국세청장 또는 세무서장은 범칙자의 거소가 불분명하거나 범칙자가 서류의 수령을 거부함으로 인하여 통고할 수 없을 때에는 고발하여야 한다(조세범처벌절차법 제12조 제2항).

㈃ 고발의 특정정도

고발에 있어서 우선 그 대상자는 구별될 수 있도록 특정될 필요가 있다. 판례(72도1610)도 "조세에 관한 범칙사건에 대한 세무공무원의 고발은 그 대상자가 특정되어 있음을 요건으로 하는 것이므로 세무서장의 고발서에 그 고발대상자로 ○○○외 성명미상 수명 등의 사실만 기재되어 있다면 이를 피고인에 대한 고발이라고 볼 수 없다"고 판시하고 있다.

다음으로 고발에 있어 범칙사실의 특정은 구체적이어야 하지만 공소장과 같은 정도로 특정이 요구되지는 않고 어떤 범칙행위인지를 분별할 정도로 특정되면 충분하다고 할 것이다. 판례(73도2711, 2007도7482 등)도 고발내용에 즉시고발 사유를 구체적으로 명시하지 아니한 경우 또는 범칙사건에 대한 조사 없이 고발한 경우에도 고발을 무효라고 할 수 없다고 판시하고 있다.

㈑ 고발의 효력

범칙행위에 대한 고발이 있었다고 하더라도 반드시 수사를 개시하여야 하는 것은 아니다. 즉 범칙행위에 대한 고발은 수사 개시요건은 아니라고 할 것이다. 또한 이미 고발한 사건에 대해 세무관청의 재조사나 통고처분은 불가능하다고 하여야 한다.

친고죄에 있어 고소(고발)의 객관적 불가분의 원칙은 조세범칙사건의 고발에 있어서도 적용되어야 한다. 따라서 범칙행위 일부에 대한 고발 또는 고발의 취소는 그 범죄사실 전부에 대해 효력이 미친다. 즉 사실관계가 동일하다면 구체적 세목별로 고발할 필요는 없다.

반면 친고죄에 있어 고소(고발)의 주관적 불가분의 원칙[48]은 조세범칙사건에 대해서는 적용할 수 없다. 왜냐하면 조세범칙사건의 고발은 원칙적으로 통고처분을 하고 그 기간 내 납부가 없을 경우 비로소 고발이 가능하고 즉시 고발사유 등도 범칙자 개개인마다 즉시고발요건을 구비하여야 하기 때문이다. 즉 공범의 경우에도 반드시 별도의 고발이 필요하다고 할 것이다.

(3) 소　결

조세범죄는 앞에서 살펴본 바와 같이 일반형사범죄와 비교하여 여러 가지 특징을 가지고 있다. 이는 조세범처벌법과 그 절차법이 조세채권을 확보하기 위한 보조적인 수단으로 입법자에 의해 결단되었기 때문이라고 할 수 있다.

그러나 조세범죄의 본질은 사회공동체를 유지하고 발전시키는 재정적 기반을 무너뜨리는 것이다. 이를 두고 책임을 상회하는 법적 비난을 가하는 것은 지양되어야 하지만 단순히 포탈된

48) 형사소송법 제233조는 친고죄의 공범 중 1인 또는 수인에 대한 고소와 그 취소는 다른 공범자에 대하여도 효력이 있다고 규정하여 고소의 주관적 불가분의 원칙을 명문으로 수용하고 있다.

조세채권만을 회복하는 데 중점을 두는 것은 사회방위의 측면에서 너무 위험한 일이다. 또한 그간의 조세채권회복을 목적으로 하는 행정중심적 제도가 과연 사회적으로 만연된 조세포탈 행위를 근절시키는 데 기여를 하였는가를 냉정하게 분석하여 보면 누구나 긍정적인 답변을 할 수는 없을 것이다.

따라서 조세범죄에 대해 조세관청의 통고처분제도와 전속적 고발제도 등을 형사책임원칙에 맞게 순화시키고 행정청 내에서 음성적으로 작동하는 조세채권 회복시스템을 공개된 절차인 형사소송절차로 이동시키는 노력이 필요하다고 생각된다. 이러한 노력은 기업의 입장에서도 충분한 예측가능성을 확보할 수 있어 장기적 측면에서는 기업의 재무건강성을 증진시키는 데 도움이 될 것이다.

3. 조세포탈죄의 성립요건

조세범죄의 기본적 구성요건은 조세범처벌법 제9조의 조세포탈죄이다. 조세포탈죄는 사기 기타 부정한 행위로써 조세를 포탈하거나 조세의 환급·공제를 받음으로써 성립한다.

분설하면 조세포탈죄가 성립하기 위해서는 ① 개별 세법상의 납세의무자 등의 범죄주체, ② 사기 기타 부정한 행위라는 실행행위, ③ 조세 포탈이라는 결과의 발생, ④ 실행행위와 결과 사이의 인과관계, ⑤ 범죄주체의 고의가 존재하여야 한다.

(1) 범죄주체

조세포탈죄의 주체는 개별세법에 의한 납세의무자와 조세범처벌법 제3조의 법정책임자이다.

납세의무자가 되기 위해서는 그 전제로 조세채권의 성립요건이 충족되고 확정되어야 한다. 납세의무자와 관련하여 판례(99도

5191)는 "부가가치세법 제2조 제1항은 사업상 독립적으로 재화 및 용역을 공급하는 자(사업자)를 부가가치세 납세의무자로 하고 있으므로, 거래 상대방인 공급을 받는 자는 이른바 재정학상의 담세자에 불과할 뿐 조세법상의 납세의무자가 아니다"라고 판시하고 있으며, 또 다른 판례(99도873)는 "구 조세감면규제법(1998.12.28. 법률 제5584호 조세특례제한법으로 전문 개정되기 전의 것) 제109조 제1항은 군이 직영하는 매점에서 대통령령이 정하는 군인 등에게 판매하는 물품에 대하여는 특별소비세를 면제하도록 규정하고 있고, 같은 법 시행령(1998.12.31. 대통령령 제15976호 조세특례제한법 시행령으로 전문 개정되기 전의 것) 제102조 제4항은 특별소비세가 면세된 물품을 면세대상자 외의 자에게 판매한 때에는 판매자로부터 그 면세된 특별소비세를 징수하도록 규정하고 있는바, 소세법률수의의 원칙상 위 시행령의 규정은 특별소비세의 납세의무자를 설정한 것으로 볼 수는 없고, 다만 위 세금 상당액에 대하여 국고에 소극적으로 손해를 끼친 행위자에 대하여 그 손실액을 전보하기 위한 규정으로 보아야 할 것이므로 면세대상자 외의 자들에게 군면세물품을 판매한 자는 조세포탈죄의 주체가 될 수 없다는 이유로 무죄를 선고한 원심의 판단은 정당하다"고 판시한 바 있다. 또한 판례(2003도5631)는 조세포탈죄가 성립하기 위하여는 조세법률주의에 따라 세법이 정한 과세요건이 충족되어 조세채권이 성립하여야만 된다는 취지로 재단법인 주식의 증여행위가 무효이어서 수증자가 주식을 취득할 수 없는 경우, 위 주식 양도에 관한 증여세 포탈의 점을 무죄라고 한 원심의 판단을 수긍하고 있다.

한편 국세기본법 제14조는 과세대상이 되는 소득 등의 귀속이 명의일 뿐이고 사실상의 귀속자가 따로 있는 때에는 그 자를 납세의무자로 하여 세법을 적용한다고 규정하여 실질과세의 원칙을 따르고 있다. 따라서 명의상의 납세의무자가 가공매입계산서 등을 이용하여 허위로 과세표준과 세액을 신고한 경우 개별세법에 의해 명의상 납세의무자에게 조세채권이 발생하지 아니한 경우 조세포탈죄로 의율할 수 없다.

판례(89도1356)도 "건설면허를 받은 건설회사가 건설공사를 직접 시공한 일이 없이 타인에게 건설업면허를 대여하고 그로 하여금 회사 명의로 건설공사를 시공하도록 한 경우 위 회사가 재화나 건설용역을 공급한 일이 없는 이상 재화나 용역의 공급을 과세대상으로 하는 부가가치세를 납부할 의무는 성립할 여지가 없고, 실질적으로 건설업을 경영하여 소득을 얻어 경제적 이익을 향수한 것은 건설업면허를 대여받아 실제로 건설공사를 시공한 사람들이라고 할 것이므로 실질과세의 원칙을 구체화하면서 소득세법 시행령 제21조[49]와 같은 예외를 인정하지 않고 있는 법인세법 제3조의 규정내용[50]에 비추어 단순한 법률상의 명의자에 불과한 위 회사에게는 건설업면허를 대여함으로 인하여 얻은 소득에 관하여 법인세와 방위세를 부과함은 별론으로 하고, 위 회사가 건설업을 경영하여 소득을 얻은 것으로 보아 그 소득에 관한 법인세와 방위세를 부과할 수는 없다"고 판시하고 있다.

법정책임자에 대해서는 양벌규정을 설명하면서 대략적으로 서술한 바 있다. 법정책임자에 대해 판례(96도1703)는 "조세범처벌법 제3조는 법인의 대표자, 법인 또는 개인의 대리인, 사용인 기타의 종업원 등 행위자를 같은 법 제9조 제1항 소정의 조세포탈

---

49) 소득세법 시행령 제21조는 2000.12.29. 개정을 통해 삭제되었다.

50) 현재는 법인세법 제4조에서 실질과세원칙을 천명하고 있다.

법인세법 제4조(실질과세)

① 자산 또는 사업에서 생기는 수입의 전부 또는 일부가 법률상 귀속되는 법인과 실질상 귀속되는 법인이 서로 다른 경우에는 그 수입이 실질상 귀속되는 법인에 대하여 이 법을 적용한다.

② 법인세의 과세소득이 되는 금액의 계산에 관한 규정은 소득·수익 등의 명칭이나 형식에 불구하고 그 실질내용에 따라 이를 적용한다.

범으로 처벌하는 근거 조문이 되는 것이고, 여기서 말하는 법인의 대표자에는 그 명칭 여하를 불문하고 당해 법인을 실질적으로 경영하면서 사실상 대표하고 있는 자도 포함된다"고 판시하여 대표이사직에서 사임하였으나 회장으로 실질적으로 기업을 경영하는 자도 법인의 대표자에 포함시켜 법정책임자의 범위를 확대하고 있다.

(2) 사기 기타 부정한 행위의 의미

판례(2001도3797, 2004도5818, 2004도817 등)는 일관되게 조세범처벌법 제9조의 사기 기타 부정한 행위의 의미에 대해 "사기 기타 부정한 행위라고 함은 조세의 포탈을 가능케 하는 행위로서 사회통념상 부정이라고 인정되는 행위를 말하는 것으로 다시 말하여 조세의 부과와 징수를 불능 또는 현저하게 곤란케 하는 위계 기타 부정한 적극적인 행위"라고 판시하고 있다. 또한 이러한 판시에 뒤이어 "다른 어떤 행위를 수반함 없이 단순히 세법상의 신고를 하지 아니하거나 허위의 신고를 함에 그치는 것은 여기에 해당하지 않는다"라고 설시하고 있다.

판례에 따르면 조세의 부과와 징수를 불능 또는 현저하게 곤란하게 하여야 조세포탈죄가 성립한다. 통상적으로 조세의 부과와 징수는 밀접하게 연결되어 있어 어느 한 단계에서의 부정행위가 다른 단계에도 영향을 주어 범죄성립에 지장이 없다.

그런데 조세부과 부분에는 어떠한 부정행위가 없고(과세표준에 대한 정확한 신고 등) 다만 재산을 은닉하여 징수를 불가능하게 만드는 행위에 대해서는 어떤 판단을 하여야 할까?

이에 대해 판례(2005도9546 전원합의체)의 다수의견[51]은 "비록

51) 소수의견은 주로 다수의견이 죄형법정주의에 어긋나고, 신고납세방식 조세의 본질에 어긋난다는 입장에서 이를 반대하고 있다.

과세표준을 제대로 신고하는 등으로 조세의 확정에는 아무런 지장을 초래하지 아니하지만 조세범처벌법 제9조의3이 규정하는 조세포탈죄의 기수시기에 그 조세의 징수를 불가능하게 하거나 현저히 곤란하게 하고 그것이 조세의 징수를 면하는 것을 목적으로 하는 사기 기타 부정한 행위로 생긴 결과인 경우에도 조세포탈죄가 성립할 수 있다고 할 것이다. 다만 조세가 일단 정당하게 확정되면 국세기본법 제38조 이하의 제2차 납세자에 의한 납세의무자의 확장과 같은 법 제42조의 물적 납세자의무 및 일반채권에 대한 국세의 우선권 보장, 그리고 체납처분을 통한 국세의 강제징수절차 등 조세채권의 만족을 위한 여러 가지 제도적 장치가 마련되어 있는 한편, 조세범처벌법 제12조 제1항이 체납자 또는 체납자의 재산을 점유하는 자가 조세를 면탈할 또는 면탈케 할 목적으로써 그 재산을 장닉, 탈루하거나 또는 허위의 계약을 하였을때를 체납자 등의 불법행위로서 따로 처벌하는 규정을 두고 있는 점 등을 고려하면 조세의 확정에는 지장을 초래하지 않으면서 그 징수만을 불가능하게 하거나 현저히 곤란하게 하는 행위가 조세포탈죄에 해당하기 위해서는 처음부터 조세의 징수를 회피할 목적으로 사기 기타 부정한 행위로써 그 재산의 전부 또는 대부분을 은닉 또는 탈루시킨 채 과세표준만을 신고하여 조세의 정상적인 확정은 가능하게 하면서도 그 전부 또는 대부분을 징수불가능하게 하는 등으로 ㈎ 과세표준의 신고가 조세를 납부할 의사는 전혀 없이 오로지 조세의 징수를 불가능하게 하거나 현저히 곤란하게 할 의도로 ㈏ 사기 기타 부정한 행위를 하는 일련의 과정에서 형식적으로 이루어진 것이어서 ㈐ 실질에 있어서는 과세표준을 신고하지 아니한 것과 다를 바 없는 것으로 평가될 수 있는 경우이어야 한다고 보아야 할 것이다"라고 판시하였다.

그러나 위 전원합의체 판결은 종전의 판례가 사전소득은닉행위를 단순 무신고 또는 과소신고의 범위를 좁게 인정하는 방편으로 사용하면서 장부의 허위기장, 은닉, 폐기, 이중장부의 비치 등 과세표준은닉행위로 그 범위를 한계지은 것과는 상반된다. 조세포탈죄의 실행행위인 '사기 기타 부정한 행위'가 그 개방성에도 불구하고 어느 정도의 예측가능성을 담보할 수 있었던 것은 이러한 판례의 한정적 해석과 조세범처벌법 제9조의3의 기수시기의 법정화 덕분이었다고 할 수 있다.

그러나 거래징수제도를 악용하는 부가가치세 포탈사범을 처벌해야 한다는 당위적 요청에 응하여 조세포탈죄의 구성요건을 적극적으로 해석하였다는 사정을 감안하더라도 '사기 기타 부정한 행위'를 납세의무자의 책임재산 일반을 감소시키는 행위로까지 확대시키는 것은 구성요건의 개방성을 심화시켜 일반국민의 법적 불안정을 가중시킬 것이다. 다만 다수의견이 조세의 확정에는 지장을 초래하지 않으면서 그 징수만을 불가능하게 하거나 현저히 곤란하게 하는 행위가 조세포탈죄에 해당하기 위해서는 주관적 요소로 과세표준의 신고가 조세를 납부할 의사는 전혀 없이 오로지 조세의 징수를 불가능하게 하거나 현저히 곤란하게 할 의도를 가지고 행하여질 것을 요구하고 있으므로 정상적으로 영업을 영위하고 과세표준을 신고하였으나 그 후의 사정으로 체납을 위해 책임재산을 은닉하는 행위는 조세포탈죄의 구성요건에 해당하지 않을 가능성을 열어 놓았다는 부분은 그나마 다행이라고 할 것이다.

판례는 앞에서 살펴본 바와 같이 단순무신고나 단순 허위과소신고의 경우[52] 조세포탈죄에 해당하지 않는다고 판시하고 있

---

52) 조세범처벌법 제13조(명령사항위반 등)는 "법에 정한 신고 또는 고지에 있어서 고의로 이를 태만히 하거나 허위의 신고 또는 고지를 한 자는 50만원 이하의 벌금 또는 과료에 처한다"고 규정함으로써 단순무신고와 단순과소신고에 대해서 별도의 처벌규정을 두고 있다.

다. 그러나 실제로 과세표준과 세액을 신고하는 신고납부방식에 있어 단순무신고나 과소신고가 매개되지 아니한 경우는 거의 존재하지 않는다. 따라서 어떤 행위가 매개되어야 단순무신고나 허위 과소신고가 조세포탈죄로 처벌받는지에 대한 명확한 기준이 정립되어야 한다.

먼저 단순무신고나 허위 과소신고의 경우로 보아 조세포탈죄가 성립되지 아니한 경우를 살펴본다.

판례(2001도3797)는 사업자등록을 하고 미술장식품 제작설치 중개업을 하여 오다가 납세신고를 하지 아니하여 사업자등록이 직권말소된 후로도 사업자등록을 하지 아니한 채 위 중개업을 계속하면서 납세신고를 하지 아니한 경우, 피고인이 단순히 납세신고를 하지 아니한 것 외에 건축주로부터 미술장식품 제작설치를 직접 수주한 후 미술작가와의 사이에 자신이 다시 제작계약을 체결하면서도 마치 건축주와 미술작가 사이에 직접 계약이 체결된 것처럼 계약서를 작성하는 적극적인 방법으로 부정행위를 하였다고 인정할 증거가 부족한 경우 단지 피고인이 위와 같이 납세신고를 하지 아니하였다는 것만으로 조세포탈에 있어 사기 기타 부정한 행위에 해당한다고 할 수는 없다고 판단하였다. 또한 판례(99도5355)는 컴퓨터에 거래내역을 저장, 보관하면서 장부를 비치하지 아니한 경우 단순히 사업자등록과 소득신고를 하지 않는 경우는 단순무신고에 해당한다고 판단하였다.

이러한 판례의 태도를 종합하여 보면 단순무신고나 허위과소신고에 해당하기 위해서는 조세의 부과와 징수를 곤란하게 할 다른 적극적 부정행위[53](예를 들면 장부상의 허위기장 행위, 수표 등 지급수단의 교환반복 행위, 여러 개의 차명계좌를 반복적으로 이용

53) 판례는 적극성을 행위의 형태(작위, 부작위)를 기준으로 하는 것이 아니라 행위를 전체적으로 분석하여 조세포탈을 목적으로 하는 고도의 계획성이 있었느냐를 기준으로 판단하고 있다.

하는 행위 등 적극적 은닉의도가 나타나는 행위) 없이 단순무신고나 허위과소신고만이 존재하여야 한다는 결론[54]에 이르게 된다.

최근 판례(2005도370)는 위에서 설명한 기본입장을 유지하면서도 좀더 정치하게 사실관계를 분석하여 검찰이 세목별로 공소사실을 상세하게 특정할 것을 요구하고 있다. 즉 유사경유를 판매하고도 경유 등을 단순 판매한 것처럼 세금계산서와 거래명세표를 발행하고 세무관청에 신고한 사례에서 ㈎ 피고인들이 거래상대방에게 세금계산서를 발행한 것은 부가가치세와 관련하여 한 행위일 뿐 교통세와 관련하여 한 행위가 아니고, ㈏ 피고들이 품목만 다르게 기재하였을 뿐, 수량, 공급가액을 정상적으로 기재하여 세금계산서를 발행하였으므로 전혀 세금계산서를 발행하지 않거나, 공급가액을 허위로 기재하여 세금계산서를 발행한 경우와 날리 소세의 부과와 징수를 불능 또는 현저하게 곤란하게 만들었다고 보기 어려우며, ㈐ 현행 교통세법과 부가가치세법에는 세금계산서를 관할 세무서에 제출하도록 되어 있지 않고, 피고인들 또는 거래상대방이 관할 세무서에 특별히 이를 제출한 사정도 보이지 아니하므로, 피고들이 공급품목을 허위 기재한 세금계산서를 발행하였다 하더라도 그러한 행위에 의하여 관할 세무서가 특별히 기망을 당하였다고 볼 수도 없다는 이유로 교통세 포탈과 관련해서 단순무신고에 해당할 뿐 사기 기타 부정한 행위로 볼 수 없다고 판단하였다.

판례의 이러한 태도는 공소사실을 정확하게 특정하지 아니하고 전체적 혹은 포괄적으로 기재하여 공소를 제기하던 관행에

---

54) 80도2845: 건물의 일부 소유권귀속에 대한 분쟁이 있었고, 가매매계약을 체결하여 그 대금 일부를 받았지만 장차 본계약 체결여부가 불분명하였음은 물론 본계약이 체결되더라도 액수 자체의 변동이 예상되는 불확정한 것이어서 이를 회사의 소득으로 계상하지 아니하고 법인세과세표준신고시 누락한 경우는 단순무신고로 사기 기타 부정한 행위에 해당하지 아니한다.

제동을 걸었다는 측면에서 바람직하다고 할 것이다.

다음으로 판례상 사기 기타 부정행위로 인정된 사례를 살펴보기로 한다. 판례는 조세 부과와 징수를 곤란하게 하는 적극적 행위가 존재하면 사기 기타 부정행위가 있었다고 보고 있다. 이를 몇 가지 행위태양으로 나누어 정리하면 아래의 표와 같다.

대표적 행위태양	구체적 사례
장부의 허위기장, 은닉, 폐기 등	▪ 허위 생산일계표·자금현황장부를 작성비치하고 이에 맞추어 총매출외형을 줄여 허위과소신고(83도214)
	▪ 위장가공거래에 의한 허위계산서 제출, 가공경비 계상(83도2050)
	▪ 회사의 대표자가 회사자금을 횡령하고서 경비지출을 과다계상, 장부에 기장하여 이를 토대로 법인세 납부(92도147)
	▪ 허위의 매입·매출장을 제출하는 방법으로 매출금액을 과소신고한 경우(85도1518)
	▪ 정당하게 발급된 출고증을 회수하고 허위 출고증을 영업소에 송부하여 세무서에 제출케 한 경우(85도1043)
	▪ 거래상대방에게 금을 공급하면서 부가가치세를 포탈할 의도로 세금계산서를 교부하지 않고 부가가치세 확정 신고시 고의로 그 매출액을 신고에서 누락한 경우(99도5191)
	▪ 특수관계인의 주식을 시가보다 12배 이상 고액으로 매수하면서 부당행위계산에 해당하는 거래임을 은폐하기 위하여 매수일자가 소급된 매매계약서와 회계장부를 작성·비치한 경우(99도2814)
업무형태 위장	▪ 전자제품의 판매·수리업자가 조세포탈 목적으로 폐업신고 후 비밀공장을 설치하고, 제조허가나 사업자등록 없이 외형상으로 전자제품을

<table>
<tr><td rowspan="4"></td><td>수입하는 것처럼 위장한 채 전자오락기구를 제조하면서 세금계산서를 발행하지 않고 과세자료를 제출하지 않은 경우(81도337)</td></tr>
<tr><td>▪ 가스소매업자가 판매업을 하는 것을 감추고 실수요자가 직접 공급받는 것으로 가장하여 가스도매업체로 하여금 실수요자 앞으로 세금계산서를 발급하게 한 경우(82도1919)</td></tr>
<tr><td>▪ 부가가치세 일반과세자가 과세특례자인 타인 명의로 사업자등록을 마치고 실제 자신의 사업을 경영하여 과세특례자로서의 세액만을 납부한 경우(83도3085)</td></tr>
<tr><td>▪ 사업자등록 이전의 거래이거나 이미 과세기간이 경과함으로써 매입세액을 환급받을 수 없는 경우임에도 세금계산서 작성일자를 허위로 기재하여 그 거래시기가 마치 사업자등록 이후이며 환급신고 당시의 과세기간에 이루어진 것처럼 가장하여 매입세액을 환급받는 경우(95도1301)</td></tr>
<tr><td rowspan="3">거래형태 위장</td><td>▪ 점포를 분양하고도 임대한 것처럼 허위의 관계서류를 작성·비치하고 이에 맞추어 부가가치세를 신고누락하고 법인소득에 대한 결산신고시에는 결손된 양 허위신고한 경우(83도892)</td></tr>
<tr><td>▪ 외국영화를 수입하면서 수출회사와 공모하여 그 사용료대금을 실제 금액보다 낮게 기재한 허위계약서 등을 이용, 수입 및 통관절차를 밟아 수출회사의 국내원천소득에 대한 원천징수 법인세를 포탈한 경우(97도2429)</td></tr>
<tr><td>▪ 자동차대여사업 회사가 회사 명의로 등록된 사실상의 개인 자가용 승용차에 대하여 사업용 승용차인 것처럼 가장하여 부가가치세를 환급받은 행위 및 위 회사가 자동차를 구입할 때 실질적인 소유자들과 공모하여 영업용 차량인 것처럼 구입신청을 하여 자동차회사로 하여금</td></tr>
</table>

	면세로 출고하게 함으로써 특별소비세 등의 부담을 면하게 한 경우(2002도6088)
가명예금계좌 개설 등	▪수입금액을 숨기기 위해 허위장부를 작성하여 각 사업장에 비치하고, 수개의 은행에 200여 개의 가명계좌를 개설, 수입금액을 분산 입금시키면서 그 계좌조차도 1개월 미만의 단기간만 사용, 폐지한 후 다시 가명계좌를 만들어 사용하는 행위 등을 반복한 경우(94도759)
	▪기업체 간부들로부터 활동비나 이자 등의 명목으로 거액을 교부받아 차명계좌를 이용하여 자금세탁하거나 전전 유통된 헌 수표를 교부받아 다시 차명계좌에 분산 입금시키는 방법으로 증여재산 혹은 이자소득을 적극적으로 은닉하고 그에 대한 과세표준신고를 하지 아니한 경우(98도667)[55]

(3) 조세포탈이라는 결과의 발생

조세포탈죄가 성립하기 위해서는 사기 기타 부정한 행위로 조세포탈이라는 결과가 발생하여야 한다. 결과발생에 있어 문제되는 것은 첫째로 결과발생 시기를 어떤 기준으로 결정할 것인가 즉 기수시기를 언제로 할 것인가 이고, 둘째로 특가법 제8조의 적용기준과 벌금액산정의 기준이 되는 포탈세액을 어떻게 확정할 것인가이다.

가. 조세포탈죄의 기수시기

조세포탈이라는 결과가 어느 시점에 발생하는가(국가의 조세수입이 어느 시점에 감소하는가)에 대해 이론적으로는 신고시에 발생

55) 다만 위 판례에서는 일반적으로 다른 사람 명의의 예금계좌를 빌려 예금하였다 하여 그 차명계좌 이용행위 한 가지만으로 구체적 행위의 동기, 경위 등 정황을 떠나 어느 경우에나 적극적 소득행위가 된다고 단정할 수 없다고 판시하였다.

한다는 견해와 납기시에 발생한다는 견해로 나누어 생각할 수 있다. 그러나 현행세법이 각 세목별로 상이한 부과·징수제도를 병행하고 있으므로 이를 입법적으로 해결하였다(조세범처벌법 제9조의3).

㈎ 부과징수 조세

과세관청이 과세표준과 세액을 결정하여 국민에게 부과한 후 조세를 징수하는 때에는 세목의 과세표준에 대한 정부의 결정 후 그 납부기한이 경과한 때에 기수에 이르게 된다.

다만 납세의무자가 조세포탈 목적으로 과세표준을 신고하지 아니함으로써 당해 세목의 과세표준을 정부가 결정 또는 조사결정을 할 수 없는 경우에는 당해 세목의 과세표준의 신고기한이 경과한 때에 기수에 이르게 된다. 따라서 과세관청이 결정·고지한 납기 도래 전에 납세의무자가 수정신고한 경우 조세포탈죄가 성립할 수 없다. 이러한 부과징수제도에 따라 징수되는 조세는 상속세·증여세·자산재평가세 등이 있다. 각 조세에 대한 포탈죄의 기수시기를 정리하면 아래의 표와 같다.

조세종류	기수시기
상속세 (상속·증여세법)	상속인 또는 수유자는 상속개시일로부터 6월 이내에 상속재산의 종류 등을 납세지관할세무서장에게 신고(법 제67조) → 세무서장 등은 위 신고에 의한 과세표준과 세액을 결정 또는 경정결정하여 납부기한 통지(법 제76조, 제77조)
증여세 (상속·증여세법)	증여받은 날로부터 3월 이내에 증여세의 과세가액 등을 납세지 관할세무서장에게 신고(법 제68조) → 세무서장 등은 위 신고에 의한 과세표준과 세액을 결정 또는 경정결정하여 납부기한 통지(법 제76조, 제77조)
자산재평가세 (자산재평가법)	재평가일로부터 90일 이내 재평가액 등 신고(법 제15조) → 세무당국은 재평가일이 속하는 과세기간 또는 사업연도 종료일까지 세액 결정통지(법 제17조)

상속세에 있어서 상속세법 제28조, 같은 법 시행령 제20조는 연부연납(年賦延納)제도를 규정하고 있다.

이러한 연부연납제도와 조세포탈죄의 기수시기의 관계에 대해 판례(93도3041)는 "상속세부과처분과 함께 상속세에 대한 연부연납의 허가가 있다고 하더라도 연부연납허가는 원래의 상속세부과처분에 의하여 정하여진 납부기한 자체를 변경하는 것은 아니고 다만 연부연납기간 내에는 상속세체납의 책임을 묻지 않는 것에 지나지 않는다고 보아야 하므로 상속세부과처분의 납부기한이 경과함으로써 조세포탈행위는 기수에 이르게 된다"고 판시하고 있다.

(나) 신고납부 조세

납세의무자가 스스로 과세표준과 세액을 세무당국에 신고하고 납부하는 경우에는 세목에 따라 법정 신고·납부기한이 경과한 때 기수에 이르게 된다. 따라서 신고·납부 기한이 경과한 후 납세의무자가 수정 신고하였다 하더라도 기수시기가 변하지 않는다.

그 결과 일단 기수시기가 도래한 이상 그 후 수정 신고하였거나, 세액의 전부 또는 일부를 자진하여 납부하였거나 혹은 납세고지에 의하여 납부하였다 하더라도 조세포탈죄의 성립에는 영향이 없다고 할 것이다.[56)]

이러한 신고납부 방식에 의해 부과·징수되는 조세에는 법인세, 부가가치세, 주세, 증권거래세, 교육세, 소득세 등이 있다. 이 중 주요한 각 조세에 대한 포탈죄의 기수시기를 정리하면 아래의 표와 같다.

---

56) 84도1102판결 참조, 다만 국세기본법 제48조는 법정신고기간 경과 후 6개월 이내에 과세표준 수정신고서를 제출한 경우에는 가산세의 100분의 50에 상당하는 금액을 감면하도록 규정하고 있다.

조세종류	기수시기
법인세 (법인세법)	각 사업연도의 종료일로부터 3월 이내에 과세표준과 세액을 세무서장에게 신고(법 제60조, 같은 법 시행령 제97조)
부가가치세 (부가가치세법)	부가가치세의 과세기간은 매년 1.1.~6.30.(제1기)/7.1~12.31.(제2기) → 각 과세기간에 대한 과세표준과 납부세액 또는 환급세액을 그 과세기간 종료 후 25일 이내에 신고하고 신고와 함께 그 과세기간에 대한 세액을 납부(법 제19조)
주세 (주세법)	주류제조장으로부터 출고시 주류의 수량·세액 등을 익월 말일까지 신고하고 매월분 위 주세를 신고서 제출기한 내 납부(법 제23조, 제26조)

나. 포탈세액의 특정

조세범처벌법은 조세포탈죄가 성립하기 위해서는 조세포탈이라는 결과가 발생할 것을 요구하고 있다. 따라서 포탈세액은 객관적 구성요건요소로서 구체적으로 특정될 것이 요구된다.

그러나 실무적으로 원장부의 파기, 허위장부의 작성 등의 행위를 수반하는 것이 통상적이므로 정확한 과세표준과 세액에 의해 포탈세액을 특정하기가 힘든 경우가 대부분이다. 이러한 경우 간접사실에 의해 포탈세액을 추정할 수밖에 없지만 형사소송에서의 사실의 확정은 합리적인 의심을 배제할 수 있는 정도의 증거에 의하여야 하므로 추정은 엄격한 기준에 의하여 제한되어야 할 것이다.

판례(95도2653)는 "조세포탈범에 있어서 그 포탈세액의 계산기초가 되는 수입금액 등의 추정계산은 그 방법이 일반적으로 용인될 수 있는 객관적·합리적인 것이고 그 결과가 고도의 개연성과 진실성을 가진 것이라야 허용될 수 있다"고 판시하면서 "세무관청에 신고한 극장의 매출액이 실제 매출액의 50% 정도라는 피고인 회사 대표이사의 진술만을 토대로 실제 매출액을 신고 매출액의 2배로 추산하는 것은 위법하다"고 판단하였다. 판례의 이러한 태도는 형사소송법의 원칙에 의거 당연하다고 할 것이다.

그러나 각 세법에서 행정적으로 과세소득을 확정하기 위해 사용하고 있는 추계방법[57]을 형사절차에서 원용할 것인지 혹은 어떤 요건들을 덧붙여 받아들일 것인지 여부에 대한 심도 깊은 고민이 있어야 할 것으로 생각된다.

개인적으로는 위 추계방법은 당해 범죄사실에 대한 증거들에 의해 행하여지지 아니하고 다른 동종 업종의 사업수입금액이나 영업효율 등에 의해 계산되어지므로 원칙적으로는 형사절차에서 사용하는 것은 적절하지 않다고 생각한다.

한편 판례(2001도5459, 96도2398)는 조세포탈죄의 기수시점 이후에 세법상 의무들을 성실히 이행하지 아니하는 자에 대한 제재로서 산출세액에 일정액의 금액을 가산하여 징수하는 벌과금적인 성격을 가지고 있는 가산세액에 대해서는 포탈세액 산정에 산입하여서는 아니 된다고 판단하고 있다. 조세포탈죄에 있어 포탈세액은 그 기수시기를 기준으로 산정하여야 하는 것은 당연한 것으로 판례의 태도는 타당하다고 할 것이다.

다. 특가법 제8조의 연간포탈세액의 의미

특가법 제8조는 조세범처벌법 제9조 제1항에 규정한 죄(조세포탈죄)를 범한 사람에 대해 포탈하거나 환급받은 세액 또는 징수하지 아니하거나 납부하지 아니한 세액이 연간 10억원 이상인 경우와 5억원 이상 10억원 미만인 경우를 나누어 각각 가중처벌하고 있다.

---

57) 법인세법 제66조 제3항 단서, 같은 법 시행령 제104조, 제105조, 소득세법 제114조 제5항, 같은 법 제176조의2 등.

특가법 제8조는 단기간 내에 많은 금액의 조세를 부정한 행위로써 포탈하거나 환급·공제받은 사람을 포탈세액 등의 금액에 따라 엄하게 처벌함으로써 건전한 사회질서를 유지하고 국민경제의 발전에 기여하려는 데에 그 입법목적이 있다.

이러한 입법취지를 십분 이해한다 하더라도 그 처벌의 엄중함을 고려한다면 그 해석은 구성요건의 명확성 등 형법의 제원칙에 충실하여야 할 것이다. 조세포탈죄의 죄수는 원칙적으로 위반사실의 구성요건 충족횟수를 기준으로 하여 1죄가 성립한다. 즉 법인세 포탈의 경우 각 사업연도의 법인세마다 1죄가 성립하고 부가가치세 포탈의 경우에는 과세기간인 6월의 부가가치세마다 1죄가 성립한다.

그럼 특가법 제8조의 경우에는 어떠한가? 이에 대해 판례(99도3822 전원합의체)는 "본항은 연간 포탈세액이 일정액 이상이라는 가중사유를 구성요건화하여 조세범처벌법 제9조 제1항의 행위와 합쳐서 하나의 범죄유형으로 하고 그에 대한 법정형을 규정한 것이므로, 조세의 종류를 불문하고 1년간 포탈한 세액을 모두 합산한 금액이 본항 소정의 금액 이상인 때에는 본항 위반의 1죄만이 성립하고, 또한 본항 위반죄는 1년 단위로 하나의 죄를 구성하며 그 상호간에는 경합범 관계에 있다 할 것이다"라고 판시함으로써 각 세목별 포탈액의 합산액이 일정금액 이상이면 특가법 제8조에 의해 가중 처벌하겠다는 의미로 해석하고 있다.

다음으로 특가법 제8조의 '연간'의 의미가 문제된다. 종례의 다수의 판례(90도308, 83도362, 82도938 등)는 '연간'의 의미에 대해 "특가법 제8조 제1항의 연간은 기소된 최초의 포탈 등 범칙행위의 성립시기인 어느 해의 특정 시점으로부터 1년의 기간을 뜻하는 것이라고 해석하여야 한다"고 판시하였다.

그러나 판례(99도3822 전원합의체)는 이러한 태도를 변경하여 "특가법 제8조의 연간은 그 적용대상이 되는지 여부를 판단하기 위한 포탈세액을 합산하여야 할 대상기간을 의미할 뿐만 아니라, 그 죄수와 기판력의 객관적 범위를 결정하는 주요한 구성요건의 하나이므로 일반인의 입장에서 보아 어떠한 조세포탈행위가 본항 위반의 죄가 되고 또 어떤 형벌이 과하여지는지 알 수 있도록 그 개념이 명확하여야 하는데, 본항에서와 같이 연간이라는 용어를 사용하면서 그 기산시점을 특정하지 아니한 경우에는 역법상의 한 해인 1월 1일부터 12월 31일까지의 1년간으로 이해하는 것이 일반적이며 이렇게 보는 것이 형벌법규의 명확성의 요청에 보다 부응한다 할 것이고, 그리고 포탈범칙행위는 조세범처벌법 제9조의3 소정의 신고·납부기한이 경과한 때에 비로소 기수에 이르는(주세포탈 이외에는 미수범을 처벌하지 아니한다) 점 등에 비추어 보면, 본항에서 말하는 연간 포탈세액 등은 각 세목의 과세기간 등에 관계없이 각 연도별(1월 1일부터 12월 31일까지)로 포탈한 또는 부정 환급받은 모든 세액을 합산한 금액을 의미한다고 할 것이다"고 판시하였다.[58)]

---

58) 2000도746: "피고인 주식회사의 1996년도분 부가가치세 중 제1기분(1996. 1.1.부터 같은 해 6.30.까지) 부가가치세 포탈은 그 신고·납부기한인 1996. 7.25.이 경과함으로써, 제2기분(1996.7.1.부터 같은 해 12.31.까지) 부가가치세 포탈은 그 신고·납부기한인 1997.1.25.이 경과함으로써 각 기수에 이르고, 피고인 주식회사의 1996년도분 법인세 포탈은 그 신고·납부기한인 1997.3.31.이 경과함으로써 기수에 이른다고 할 것이므로, 피고인 주식회사의 1996년도분 부가가치세 포탈은 제1기분과 제2기분별로 각각 별개의 죄가 성립하고, 그 중 제1기분 부가가치세 포탈은 제2기분 부가가치세 포탈 및 1996년도 법인세의 포탈과는 그 연도를 달리하여, 위 1996년도분 법인세 및 부가가치세 포탈 전부를 포괄하여 「특정범죄 가중처벌 등에 관한 법률」 제8조 제1항 위반죄로 처벌할 수 없다."

2005도9546: "조세범처벌법 제9조의3은 같은 법 제9조에 규정하는 포탈범칙행위의 기수시기는 납세의무자의 신고에 의하여 부과징수하는 조세에 있어서는 당해 세목의 과세표준에 대한 정부의 결정 또는 조사결정을 한 후 그 납부기한이 경과한 때, 이에 해당하지 아니하는 조세에 있어서는 그 신고·납부기한이 경과한 때로 규정하고 있으므로, 부가가치세 포탈의 범칙행위는 부가가치세법 제3조 및 제19조의 각 규정에 의하여 각 과세기간별

한편 특가법 제8조는 조세처벌법 제9조를 위반한 자가 주체가 되므로 단순히 이러한 다수의 범죄에 가공한 공범의 포탈세액을 합산하여 가중처벌 할 수는 없다. 이러한 문제는 특히 법인세의 원천징수의무자가 납세의무자와 공모하여 범행을 실행하였을 때 자주 나타난다.

판례(97도2429)도 "조세범처벌법 제9조 제1항 소정의 조세포탈범의 범죄주체는 국세기본법 제2조 제9호 소정의 납세의무자와 조세범처벌법 제3조 소정의 법인의 대표자, 법인 또는 개인의 대리인, 사용인, 기타의 종업원 등의 법정책임자이고, 이러한 신분을 가지지 아니한 자는 비록 원천징수의무자라 하더라도 납세의무자의 조세포탈에 공범이 될 수 있을 뿐, 독자적으로 조세포탈의 주체가 될 수는 없다. 따라서 1인의 원천징수의무자가 수인의 납세의무자와 공모하여 조세를 포탈한 경우에도 조세포탈의 주체는 어디까지나 각 납세의무자이고 원천징수의무자는 각 납세의무자의 조세포탈에 가공한 공범에 불과하므로, 그 죄수는 각 납세의무자별로 각각 1죄가 성립하고 이를 포괄하여 1죄가 성립하는 것은 아니라 할 것이다. 그러므로 연간 포탈세액이 일정액 이상에 달하는 경우를 구성요건으로 하고 있는 특정범죄가중처벌 등에 관한 법률 제8조의 적용에 있어서도 그 적용대상이 되는지 여부는 납세의무자별로 연간 포탈세액을 각각 나누어 판단하여야 하고, 각 포탈세액을 모두 합산하여 그 적용 여부를 판단할 것은 아니다"라고 판시하였다.

로 그 과세기간 종료 후 25일의 신고·납부기한이 경과함으로써 기수에 이른다고 할 것이고, 과세기간은 통상의 경우 제1기분은 1.1.부터 6.30.까지, 제2기분은 7.1.부터 12.31.까지이나(같은 법 제3조 제1항), 사업자가 폐업한 경우에는 폐업일이 속하는 과세기간의 개시일로부터 폐업일까지(같은 법 제3조 제3항)로 정해져 있으므로, 사업자가 폐업한 경우 부가가치세 포탈의 범칙행위는 폐업일로부터 25일의 신고·납부기한이 경과함으로써 기수에 이른다고 할 것이다."

(4) 인과관계의 존재

조세범처벌법 제9조 제1항은 사기 기타 부정한 행위로써 조세를 포탈한 때에는 처벌한다고 규정하고 있다. 따라서 사기 기타 부정한 행위와 조세포탈이라는 결과 사이에 인과관계가 존재하여야 한다. 부과납부방식의 조세의 경우 납세의무자의 사전재산은닉행위와 과소신고 등의 기망행위가 있었으나 세무관청이 정당세액을 부과하게 되면 포탈이라는 결과가 발생하지 않았으므로 미수범을 처벌하는 주세포탈의 경우를 제외하고는 처벌할 수 없다. 그러나 단순히 세무관청이 신고액 보다 많은 금액을 결정하여 그에 따른 세액을 납부하였다 하더라도 여전히 정당세액에 미달되고 그것이 부정행위로 인한 것인 한 그 차액부분에 대해서는 조세포탈죄가 성립한다.[59)]

신고납부방식의 조세의 경우에는 신고·납부기한 경과 전에 현실적으로 세무관청을 기망한다는 것을 상정하기 어렵다. 따라서 부정행위와 포탈결과 사이의 인과관계는 무신고 및 사전소득은닉행위와 포탈결과 사이의 인과관계를 함께 고려하여야 할 것이다.

(5) 고의의 존재

조세포탈죄가 성립하기 위해서는 고의가 존재하여야 하고 조세포탈죄의 고의를 인정하기 위해서는 ① 자신이 납세의무자라는 인식, ② 조세포탈을 위해 사기 기타 부정한 행위를 한다는 인식 및 의사, ③ 인과관계 및 조세포탈이라는 결과에 대한 인식이 존재하여야 한다.

판례(98도667)도 조세포탈죄는 고의범이지 목적범이 아니라는 취지로 판시하면서 "조세포탈죄에 있어서 범의가 있다고 함은 납

---

59) 78도2448, 94도759 등.

세의무를 지는 사람이 자기의 행위가 사기 기타 부정한 행위에 해당하는 것을 인식하고 그 행위로 인하여 조세포탈의 결과가 발생한다는 사실을 인식하면서 부정행위를 감행하거나 하려는 것이다"라고 판시하고 있다. 판례상 조세포탈죄의 고의에 관한 문제는 주로 조세포탈결과에 대한 인식 여부에 집중되고 있다.

먼저 판례(2005도5772, 99도2358, 90도1955 등)는 용역 등의 공급을 받은 자가 그 가액을 과다계상하여 매입세액을 공제받는 경우에 조세포탈죄의 고의가 있다고 인정하기 위해서는 피고인에게 허위의 세금계산서에 의하여 매입세액을 환급받는 인식 이외에 과다계상된 세금계산서를 교부한 자가 허위의 세금계산서상의 매출세액을 제외하고 부가가치세의 과세표준 및 납부세액을 신고·납부하거나 또는 위 허위의 세금계산서상의 매출세액 전부를 신고·납입한 후 그 매출세액을 환급받는 등으로 위 허위의 세금계산서상의 부가가치세 납부의무를 면탈함으로써 결과적으로 피고인이 허위의 세금계산서에 의한 매입세액의 공제를 받는 것이 국가의 조세수입의 감소를 가져오게 될 것이라는 인식이 있어야 한다고 설시하였다. 다음으로 판례(94도759)는 "공동사업을 경영하는 자가 소득세법 제133조의2 제4항에 따라 당해 공동사업장에 관한 사업자등록을 함에 있어서 사업장 소재지 관할 세무서장에게 자신의 지분 또는 손익분배의 비율은 신고하지 아니하고 자신을 제외한 다른 공동사업자들만이 공동 또는 단독으로 사업을 경영하는 것처럼 신고하고, 자신의 종합소득세과세표준확정신고를 함에 있어서도 그 공동사업에서 발생한 자신의 소득금액을 종합소득금액에 합산하지 아니하고 누락시킴으로써 확정신고자진납부하여야 할 종합소득세액을 일부 탈루한 채 납부하였다고 하더라도, 만약 그 공동사업자가 당해 공동사업에서 발생한 자신의 소득금액에 대한 소득세를, 사업자등록을 할 때 자신의 지분 또는 손익분배의 비율을 가지고 있는 것으로 신고된 다른 공동사업자의 명의로 납부하였다면, 그와 같이 납부한 세액에 관하여는 당해 공동사업자에게 사기 기타 부정한 행위로써 조세를 포탈하려는 고의가 있었다고 볼 수는 없다"고 판시하였다.

앞으로 조세포탈죄의 고의를 인정하기 위해 요구되는 납세의무자라는 신분 및 인과관계의 인식에 대해서도 발전적인 판례들이 나오길 기대한다.

4. 조세체납죄의 성립요건

조세체납죄는 납세의무자가 정당한 사유 없이 1회계연도에 3회 이상 체납하는 경우에 성립하고 1년 이하의 징역 또는 체납액에 상당하는 벌금형에 처해지게 된다(조세범처벌법 제10조, 지방세법 제84조[60]).

조세를 체납한 경우에는 국세징수법에 따라 체납처분절차에 의하여 그 이행을 강제하고 있으나, 악질 또는 상습적인 체납자에 대해서는 자력집행력에 의한 강제징수만으로는 조세채권의 확보를 기할 수 없는 경우가 있으므로 정당한 사유 없이 고의적으로 체납행위를 하는 때에 탈세범의 하나로 형사처벌함으로써 국세징수권의 실효성을 보장하려는 데에 그 목적이 있다.[61]

---

60) 제84조(지방세에 관한 범칙행위에 대한 「조세범처벌법」등의 준용<개정 2005. 12.31>)

① 지방세에 관한 범칙행위에 대하여는 조세범처벌법령을 준용한다. 이 경우이 법에 따른 특별징수의무자는「조세범처벌법」 제11조에 따른 원천징수의무자로 본다<개정 2007.12.31>.

② 제1항의 범칙행위의 처벌에 있어서는 조세범처벌절차법령을 준용한다. 이 경우 조세범처벌절차법령중 국세청·지방국세청 또는 세무서는 특별시·도·광역시 또는 구·시·군으로, 국세청장·지방국세청장 또는 세무서장은 특별시장·도지사·광역시장 또는 구청장·시장·군수로 본다.

61) 국세공무원교육원, 조세범처벌법, 1999, 45면; 법무연수원, 조세범죄의 동향과 대책, 1988, 390면.

조세체납죄의 구성요건 중 가장 핵심적인 요건은 ① 정당한 사유의 존재이고 다음으로 ② 1회계연도에 3회 이상의 체납인데 위 요건을 어떻게 해석할 것인가가 문제된다.

조세포탈죄의 '사기 기타 부정행위'라는 개념과 마찬가지로 조세체납죄의 '정당한 사유'라는 요건도 상당히 개방적인 구성요건으로 개별사건마다 충전의 필요성이 있다. 따라서 그 판단기준이 예측가능성이 충분히 확보될 수 있도록 정립되어야 할 필요성이 있다.

(1) 정당한 사유의 판단기준

조세체납에 정당한 사유가 존재할 경우 조세를 체납하더라도 범죄가 성립하지 아니한다. 따라서 정당한 사유의 의미는 체납자의 입장에서는 자신이 형사적으로 처벌될지 아닐지를 가름하는 중요한 요소가 된다.

이러한 정당한 사유에 대해 판례는 최근에 와서야 그 구체적 의미를 판시하였다. 즉 판례(2005도2858)는 "조세범처벌법 제10조에서 말하는 정당한 사유라 함은 ① 천재·지변·화재·전화 기타 재해를 입거나 도난을 당하는 등 납세자가 마음대로 할 수 없는 사유는 물론 ② 납세자 또는 그 동거가족의 질병, 납세자의 파산선고, 납세자 재산의 경매개시 등 납세자의 경제적 사정으로 사실상 납세가 곤란한 사유도 포함한다 할 것이고, 나아가 그 정당 사유의 유무를 판단함에 있어서는 그 처벌의 입법 취지를 충분히 고려하면서 체납의 경위, 체납액 및 기간 등을 아울러 참작하여 구체적인 사안에 따라 개별적으로 판단하여야 할 것이며, 정당한 사유가 없다는 점에 대한 입증책임은 검사에게 있다 할 것이다"라고 판시함으로써 정당한 사유의 범주와 정당한 사유를 판단하는 기준 등을 제시[62]하였다.

조세체납에 대해 그 고유의 불법성(사회공동체 유지를 위한 재정에 대한 침해)을 인정한다하더라도 그 본질은 채무불이행이라는 사실을 부인할 수 없다. 따라서 체납경위, 체납액 및 기간 등을 참작함에 있어 엄격한 판단은 지양되어야 할 것이다.

정당한 사유는 어느 시점에 존재하여야 하는가에 대해서 기수시점 즉 조세의 납부기한까지 존재하면 된다고 해석하여야 할 것이다. 한편 조세체납죄는 1회계연도에 3회 이상 체납하여야 성립하므로 3회 체납 모두에 정당한 사유 없음이 필요하고, 3회 중 1회의 체납에 정당한 사유가 있다면 조세체납죄는 성립하지 않는다. 과세대상과 납세의무자 확정의 잘못 등으로 과세처분이 당연 무효인 경우 조세체납죄가 성립하지 아니함[63]은 당연하다.

조세범처벌법 제11조는 원천징수의무자가 정당한 사유 없이 그 세를 징수하지 아니하거나 징수한 세금을 납부하지 아니하는 경우에도 처벌하고 있다. 여기의 정당한 사유도 제10조의 정당한 사유와 동일하다고 할 수 있다.

(2) 1회계연도에 3회 이상 체납

조세범처벌법 제11조의 1회계연도는 매년 1.1.부터 12.31.까지를 의미한다. 체납횟수 3회의 계산 기준은 납세고지서 1통에 대하여 1회로 계산[64]하고, 1회계연도를 통산하여 3회 이상이어야 하며, 독촉장 또는 납부 최고서는 납세고지서에 포함되지 않을 뿐만 아니라 납부고지서의 발행일과 그 납부기한의 말일이 동일

---

62) 국세징수법 제7조 및 같은 법 시행령 제8조에서 정한 관허사업의 제한과 관련된 체납의 정당한 사유와 동일하다. 또한 그 실질적 내용은 국세징수법 제15조의 징수유예의 사유와 동일하다. 조세체납이라는 기초사실관계에 대해 행정적 조치를 유예하는 사유와 형사처벌을 조각시키는 사유가 동일한 것은 타당하다고 하겠다. 그러나 조세체납죄의 본질이 채무불이행이라는 맥락에서 본다면 형사처벌을 조각하는 사유의 범위가 위 채권을 확보하기 위한 행정적 조치를 유예시키는 사유의 범위보다는 넓어야 할 것이다.

63) 71도742 참조.

64) 대법원 1960.9.14.선고 4293형상439 판결 참조.

회계기간에 속하여야 한다.[65]

판례(74도3307)는 체납횟수와 관련하여 "조세범처벌법 제10조 소정 체납의 횟수를 산정함에 있어 동일인에 대한 동일종목의 조세로서 1개의 납세고지서로 납세고지를 하여야 할 것을 징수자의 고의 또는 과실로 인하여 이를 2개 이상의 납세고지서로 납세를 분할 고지하였다 하여도 위 조세범처벌법 제10조 적용에 있어 그 체납의 횟수를 산정할 경우 이를 1회의 체납으로 보아야 함이 형평의 원칙에 맞는다"라고 판시하여 조세체납죄의 구성요건이 조세관청 자의에 의해 좌우되는 것을 미연에 방지하고 있다.

헌법재판소(99헌가5・6, 99헌바1 병합)도 위 판례와 같은 태도로 조세범처벌법 제10조가 죄형법정주의에 위배되지 않는다는 결론을 내렸다.

지방세법 제25조 제1항은 지방세를 징수하고자 할 때에는 지방자치단체의 장 또는 그 위임을 받은 공무원은 납세의무자 또는 특별징수의무자에 대하여 납부 또는 납입할 금액, 기한, 장소 기타 필요한 사항을 기재한 문서로써 납부 또는 납입의 고지를 하여야 한다고 규정하고, 지방세법시행령 제8조는, 법 제25조의 규정에 의한 납부 또는 납입의 고지는, 납부 또는 납입할 지방세의 연도와 세목・납부 또는 납부기한과 금액(제1호), 세액의 산출근거와 납부 또는 납입장소(제2호)를 기재한 납세고지서 또는 납입통지서로써 한다고 규정하면서, 이 중 세액의 산출근거는 1매의 고지서에 3 이상의 과세대상을 동시에 고지하는 경우에는 생략할 수 있고, 이 경우 납세의무자가 세액산출근거의 열람신청을 하는 때에는 과세기관은 지체 없이 응하도록 하고 있다. 즉 지방세법은 지방자치단체장에게 서로 다른 세목에 대한 통지방식

65) 73도2313판결 참조.

에 재량권을 부여하고 있다.

조세체납죄의 성립에 한정하여 납세의무자의 입장에서는 원칙적으로 3개의 고지서에 의해 조세를 납부하여야 하지만 지방자치단체에 의해 1개의 고지서에 통합되어 조세를 납부하게 되므로 이를 체납한다 하더라도 조세 체납죄로 처벌받을 가능성이 낮아지므로 유리하다고 할 수 있다.

그러나 통합고지서에 발부권한이 지방자치단체장의 재량에 속하므로 재량권 행사에 따라 지방세 납세의무자의 입장에서는 법적 예측가능성이 낮아지게 되고 그만큼 불안정한 상태에 놓이게 된다. 시각에 따라서는 조세관청이 행정상 편의를 위해 통합고지하는 경우 납세의무자가 원칙적으로 처하게 되는 처벌가능성을 감소시키므로 별문제가 없다고 볼 수도 있다. 그러나 납세의무자 입장에서는 과세관청의 자의에 의해 조세체납죄로 처벌될 수도 있고 아닐 수도 있는 입장에 있으므로 조세관청의 과실로 동일세목에 대해 2개 이상의 납세고지가 있는 경우와 별반 다를 것이 없다. 따라서 향후 이 부분에 대해 죄형법정주의 원칙에 입각한 발전적인 판례가 나오길 기대한다.

5. 세금계산서 관련 범죄

조세범처벌법은 부가가치세법에 규정된 세금계산서의 교부·취득의무를 위반하거나, 교부를 방해하는 행위를 처벌하고 있다.

세금계산서의 성실한 수수는 근거과세의 기본이 되고 유통질서 확립에 기여하기 때문에 세금계산서의 성실한 수수의무 등을 위반하는 행위를 형사적으로 처벌하고 있는 것이다. 또한 부가가치세의 특징은 사업자의 이익 실현 여부와 상관없이 거래 상대방으로부터 징수한 부가가치세를 일시 보관하고 있다가 국가에 납부하다는 의미도 있어 세금계산서를 미교부 및 허위작성하여 국가를 위해 보관하고 있는 금원을 횡령한다는 횡령범죄적 성격도 가지고 있다.

(1) 세금계산서 미교부 및 허위기재죄

조세범처벌법 제11조의2 제1항은 부가가치세법 규정에 의해 세금계산서를 작성·교부하여야 할 자가 세금계산서를 교부하지 아니하거나, 세금계산서에 허위의 기재를 하는 경우에는 1년 이하의 징역 또는 공급가액에 부가가치세의 세율을 적용하여 계산한 세액의 2배 이하에 상당하는 벌금형에 처하고 있다. 위 조항은 부가가치세법 규정에 의해 세금계산서를 작성·교부하여야 할 자를 행위 주체로 하는 신분범이다.

부가가치세법 규정에 의해 세금계산서를 작성·교부하여야 할 자는 부가가치세법상 납세의무자로 등록한 사업자(부가가치세법 제16조)이므로 이러한 자 이외의 행위는 범죄를 구성하지 아니한다. 다만 등록사업자의 행위에 가공한 종업원 등 사업자 이외의 자는 공범으로 처벌받을 수 있다.

판례(99도2168 등)도 "조세범처벌법 제11조의2 제1항이 규정하고 있는 부가가치세법의 규정에 의하여 세금계산서를 작성하여 교부하여야 할 자라 함은 부가가치세법상 사업자로 등록된 사람이 실제로 재화나 용역을 공급하여 구체적으로 세금계산서를 작성하여 교부하여야 할 의무를 부담하는 자만을 의미하는 것이지 실제로 어떤 사람에게 재화를 공급하지 아니하여 부가가치세법상 세금계산서를 작성하여 교부하여야 할 의무가 없는 사업자까지 포함하는 것은 아니고, (가) 부가가치세법상 사업자로 등록된 사람에는 해당하나 실제로 재화를 공급한 자에는 해당하지 아니하는 자와, (나) 실제로 재화를 공급한 자에는 해당하나 부가가치세법상 사업자로 등록된 사람에는 해당하지 아니하는 자의 어느 쪽도 위 죄가 요구하는 신분의 요건을 충족시키지 못하고 있으므로 죄가 되지 아니한다"고 판시하고 있다. 일관된 판례(88도2337로부터 시작됨)의 이러한 태도로 인해 이른바 자료상을 처벌할 수 있는 규정이 없게 되자 1994.12.22. 조세범처벌법이 개정되어 제11조의2 제4항이 신설되었다.[66]

다음으로 등록사업자가 세금계산서를 교부하지 아니하거나 허위기재를 하여야 위 범죄가 성립한다. 미교부 행위란 등록사업자가 부가가치세법상의 교부의무에 위반하여 거래상대방에게 세금계산서를 교부하지 아니한 경우를 말하며 작성여부를 따지지 아니한다. 허위기재행위란 세금계산서의 기재사항[67]에 관하여 사실과 다르게 세금계산서를 작성하는 것으로 교부여부는 따지지 아니한다. 세금계산서 미교부 및 허위기재죄는 세금계산서를 교부하지 아니하고 재화 등을 공급할 때 기수에 이른다.

다만, 부가가치세법 시행령의 세금계산서 교부특례(제54조)에

---

66) 급변하는 경제환경에 대처하고 이의 역기능을 보정하기 위해 적극적으로 기존 법률을 해석하여 적용범위를 확장시키는 것은 단기간적으로는 실효성을 확보할 수 있지만 장기적으로는 불필요한 소송 등을 양산하여 문제의 해결을 어렵게 한다. 위에서 보는 바와 같이 적어도 법원은 규정의 어의를 넘어서는 해석은 지양하고 이의 해결은 폭넓은 의견을 수렴하고 이해관계의 조정을 통해 대안을 제시할 수 있는 국민의 대의기관인 국회에 맡기는 것이 종국적으로 경제문제를 해결하는 첩경임을 인식하여야 할 것이다.

67) 부가가치세법 시행령 제53조(세금계산서)

① 법 제16조 제1항 제5호에 따라 세금계산서에 기재할 사항은 다음 각 호와 같다.

1. 공급하는 자의 주소
2. 공급받는 자의 상호 · 성명 · 주소

2의2. 공급하는 자와 공급받는 자의 업태와 종목

3. 공급품목
4. 단가와 수량
5. 공급연월일
6. 거래의 종류
7. 사업자단위과세사업자의 경우 실제로 재화 또는 용역을 공급하거나 공급받는 종된 사업장의 소재지 및 상호

해당하는 고정거래처와의 거래는 월1회 공급가액의 합계로서 세금계산서를 교부할 수 있으므로 이 경우에는 교부하여야 할 기간이 경과한 때 즉 매월 10일이 경과하여야 기수에 이른다고 할 수 있다. 미교부행위에 의한 범죄는 거래 1건마다 1죄가 성립하고, 허위기재에 의한 범죄는 세금계산서 1건마다 1죄가 성립하고 각각의 죄는 원칙적으로 실체적 경합 관계에 있다고 하여야 할 것이다.

(2) 세금계산서 수취방해죄

조세범처벌법 제11조의2 제2항은 부가가치세법 제20조 및 같은 법 제67조에 따라 매입처별 세금계산서합계표 또는 세금계산서를 제출하여야 할 자가 폭행·협박·선동·교사 또는 통정에 의해 세금계산서를 교부받지 아니하거나 허위기재의 세금계산서를 교부받는 행위를 한 때에는 3년 이하의 징역 또는 100만원 이하의 벌금형에 처하도록 하고 있다.

위 범죄도 매입처별세금계산서 등의 제출의무가 있는 자만이 범할 수 있는 신분범이므로 제출의무가 없는 자가 수취하지 아니하거나 허위세금계산서를 교부받은 경우에는 범죄가 성립하지 아니한다.

(3) 세금계산서 교부방해죄

조세범처벌법 제11조의2 제3항은 세금계산서를 정부에 재출하여야 할 자가 아닌 제3자(제1항 및 제2항 이외의 자)가 세금계산서 작성·교부 의무자로 하여금 이를 교부하지 아니하게 하거나 허위기재하게 할 목적으로 폭행·협박·선동·교사하는 행위를 한 경우에는 세금계산서 수취방해죄와 동일하게 처벌하도록 하고 있다. 위 범죄에 있어 '제3자'는 세금계산서 작성·교부의무자를 제외한 모든 자를 의미하고 사업자와 비사업자를 불문한다. 또한 위 범죄는 세금계산서 작성·교부 의무자로 하여금 이를 교부하지 아니하게 하거나 허위기재하게 할 목적이 필요한 목적범이고, 폭행·협박 등을 당한 상대방이 미교부나 허위기재로 나아갈 것을 요하지 아니한다. 즉 폭행·협박 등으로 기수에 이른다고 할 수 있다.

(4) 실물거래 없는 세금계산서 수수죄

조세범처벌법 제11조의2 제4항 및 제5항은 재화[68]나 용역[69]

---

68) 부가가치세법 제6조(재화의 공급)

① 재화의 공급은 계약상 또는 법률상의 모든 원인에 의하여 재화를 인도 또는 양도하는 것으로 한다.

② 사업자가 자기의 사업과 관련하여 생산하거나 취득한 재화를 자기의 사업을 위하여 직접사용·소비하는 경우에 대통령령이 정하는 것은 재화의 공급으로 본다.

⑤ 위탁매매 또는 대리인에 의한 매매에 있어서는 위탁자 또는 본인이 직접 재화를 공급하거나 공급받은 것으로 본다. 다만, 위탁자 또는 본인을 알 수 없는 경우에는 그러하지 아니하다.

⑦ 제1항에 규정하는 재화의 공급에 관하여 필요한 사항은 대통령령으로 정한다.

부가가치세법 시행령 제14조(재화공급의 범위)

① 법 제6조 제1항에 규정하는 재화의 공급은 다음 각호에 규정하는 것으로 한다.

1. 현금판매·외상판매·할부판매·장기할부판매·조건부 및 기한부판매·위탁판매 기타 매매계약에 의하여 재화를 인도 또는 양도하는 것
2. 자기가 주요자재의 전부 또는 일부를 부담하고 상대방으로부터 인도받은 재화에 공작을 가하여 새로운 재화를 만드는 가공계약에 의하여 재화를 인도하는 것
3. 재화의 인도대가로서 다른 재화를 인도받거나 용역을 제공받는 교환계약에 의하여 재화를 인도 또는 양도하는 것
4. 경매·수용·현물출자 기타 계약상 또는 법률상의 원인에 의하여 재화를 인도 또는 양도하는 것

69) 부가가치세법 제7조(용역의 공급)

① 용역의 공급은 계약상 또는 법률상의 모든 원인에 의하여 역무를 제공하거나 재화·시설물 또는 권리를 사용하게 하는 것으로 한다.

④ 제1항에 규정하는 용역의 공급에 관하여 필요한 사항은 대통령령으로

을 공급함이 없이 세금계산서를 교부하거나 교부받는 행위 등 및 이를 알선·중개하는 행위를 한 때에는 2년 이하의 징역 또는 그 세금계산서에 기재된 공급가액에 부가가치세의 세율을 적용하여 계산한 세액의 2배 이하의 벌금에 처하도록 하고 있다. 또한 같은 법 제5조에 따라 정상에 의하여 징역형과 벌금형을 병과할 수 있다.

위 규정은 주로 실물거래 없이 허위세금계산서를 발행·교부하여 그 수취 상대방으로 하여금 부가가치세 등을 부정 공제받을 수 있도록 하고 그 대가를 받거나 또는 이에 수반하여 무자료로 물품을 판매한 자의 허위세금계산서를 대신 받아 외견상 그 거래를 정당화시켜 주는 이른바 자료상[70]을 처벌하기 위한 것이다.

판례(2004도655)는 "부가가치세법 제16조 제1항은 사업자가 재화 또는 용역을 공급하는 때에는 부가가치세법 제9조에 규정한 거래시기에 세금계산서를 교부하여야 한다고 규정하고 있고, 부가가치세법 제9조 제1항, 제2항은 재화나 용역의 공급시기를 규정하면서, 같은 조 제3항은 사업자가 재화나 용역의 공급시기

정한다.

부가가치세법 시행령 제18조(용역공급의 범위) 다음 각호의 1에 해당하는 것은 법 제7조의 규정에 의한 용역의 공급으로 본다.

1. 건설업에 있어서는 건설업자가 건설자재의 전부 또는 일부를 부담하는 것
2. 상대방으로부터 인도받은 재화에 주요자재를 전혀 부담하지 아니하고 단순히 가공만 하여 주는 것
3. 산업상·상업상 또는 과학상의 지식·경험 또는 숙련에 관한 정보를 제공하는 것

70) 세무관청에서는 ① 실물거래 없이 전액 허위세금계산서를 교부한자, ② 일부 실물거래가 있는 경우에도 매출세금계산서 총교부금액(미신고분 포함) 대비 허위세금계산서 교부금액이 50% 이상인 자, ③ 허위세금계산서 교부금액 비율이 50% 미만이더라도 1과세기간 중 허위세금계산서 교부금액이 5천만 원 이상인자를 자료상으로 보고 있는 것으로 파악된다.

가 도래하기 전에 재화 또는 용역에 대한 대가의 전부 또는 일부를 받고, 이와 동시에 그 받은 대가에 대하여 세금계산서 또는 부가가치세법 제32조의 규정에 의한 영수증을 교부하는 경우에는 그 교부하는 때를 당해 재화 또는 용역의 공급시기로 본다고 규정하고 있으며, 부가가치세법 시행령 제21조, 제54조, 부가가치세법 시행규칙 제9조 등에서 재화 또는 용역의 공급시기와 세금계산서 교부시기를 규정하고 있는데, 이러한 규정은 모두 조세행정의 편의상 재화 또는 용역의 공급의 귀속시기가 어느 과세기간 내에 포함되는지 여부를 가림으로써 부가가치세 납세의무의 성립시기를 판단하는 기준을 규정한 것이다. 세금계산서의 교부시기와 관련한 위와 같은 규정 취지 등에 비추어 보면, 조세범처벌법 제11조의2 제4항의 부가가치세법의 규정에 의한 재화 또는 용역을 공급함이 없이 세금계산서를 교부한 자라 함은 실물거래 없이 가공의 세금계산서를 발행하는 행위를 하는 자(이른바 자료상)를 의미하는 것으로 보아야 할 것이고, 재화나 용역을 공급하기로 하는 계약을 체결하는 등 실물거래가 있음에도 세금계산서 교부시기에 관한 부가가치세법 등 관계 법령의 규정에 위반하여 세금계산서를 교부함으로써 그 세금계산서를 교부받은 자로 하여금 현실적인 재화나 용역의 공급 없이 부가가치세를 환급받게 한 경우까지 처벌하려는 규정이라고는 볼 수 없다"고 판시하고 있다. 반면 또 다른 판례(2002도4520)는 "부가가치세법 제6조 제1항, 제7조 제1항 및 제16조 제1항에 있어서 계약상 원인에 의하여 재화를 인도 또는 양도하거나 역무를 제공하는 자 등 재화 또는 용역을 공급하거나 또는 공급받는 자에 해당하여 그 공급하는 사업자로부터 세금계산서를 교부받고, 공급받는 사업자에게 세금계산서를 교부하며, 나아가 부가가치세를 납부하여야 하는 자는, 공급하는 사업자 또는 공급받는 사업자와 명목상의 법률관계를 형성하고 있는 자가 아니라, 공급하는 사업자로부터 실제로 재화 또는 용역을 공급받거나, 공급받는 자에게 실제로 재화 또는 용역을 공급하는 거래행위를 한 자라고 보아야 한다. 컴퓨터 도소매업체를 경영하는 자가, 갑 회사가 을 회사에게 컴퓨터 및 그 부품을 공급함에 있어, 갑 회사로부터 이를 공급받아 다시 을 회사에게 공급하는 것처럼 명의를 대여하고 일정한 이익을 얻으면서 매출세금계산서를 수수한 경우, 조세범처벌법 제11조의2 제4항 소정의 재화 또는 용역을 공급함이 없이 세금계산서를 교부하거나 교부받은 경우에 해당된다"고 판시함으로써 전형적인 자료상의 행위 이외에도 명의대여에 의한 세금계산서 수수행위도 조세범처벌법 제11조의2 제4항에 의해 처벌될 수 있다는 결론을 내리고 있다.

제6장

자금세탁, 기업범죄의 종착점

현대 자본주의가 안고 있는 딜레마는 '융합'에 있다.

융합의 앞면에서 '시너지 효과'라는 밝은 면이 존재하지만, 바로 뒤편에는 악화가 양화를 구축하는 식으로 시스템 전체를 파괴해 버리는 어두운 면 또한 존재한다.

그런데 영역간의 벽이 허물어지고 융합이 가속화되면, 리스크는 승수효과를 발휘해 기하급수적으로 상승한다.

따라서 융합에 따른 리스크 관리능력의 제고가 개인, 기업, 국가의 성패를 좌우하는 최우선 과제가 된다.

그리고 융합의 시대의 리스크 관리에는 융합의 결과로 자연적으로 나타나는 어두운 측면을 최소화하여야 한다는 어려운 과제가 놓여 있다.

우리 사법시스템은 과연 리스크 관리능력을 가지고 있는가?

제1절 자금세탁의 의의

자금세탁(Money Laundering)이란 일반적으로 범죄행위로부터 취득한 재산을 금융거래 및 경제거래 등을 이용하여 위법한 출처를 숨기고 적법한 수입으로 가장하는 일련의 과정을 의미한다. 「범죄수익은닉의 규제 및 처벌 등에 관한 법률」(이하 '범죄수익은닉규제법'이라 한다) 제1조에서 자금세탁에 대해 간접적으로 정의하고 있는바, 자금세탁을 "특정범죄와 관련된 범죄수익의 취득 등에 관한 사실을 가장하거나 특정범죄를 조장할 목적 또는 적법하게 취득한 재산으로 가장할 목적으로 범죄수익을 은닉하는 행위"라고 규정[1)]하고 있다.

자금세탁을 방지하려는 일련의 국제적 움직임은 초기에는 마약 등의 판매 등을 통해 취득한 범죄수익이 합법적인 자금으로 다시 범죄조직에 재투입되어 범죄가 확대 재생산되는 악순환을 종래의 형사처벌 이외의 경제적 제재까지 동원하여 조직범죄를 근절하기 위하여 시작되었으나, 이제는 횡령, 배임, 사기 등 경제사범 전반에까지 확대되기에 이르렀다.[2)]

---

1) 범죄수익은닉규제법의 위와 같은 내용은 「마약 및 향정신성물질의 불법거래방지에 관한 국제연합협약」 제3조 제1항 (b)·(c)(i)에서 규정과 대동소이하다. UN협약은 ① 자산의 불법 출처를 은닉하거나 가장할 목적으로 또는 범죄의 실행에 관여한 자들의 법적 책임을 면하도록 도와줄 목적으로 행하는 자산을 전환 또는 이전하는 행위, ② 자산이 범죄행위로부터 발생하였다는 것을 알면서 자산의 성질·출처·소재·처분·이전·소유 등의 사실을 은닉하는 행위, ③ 자산을 수취할 때 그 자산이 범죄행위에 위해 발생한 자산이라는 것을 알면서도 이러한 자산을 취득, 소지 또는 사용하는 행위를 자금세탁행위로 규정하고 있다.

2) FATF(Financial Action Task Force on Money Laundering)에서는 1996년 자금세탁의 기초가 되는 범죄의 범위를 마약에 관계된 범죄에서 모든 중대한 범죄

경제범죄의 경우 고액의 벌금형이 존재하고, 민사상으로도 손해배상을 통해 범죄수익을 환수할 수 있으나, 이미 범죄수익이 세탁된 경우에는 범죄자의 책임에 상응하는 형벌권의 행사는 그 실질에 있어 효과가 없다고 할 수 있다. 또한 경제적으로도 이러한 자금은 계속해서 불법을 자행하는 데 이용되어 경제질서를 교란시키고, 경제주체들을 불법적 자금에 종속시켜 경제시스템을 오염되게 만든다. 따라서 경제범죄에 의해 취득한 수익 등을 은닉하는 행위 등에 대해 형사적 제재를 가하고 이러한 재산을 몰수 또는 추징하는 것은 경제시스템의 투명성을 높이고 건강을 지키는데 기여할 수 있다.

그러나 현재의 거래 내지 금융시스템에서는 익명성, 즉시성을 기초로 막대한 자금과 물품이 움직이고 있고 이러한 시스템은 경제를 뒷받침하고 있는 인프라 역할을 하고 있다. 만약 법집행자가 이러한 현실을 무시하고 범죄수익의 완전한 환수를 목표로 한다면 거래상 선의의 피해자가 발생하여 경제시스템 자체를 교란하는 또 다른 요인이 될 수 있다는 사실을 간과하여서는 아니된다.

아직 범죄수익은닉규제법 위반에 대한 판례가 다수 나타나고 있지 않지만, 앞으로 범죄수익은닉 행위 등에 대한 철저한 처벌과 환수 그리고 거래의 안전보호라는 두 측면 모두를 균형잡힌 시각에서 고려한 판례가 생성되기를 기대한다.

또는 상당한 수익을 발생시키는 범죄로 확대하도록 권고하였다(FATF 개정 40 권고사항 제4조).

제2절 범죄수익 등의 의미

범죄수익은닉규제법은 '범죄수익 등'이라는 개념을 기초로 구성된다. 법 제4조 제4호는 '범죄수익 등'이라 함은 ① 범죄수익, ② 범죄수익에서 유래한 재산 및 ③ 이들 재산과 이들 재산외의 재산이 혼화된 재산을 말한다고 규정하고 있다.

즉 '범죄수익 등'은 최광의의 범죄수익으로 범죄수익 등의 은닉죄(법 제3조), 범죄수익 등의 수수죄(법 제4조), 금융기관 등의 미신고죄(법 제5조) 등에 있어 범죄의 객체 내지는 구성요건요소로 규정되어 있다. 따라서 범죄수익 등의 개념을 정확히 파악하는 것이 범죄수익은닉규제법을 이해하는 시작이라고 할 수 있다.

1. 범죄수익(협의의 범죄수익)

법 제2조 제2호에서 범죄수익을 ㈎ 중대범죄(범죄수익은닉규제법 별표 참조)[3]의 범죄행위에 의하여 생긴 재산 또는 그 범죄행위의 보수로서 얻은 재산, ㈏ 성매매알선 등 행위의 처벌에 관한 법률 제19조 제2항 제1호(성매매알선 등 행위 중 성매매에 제공되는 사실을 알면서 자금・토지 또는 건물을 제공하는 행위에 한한다), 폭

3) 2005.7.29. 법 개정으로 사기, 상습사기, 횡령, 배임, 업무상 횡령, 배임죄의 경우 각 범죄행위로 인하여 취득하거나 제3자로 하여금 취득하게 한 재물 또는 재산상 이익의 가액이 3억원 이상인 경우에는 동법이 적용되게 되었다. 종래 위의 범죄들을 포함할 경우 일반 국민의 경제활동에 악영향을 끼칠 가능성이 있다는 이유로 제외하였으나 이러한 태도는 국제적 추세에 뒤떨어진다는 비판이 있어 양 측면을 모두 고려하여 취득액 등이 3억원 이상일 경우에만 적용하는 것으로 개정되었다. 한편 특가법 제8조의 범죄유형 중 조세부정환급의 경우에만 중요범죄로 규정하고 있다.

력행위 등 처벌에 관한 법률 제5조 제2항·제6조(제5조 제2항의 미수범에 한한다), 국제상거래에 있어서 외국공무원에 대한 뇌물방지법 제3조 제1항, 특정경제범죄 가중처벌 등에 관한 법률 제4조, 국제형사재판소 관할 범죄의 처벌 등에 관한 법률 제8조부터 제16조까지, 공중 등 협박목적을 위한 자금조달행위의 금지에 관한 법률 제6조 제1항·제4항의 죄에 관계된 자금 또는 재산이라고 정의하고 있다.

먼저 중대범죄의 범죄행위에 의하여 생긴 재산 또는 그 범죄행위의 보수로 얻은 재산에 대하여 살펴보면, 형법 제48조와 다르게 중대범죄의 범죄행위에 의하여 생긴 재산만을 규정하고 있고 이로부터 취득한 재산에 대해서는 규정하고 있지 아니하다.

이에 대해 판례(2004도5652, 2005도3045)는 "범죄수익은닉규제법은 재산상의 부정한 이익을 취득할 목적으로 범한 죄로서 그 별표에 규정된 죄를 특정범죄(중대범죄)라고 하고(제2조 제1호), 그러한 중대범죄의 범죄행위에 의하여 생긴 재산을 범죄수익이라 하며[제2조 제2호 (가)목], 범죄수익의 취득에 관한 사실을 가장한 자 또는 적법하게 취득한 재산으로 가장할 목적의 행위에 의하여 생긴 재산이라고 규정하고 있는 점과 생기다의 문언적 의미까지 종합하여 보면, 범죄수익은닉규제법 제2조 제2호에 정한 범죄행위에 의하여 생긴 재산이란 중대범죄의 범죄행위에 의하여 새로 만들어진 재산뿐만 아니라 그러한 범죄행위에 의하여 취득한 재산도 포함하는 것이라고 보아야 할 것이다"라고 판시하였다.

결론에 있어 중대한 범죄행위로 취득한 재산까지 범죄수익에 포함하는 것은 타당하다. 그러나 형법 제48조(임의적 몰수·추징)는 범죄행위로 생한 물건과 이로 인해 취득한 물건을 구별하고 있다. 만약 범죄수익은닉규제법(범죄수익의 몰수를 예정하고 있음)상 범죄수익을 범죄행위로 생한 재산으로 한정하고 있음에도 불구하고 해석을 통해 취득한 재산까지 확대한다면 몰수·추징의 기본규정인 형법 제48조와의 관계에서 통일적인 해석이 불가능해진다. 또한 범죄수익은 범죄구성요건으로 명확성의 원칙에 따라 피고인에게 최대한 유리하게 해석되어야 한다. 따라서 해석론으로 범죄의 성립범위를 확장하는 것보다는 입법기관에 의해 입법의 흠결이 메워지는 것이 바람직하다고 할 것이다.

한편 범죄수익은 재산이어야 한다. 재산이란 사회통념상 경제적 가치가 인정되는 이익일반을 의미한다. 따라서 동산, 부동산뿐 아니라 예금채권과 같은 금전채권, 특허권, 회원권 등의 무체재산권 그리고 채무면제, 상계로 인한 소극적 재산의 감소도 포함된다.

문제는 이러한 재산의 액수를 어떤 방법으로 산정할 것인가이다. 재산의 액수는 각 개별범죄의 구성요건에 의해 확정되어야 한다. 각 범죄에 의해 산정된 가액과 범죄수익은닉규제법에 의해 산정된 가액이 다르다면 그 기준을 구성요건에 명시하여야 할 것이고 동법에서 몰수 및 추징을 상정하고 있다면 각 범죄의 이득액이나 편취액을 몰수 및 추징의 가액으로 삼는 것이 논리적으로 타당할 것이다.

그런데 또 다른 문제는 판례상 사기, 배임, 자통법위반죄의 경우 이득액 산정의 기준이 상이하다는 것이다. 물론 각 범죄의 특성에 따라 이득액 등의 산정이 달라질 수 있으나 판례는 각 범죄의 특성과 상관없이 비용공제에 대해 다른 입장을 취하고 있다. 현재로서는 범죄수익의 산정에 있어 각 범죄의 이득액 등을 기준으로 삼을 수밖에 없을 것이다. 따라서 범죄수익은 총수입을 의미하고 비용을 공제한 순이익을 의미하지 않는다는 견해[4]는 너무 도식적인 결론에 빠진 것은 아닌지 검토할 필요가 있다.

---

4) 범죄수익은닉 규제 및 처벌 등에 관한 법률해설(법무부, 2002).

판례(2005도7146)는 이에 대해 "범죄수익의 추징에 있어서 범죄수익을 얻기 위해 범인이 지출한 비용은 그것이 범죄수익으로부터 지출되었다고 하더라도 이는 범죄수익을 소비하는 방법에 지나지 않아 추징할 범죄수익에서 공제할 것은 아니라고 할 것이다"고 판시하고 있다.

그러나 위 판례는 (구)윤락행위방지법위반 사안에 대한 판례일 뿐이고 배임, 사기, 횡령 등 모든 특정범죄에 적용되는 일관된 원칙을 제시한 것은 아니라고 판단된다. 따라서 앞으로 각 범죄의 특성을 고려한 판례가 생성되길 바란다.

다음으로 제2조 제2호 나목의 범죄와 관계된 자금 또는 재산의 의미에 대해 살펴보겠다. 위 범죄와 관계된 자금 또는 재산은 각 범죄의 구성요건에 있어서 객체가 되는 것을 의미하는 것으로 이해할 수 있다. 왜냐하면 각 범죄가 자금 등의 제공을 내용으로 하고 있기 때문이다. 사견으로는 '관계된'이라는 모호하고 언제든지 확장해석이 가능한 용어보다는 '제공' 또는 '도피'라는 명확한 의미의 용어를 사용하는 것이 타당하다고 생각한다.

구체적으로 살펴보면 윤락행위방지법 위반죄의 경우 제공된 임금, 토지, 건물, 폭처법 위반죄의 범죄단체 또는 집단을 위해 제공된 자금, 국제상거래에 있어서 외국 공무원에 대한 뇌물 방지법 위반죄의 경우에는 제공된 뇌물, 특경법위반죄의 경우 도피된 재산 등이 범죄수익에 해당하게 된다.

2. 범죄수익에서 유래된 재산(광의의 범죄수익)

범죄수익에서 유래한 재산이란 ① 범죄수익의 과실로서 얻은 재산, ② 범죄수익의 대가로서 얻은 재산 및 ③ 이들 재산의 대가로서 얻은 재산 ④ 그 밖에 범죄수익의 보유 또는 처분에 의하여 얻은 재산을 말한다(법 제2조 제3호). 범죄수익의 과실로 얻은 재산은 민법상 천연과실과 법정과실을 모두 포함한다. 따라서 범죄수익인 부동산에서 산출되는 석재, 부동산의 임차에 따른 임차료, 금전대차에 따른 이자 모두 범죄수익에서 유래하는 재산에 포함된다. 범죄수익의 대가로서 얻는 재산(1차대가)은 범죄수익을 유상양도 또는 교환함에 있어서의 반대급부를 의미한다. 이들 재산의 대가(2차대가)도 마찬가지로 1차대가를 유상양도 또는 교환에 의한 반대급부를 의미한다. 법에서는 앞에서 살펴본 바와 같이 1차대가와 2차대가를 범죄수익에서 유래하는 재산으로 규정하고 있다.

그럼 3차대가 이상의 재산은 범죄수익에서 유래하는 재산이라고 할 수 있는가? 아직 이 문제를 명시적으로 언급한 판례는 찾아볼 수 없다. 결국 해석론의 문제인데 핵심은 3차대가 이상을 기타 범죄수익의 보유 또는 처분에 의하여 얻은 재산에 포함시킬 수 있는가이다. 만약 기타 범죄수익의 보유 또는 처분에 의하여 얻은 재산의 의미를 범죄수익의 과실 또는 대가 이외의 다른 원인에 의하여 얻은 직접적 재산[5])에 한정한다면 3차대가 이상은 범죄로부터 유래한 재산에 포함시킬 수 없을 것이다.

반면에 기타 범죄수익의 처분에 의하여 얻은 재산에 3차대가 이상의 재산을 포함시킨다면 범죄수익에서 유래한 재산에 포함시킬 수 있을 것이다. 범죄수익은닉규제법의 입법취지를 고려하면 3차대가 이상도 범죄수익에 포함시켜야 할 것이다. 그러나 목적론적 해석은 형사법에서는 쉽게 용인되어서는 아니된다. 보호법익의 반대편에는 피고인이 존재하고 피고인은 예측가능하고 명확한 범죄구성요건에 의해 처벌받아야 하기 때문이다. 이런 맥락에서 법문상 '대가'에 대해서는 1차, 2차 대가에 대해서만 규정

---

5) 범죄수익인 현금을 예금하여 얻은 예금채권(보유로 얻은 재산) 또는 범죄수익인 부동산에 저당권을 설정하고 대출을 받는 경우의 대출금(처분으로 얻은 재산).

하고 있고 '보유'나 '처분'은 과실의 취득 또는 유상양도 등을 제외한 형태를 의미한다고 해석하는 것이 타당하다. 입법취지를 구현하고 법적 예측가능성을 확보하기 위해 하루 빨리 입법적으로 이러한 문제가 해결되어야 한다.[6)]

다음으로 문제되는 것은 범죄수익과 합법재산이 결합하여 하나의 불가분적인 재산으로 변환되었을 때 이를 범죄수익으로부터 유래하는 재산으로 볼 수 있는가이다.[7)] 법 제2조 제4호에서는 합법재산과 범죄수익이 혼화되었을 때 이를 범죄수익 등으로 규정하고 있다. 따라서 합법재산과 불법재산이 결합되어 불가분재산이 되었을 때 이러한 재산을 범죄수익 등에 포함시키기 위해서는 범죄수익에서 유래하는 재산으로 해석하는 방법밖에 없게 된다. 법 제2조의 제4호의 반대해석상 혼화재산만을 범죄수익 등으로 규정하고 있으므로 불가분재산은 범죄수익 등에 포함되지 않는다고 하는 견해가 있을 수 있고, 입법취지를 고려하여 범죄수익 등에 포함된다는 견해도 있을 수 있다. 그러나 불가분재산이 범죄수익에서 유래된 재산인지 여부는 법 제2조 제3호에 포섭될 수 있는지 여부로 판단하여야 한다. 법 제2조 제3호는 범죄수익의 과실로 얻은 재산, 범죄수익의 대가로 얻은 재산, 이를 재산의 대가로 얻은 재산, 기타 범죄수익의 보유 또는 처분에 의하여 얻은 재산이라고 규정하고 있다. 대부분의 경우 불가분재산은 범죄수익의 대가로 얻은 재산(범죄수익과 합법재산을 합쳐 토지, 건물, 주식 등을 구입한 경우)이 될 것인데 합법재산이 포함된 불가분[8)]

---

6) 범죄에서 유래한 재산을 외국의 입법례와 같이 범죄수익으로부터 직접·간접적으로 파생되는 모든 재산이라고 규정하는 것이 바람직하다고 생각한다.

7) 공무원범죄에 관한 몰수특례법 제4조는 혼화재산이라는 용어 대신에 혼합재산이라는 용어를 사용함으로써 불가분물도 몰수의 대상이 될 수 있도록 규정하고 있다. 형사법 전반에 산재해 있는 몰수 및 추징에 관한 규정들을 통일적으로 적용하기 위한 입법적 조치가 필요한 시점이다.

재산도 범죄수익의 대가로 얻은 재산의 범위에 포함된다고 해석하는 것이 타당하다. 범죄수익의 재산가치가 일부라도 변형되어 보존되어 있다면 이는 범죄수익에서 유래하였다고 볼 수 있기 때문이다.

3. 혼화재산(최광의의 범죄수익)

혼화재산이란 범죄수익 또는 범죄수익에서 유래한 재산과 이들 재산 이외의 재산이 혼화된 재산을 의미한다(제2조 제4호). 예를 들어 범죄수익과 합법적인 영업수익이 함께 보관되는 경우, 합법적 예금계좌에 범죄수익을 예금하는 경우 등이 대표적인 경우이다. 혼화재산을 범죄수익의 규제대상으로 한 것은 혼화재산에는 범죄수익·범죄수익유래재산이 포함되어 있어 범죄활동에 재투자되거나 사업 활동에 투자되어 합법적 경제활동에 악영향을 미칠 우려가 있는 점은 범죄수익과 다를 바가 없고, 범죄수익의 일반적 유형인 금진은 다른 금선과 용이하게 혼화될 수 있으므로 그 처벌을 면할 가능성을 방지하기 위해서다.[9]

혼화재산의 종류로는 범죄수익과 범죄수익에서 유래한 재산이 혼화된 경우(범죄수익인 예금채권과 그 이자), 범죄수익 또는 범죄수익에서 유래된 재산과 이들 재산 이외의 재산이 혼화된 경우(임차료 예금계좌에 영업이익을 입금), 범죄수익 및 범죄수익에서 유래한 재산과 이를 재산 이외의 재산이 혼화된 경우(뇌물로 받은 예금채권과 이자가 들어 있는 계좌에 영업이익이 입금)가 있다.

---

8) 혼화란 개개의 특성이 없는 재산이 섞여서 각각의 재산을 식별할 수 없게 되는 것을 말한다(민법 제258조).

9) 범죄수익은닉 규제 및 처벌 등에 관한 법률해설(법무부, 2002).

제3절 범죄수익 은닉죄

범죄수익은닉규제법은 다른 몰수·추징의 특례법과 다르게 범죄수익 자체를 은닉하는 행위 등을 범죄화하여 이를 직접적으로 규제하고 있다. 즉 ① 범죄수익 등의 취득 또는 처분에 관한 사실을 가장한 자, ② 범죄수익의 발생원인에 관한 사실을 가장한 자, ③ 특정범죄를 조장하거나 또는 적법하게 취득한 재산으로 가장할 목적으로 범죄수익 등을 은닉한 자는 5년이하의 징역 또는 3천만원 이하의 벌금에 처하도록 하고 있다(법 제3조).[10]

범죄수익은닉죄는 사회적 법익을 침해하는 죄이다. 범죄수익 등 은닉죄는 범죄수익 등과 범죄수익 등의 원천이 된 범죄의 관계를 숨기고 범죄수익의 발견·수사·몰수를 방해한다는 점에서 국가적 법익인 형사사법작용의 침해성이 없는 것은 아니나 일차적으로는 그 가장·은닉이 새로운 특정범죄를 조장할 뿐만 아니라 금융기관 등의 예금서비스와 결제시스템을 오염시켜 금융·경제 시스템의 건전성과 이에 대한 국민의 신뢰를 저해하는 반사회적 행위라는 데 처벌근거가 있다고 해야 하기 때문이다. 따라서 사법방해죄의 일종인 증거인멸죄의 경우와 달리 본죄의 주체에 제한이 없어 특정범죄의 본범도 포함된다.[11]

한편 범죄수익은닉죄와 특정범죄(중대범죄 및 제2항 나목에 규정된 죄)와의 관계에 대해 판례(2006도3039)는 "범죄수익은닉의 규제 및 처벌 등에 관한 법률 제3조에 규정된 범죄수익 등의 은닉·가장죄의 객체가 되는 범죄수익이라 함은 법 제2조 제2호 (가)목의 중대범죄의 범죄행위에 의하여 생긴 재산 또는 그 범죄

10) 미수범과 예비 또는 음모한 자도 처벌한다(법 제3조 제2항, 제3항).
11) 범죄수익은닉규제 및 처벌 등에 관한 법률해설(법무부, 2002).

행위의 보수로서 얻은 재산을 의미하는 것으로, 당해 중대범죄의 범죄행위가 기수에 이르러 범죄행위에 의하여 생긴 재산이라는 범죄의 객체가 특정 가능한 상태에 이르러야 비로소 위 법조 소정의 범죄수익이라 할 수 있을 것이므로, 특정경제범죄 가중처벌 등에 관한 법률 제3조의 중대범죄의 경우에 있어서는, 업무상 횡령죄가 기수에 이르러야만 비로소 그 횡령행위에 의하여 생긴 재산을 범죄수익이라고 할 수 있을 것이고, 아직 기수에 이르지 아니한 상태에서는 위 법조 소정의 범죄수익이라고 할 수 없다고 보아야 할 것이다"라고 판시하여 적어도 특정범죄가 기수에 이르러서 범죄수익이라는 범죄의 객체가 특정되어야 범죄수익은닉죄가 성립한다고 하고 있다. 또한 판례(2006도5288)는 "범죄수익은닉의 규제 및 처벌 등에 관한 법률 제3조 제1항 제3호에서 정한 범죄수익 등의 은닉에 관한 죄의 미수범으로 처벌하려면 그 실행에 착수한 것으로 인정되어야 하고, 위와 같은 은닉행위의 실행에 착수하는 것은 범죄수익 등이 생겼을 때 비로소 가능하므로, 아직 범죄수익 등이 생기지 않은 상태에서는 범죄수익 등의 은닉에 관한 죄의 실행에 착수하였다고 인정하기 어렵다"고 판시하였다.

그럼 특정범죄의 위법성 혹은 책임 더 나아가 소송요건이 인정될 필요는 없는가? 범죄수익은닉죄의 불법성은 특정범죄의 불법성을 야기하거나 촉진·강화하는 데 있다고 보아야 하므로 적어도 특정범죄의 위법성까지는 인정되어야 할 것이다. 따라서 특정범죄행위가 유책하거나 소송요건이 갖추어질 필요는 없다고 할 것이다.

구제적 행위태양을 살펴보면 ① 범죄수익 등의 취득 또는 처분에 대한 사실의 가장이란 범죄수익을 상품거래나 대출금변제 등의 합법적인 원인에 의해 취득하는 것으로 가장하거나 가장회사 등을 이용하여 범죄수익의 소유자 등을 가장하는 것 또는 차명계좌를 이용하여 범죄수익을 이체시키거나 또 다른 재산을 구입하는 것을 말한다. ② 범죄수익의 발생원인에 관한 사실의 가장이란 범죄수익을 교부하는 자가 정당한 교부인 것처럼 가장하는 행위를 말한다. ③ 범죄수익 등의 은닉이란 범죄수익 등의 특정, 추적 또는 발견을 불가능하게 하거나 현저히 곤란하게 하는 행위로 통상의 보관방법이라고 보기 어려운 경우를 말한다. 은닉은 그 취득이나 처분에 대한 가장행위가 없을 경우에도 성립할 수 있는바, 비밀장소에 보관하는 단순한 행위 이외에 범죄자 자신의 이름으로 취득한 수표를 여러 금융기관을 이용하여 자신의 이름으로 현금과 금융상품으로 계속 변화시켜 다시 자신의 계좌에 입금하게 하는 행위, 역외국가 금융기관의 자신의 계좌에 예치하는 방법 등으로 범죄수익 등의 추적, 발견을 불가능하게 하거나 현저히 어렵게 하는 경우도 포함한다.

주관적 구성요건으로 ① 행위자는 대상재산이 범죄수익이나 범죄수익 등이라는 사실을 인식하고 이어야 한다. 범죄수익 등은 특정범죄를 전제로 하고 있는바 특정범죄에 대해서는 어느 정도로 인식하고 있어야 하는가?

판례(2006도5288)는 "특정범죄를 조장하거나 또는 적법하게 취득한 재산으로 가장할 목적으로 범죄수익 등을 은닉하는 행위를 한 자를 처벌하기 위해서는 그 행위자가 자신이 은닉하려고 한 재산이 같은 법 제2조 제2호 내지 제4호에서 정한 범죄수익 등에 해당한다는 사실을 인식하였을 것을 필요로 하나, 특정범죄를 조장하는 경제적 요인을 근원적으로 제거하기 위한 위 법률의 입법목적(제1조)과 구성요건의 형식에 비추어 그러한 인식은 당해 재산이 같은 법 제2조 제2호 내지 제4호에서 정한 범죄수익 등에 해당한다는 사실을 인식하는 정도로 충분하고 반드시 그 범죄의 종류나 구체적 내용까지 알아야 하는 것은 아니다"라고 판시하고 있다. 따라서 범죄의 종류, 피해자, 발생장소, 시간 등 범죄의 구체적 내용까지 인식할 필요는 없다. 이러한 인식과 더불어 ② 범죄수익 등을 가장, 은닉하려는 의사가 필요하다. 이러한 의사는 확정적일 필요는 없고 미필적인 것으로 족하다. 마지막으로 범죄수익 등 은닉의 경우에는 앞에서 설명한 주관적 요소 이외에 ③ 특정범죄를 조장하거나 적법하게 취득한 것으로 가장할 목적이 필요하다.

은닉행위는 그 행위태양이 다양하기 때문에 자칫 은닉죄 성립이 무한대로 확대될 수 있고, 가장행위와는 다르게 범죄수익 등의 변형정도가 크지 않아(명의자는 그대로인 경우가 대부분이다) 불법성의 정도가 가장죄의 그것보다 낮다. 따라서 고의 이외에 초과주관적요소를 추가함으로써 범죄성립의 범위를 제한하려는 것이 입법자의 결단이라고 생각한다. 이러한 결단에 따라 은닉죄에 있어 목적은 범죄성립의 제한적 요소로 작동하여야 한다. 이러한 목적도 고의와 마찬가지로 결과발생을 희망할 필요까지는 없고 결과발생에 대한 미필적 인식이 있는 것으로 족하다. 다른 목적범들과 마찬가지로 은닉죄에 있어서의 목적도 행위의 유일한 동기일 필요는 없다.

먼저 특정범죄를 조장할 목적에 대해서 살펴본다. 특정범죄를 조장할 목적에서 특정범죄는 어떤 의미인가? 법에서 명문으로 특정범죄라고만 규정하고 있으므로 그것이 범죄수익이 발생한 특정범죄와 동일할 필요도 없고 시간적으로도 현재 진행 중인 범죄나 미래의 범죄도 포함된다. 또한 특정범죄는 자신이 행하는 범죄일 필요도 없다. 특정범죄를 조장할 목적이 전형적으로 나타나는 것은 이른바 '폰지사기'의 경우이다. 사기범이 피해자들로부터 투자금을 입금받아 자신의 명의 또는 회사의 명의로 여러 차례 입출금을 반복하여 그 출처를 은닉하고 이를 다시 피해자에게 투자수익 명목으로 입금하여 준 경우 특정범죄를 조장하려는 목적이 확실히 나타난다.

다음으로 적법하게 취득한 재산으로 가장할 목적에 대해 살펴본다. 회사의 대표이사가 횡령한 자금을 비밀장소에 은닉한 경우 적법하게 취득한 재산으로 가장할 목적이 인정될 수 있는가? 적법하게 취득한 재산으로 가장할 목적을 특정범죄의 발견 또는 범죄수익 등의 출처에 관한 수사를 방해하거나 범죄수익 등의 몰수를 회피할 목적으로까지 확대할 경우에는 당연히 인정될 수 있을 것이다. 그러나 이러한 확대해석은 법문에 나타난 목적범위를 지나치게 확장시키는 결과를 가져올 수도 있다.

즉 특정범죄의 범죄수익을 그대로 보유하고 있는 경우까지 처벌의 범위가 넓어질 수 있다. 범죄수익은닉규제법의 목적이 불법한 범죄수익이 경제흐름에 합류되어 경제 시스템이 오염되는 것을 방지하는 것이라면 추상적으로 그러한 위험이 발생할 가능성이 있는 경우까지 처벌하는 것은 입법취지를 벗어난 것이라는 비판을 면할 수 없을 것이다. 따라서 단순히 범죄수익 등을 그대로 보유하는 경우 그러한 수익이 몰수되어야 한다는 사실은 별론으로 하고 해석론을 통해 단순은닉행위를 형사적으로 처벌하는 것은 지양되어야 할 것이다.

마지막으로 죄수에 대해 살펴보면 동일한 범죄수익 등에 대하여 수개의 가장 은닉행위가 행해진 경우에 동일한 범의로 계속되었다면 포괄적 일죄가 성립한다. 그러나 수회에 걸쳐 가장·은닉행위가 행해진 경우에 다른 범죄수익 등이 혼재한 경우에는 별개의 범죄가 성립한다.

제4절 범죄수익 등의 수수죄

범죄수익은닉규제법은 범죄수익의 가장·은닉행위와 더불어 이를 수수하는 행위도 처벌하고 있다. 즉 동법 제4조에서는 “정을 알면서 범죄수익 등을 수수한 자는 3년 이하의 징역 또는 2천만원 이하의 벌금에 처한다"라고 규정하고 있다. 범죄수익 은닉죄에 이어 수수죄까지 처벌하는 것은 정을 알면서 범죄수익을 수수하는 행위는 불법자금의 경제시스템 투입을 용이하게 하는 역할을 하고, 특정범죄의 확대를 막기 위해서는 정상적인 거래에서조차 범죄인을 격리할 필요가 있기 때문이다. 그러나 정상거래에서 주관적 의사를 문제삼아 거래행위를 형사처벌하는 것은 경제의 흐름을 저해할 위험이 있는 것도 사실이다.

따라서 이러한 문제점을 해결하기 위해 동법 제4조 단서는 "법령상의 의무이행으로서 제공된 것을 수수한 자 또는 계약(채권자가 상당한 재산상의 이익을 제공하는 것에 한한다)시에 그 계약에 관련된 채무의 이행이 범죄수익 등에 의하여 행하여지는 것이라는 정을 알지 못하고 그 계약에 관련된 채무의 이행으로서 제공된 것을 수수한 자의 경우에는 그러하지 아니하다"고 규정하고 있다.

범죄수익 은닉죄는 특정범죄를 행한 본범이 범죄주체가 될 수 있다. 그러나 규정형식상 범죄수익 수수죄는 특정범죄의 본범 이외의 자만 주체가 될 수 있다. 따라서 특정범죄의 본범을 제외한 교사범이나 방조범은 본죄의 주체가 될 수 있다.

범죄수익 수수죄에 있어 '수수'란 유상 또는 무상으로 범죄수익 등의 소유권을 취득하는 경우뿐만 아니라 사실상 자신의 재산과 같이 사용·수익할 수 있는 지배권을 갖게 되는 경우를 말한다.

판례(2005도3045)도 같은 취지로 "범죄수익 등의 처분이나 운용을 규제함으로써 범죄를 억제하고자 하는 법률의 입법 취지에 비추어 볼 때 범죄수익 등의 소유권을 취득하는 행위는 물론 범죄수익 등을 채권의 담보(양도성예금증서)로 취득하는 행위 역시 위 법률 제4조의 정을 알면서 범죄수익 등을 수수하는 행위에 해당한다"고 판시하고 있다. 그러나 한편 수수라는 것은 사실적 개념으로 적어도 직접적·간접적인 점유의 이전을 상정하고 있는 바, 점유의 이전이 전혀 없는 경우 예를 들어 범죄수익 등에 저당권을 설정하는 것은 수수라고 할 수 없다.

문제는 단순히 본범으로부터 범죄수익 등을 수령하여 보관하는 경우도 수수라고 할 수 있는가이다. 수수라고 하기 위해서는 사실적 측면에서 점유의 이전과 권리적 측면에서 지배관계의 변화가 필요하다. 그러나 단순히 범죄수익을 수령하여 보관하는 행위는 사실적 점유의 이전이 있었다고 할 수 있으나 과연 권리적 측면에서 지배관계의 변화가 있었다고 할 수 있는지는 의문이다. 이러한 관계를 권리적 측면에서 분석하여 보면 보관위탁관계로 설정할 수 있겠으나 이는 무리가 있다. 판례에서 설시하고 있는 바와 같이 범죄수익 수수죄의 입법취지가 범죄수익의 처분이나 운용을 규제함으로써 범죄를 억제하고자 하는 데 있다면 단순히 점유를 이전하는 경우는 수수에 해당하지 않는다고 새겨야 할 것이다. 이러한 해석은 단서의 예외조항을 종합적으로 고려하여 보면 더욱 타당성이 커진다고 할 것이다.

범죄수익 수수죄가 성립하려면 정을 알면서 수수하여야 한다. 즉 행위자가 수수하는 재산이 범죄수익이라는 사실을 인식하여야 하는 것이다.

그 인식의 정도에 대해 판례(2005도2709)는 "범죄수익은닉규제법 제4조의 정을 알면서 범죄수익 등을 수수하는 행위에 있어서 주관적 요건인 범죄수익 등이라는 정의 인식은 반드시 확정적인 것을 요하지 않고, 범죄수익 등일지도 모른다는 의심을 가지는 정도의 미필적 인식으로도 족하다 할 것이다. 그러나 범죄수익 등을 수수하였다고 공소가 제기된 피고인이 그 범의를 부인하는 경우에는 ① 교부자 및 교부를 받은 사람의 신분과 서로의 관계, ② 수수의 경위, ③ 시간과 장소, ④ 수수되는 재물의 성질과 형태, ⑤ 대가

성의 유무 등 범죄수익 등이 수수될 당시의 모든 객관적인 상황을 참작하여 이를 인정하여야 한다"라고 판시하고 있다.

이러한 판례는 범죄수익 은닉죄에서의 특정범죄의 인식의 정도에 대한 판단과 상이하다. 은닉죄에서는 특정범죄에 대한 인식을 요구하고 다만 그 구체적인 내용에 대한 인식까지는 필요하지 않다고 판시하였으나, 수수죄에서는 같은 범죄수익의 인식이지만 범죄수익 등일지도 모른다는 의심이 존재하는 경우에도 그 미필적 인식을 인정하고 있다. 그러나 미필적 인식만으로 족하다고 하여도 이는 어느 정도의 개연성을 인식하는 것이지 판례의 판시처럼 단순히 의심의 정도에 그친다면 주관적 요건이 지나치게 확장되어 거래의 안전을 해할 우려가 있다.

따라서 판례에서 적시하고 있는 객관적인 정황증거를 바탕으로 적어도 범죄수익이라는 사실에 대한 인식을 입증하여야 범죄수익 수수죄의 고의를 인정할 수 있을 것이다.

한편 범죄수익 등인 정에 대한 인식은 수수행위 당시에 존재하여야 한다. 따라서 수수 당시에는 범죄수익에 대한 인식이 없었으나 수수행위 이후에 범죄수익이라는 사실을 알았다고 하더라도 범죄수익 수수죄는 성립하지 않는다.

앞에서 설명한 바와 같이 범죄수익 수수죄는 경제활동 또는 금융거래를 저해할 수 있는 위험성이 있다. 따라서 특정범죄를 조장할 위험성이 적고, 거래 관계자의 권리를 보호할 필요성이 현저한 경우에는 처벌하지 않아야 할 필요성이 커진다. 법 제4조 단서는 2가지 경우에 해당하는 경우 범죄수익 수수죄의 위법성을 조각하고 있다. ① 법령상 의무이행으로 제공된 범죄수익의 수수의 경우에는 위법성이 조각된다. 구체적인 예로는 조세징수, 벌과금 등의 징수, 부양의무이행에 의한 재산의 수수 등이 있다. ② 계약의 채무이행으로 제공된 범죄수익 등의 수수의 경우에도 위법성이 조각된다. 다만 계약시에 범죄수익에 대한 인식이 존재하지 않아야 하고(선의), 채권자(범죄수익을 받는 자)가 상당한 재산상의 이익을 제공하여야 한다. 여기서 상당한 이익이라 함은 범죄수익 등과 객관적·내용적으로 똑같은 가치를 가지는 재산상의 이익, 즉 대가관계에 있는 재산상 이익 이외에 대가관계에 있지는 않으나 수수하는 범죄수익 등과 교환되어 제공되고 사회통념상 이와 동등한 가치가 인정되는 재산상 이익을 포함한다. 여기에 해당하는 계약의 구체적 예로는 ① 수수하는 재산과 제공되는 재산상 이익이 대가관계에 있는 매매계약, 교환계약, 임대차계약, 고용계약, 유상위임계약 등과 ② 수수하는 재산과 대가관계에 있지는 않으나 재산상의 이익이 교환으로 제공되고 사회 통념상 이와 동등한 가치를 갖는다고 인정되는 소비대차, 소비임치계약 등을 들 수 있다. 그러나 증여계약·사용대차계약과 같이 상당한 재산상의 이익의 제공이 수반되지 않는 계약은 여기에 해당하지 않는다고 할 것이다.[12)]

만약 선의로 범죄수익을 수수한 자로부터 다시 범죄수익을 수수한 자가 악의라면 그 악의자에게 범죄수익 수수죄가 성립할 수 있을까? 구성요건상 정을 알면서 범죄수익을 수수하면 범죄수익 수수죄가 성립한다. 그러나 선의의 자가 범죄수익을 수수한 이후의 거래는 정상적인 거래이고 그 이후로는 비록 악의자가 재산을 수수하였다 하더라고 본범 또는 재산을 전득한 악의자에 의해서 형성된 경제시스템 교란의 가능성이 단절되었다고 하여야 한다. 따라서 선의의 수수자의 재산처분권을 보호하고, 거래의 안전을 확보하기 위하여 악의자에게 형사적 제재를 가하는 것은 범죄수익은닉규제법의 입법취지를 벗어난 것이라 할 수 있다.

다음으로 계속적 거래에 있어 계약시에는 채무이행이 범죄수익에 의해 이행될 것이라는 것을 알지 못했으나 계약 갱신시에

---

12) 범죄수익은닉 규제 및 처벌 등에 관한 법률해설(법무부, 2002).

이에 대한 정을 안 경우 수수죄가 성립할 수 있을까? 원칙적으로 계약의 갱신은 새로운 계약으로 보아야 하므로 갱신시에 악의라면 수수죄가 성립한다고 하여야 한다. 그러나 당사자에게 법령이나 특약에 의해 갱신의 의무가 발생하는 경우[13] 수수자에게 갱신을 거부할 수 있는 권한이 존재하지 않는다. 이러한 경우 법이 양립 불가능한 의무를 일방당사자에게 부여할 수 없으므로 수수죄는 성립하지 않는다고 하여야 한다. 대환의 경우 이는 실질에 있어 기존채무가 여전히 동일성을 유지한 채 존속되는 준소비대차에 해당[14]하므로 만약 급부의 내용이 종전과 동일한 경우에는 새로운 계약시 악의라도 수수죄가 성립하지 않으나, 새로이 이자를 붙이거나 이율을 높게 한 경우에는 새로운 이자 또는 종전의 이자를 초과한 부분에 대해서는 수수죄가 성립한다고 하여야 한다.

범죄수익 등을 본범과 공모하여 가장·은닉한 경우에는 범죄수익은닉죄만 성립하고 수수죄는 성립하지 않는다. 수수는 은닉 또는 가장행위에 포함되어 평가되어지기 때문이다. 문제는 정을 알고 수수행위를 한 자가 다시 법 제3조의 은닉·가장 행위를 한 경우 범죄수익은닉죄로 처벌할 수 있는가이다.

수수 및 가장·은닉행위를 처벌하는 것은 특정범죄에 의한 범죄수익 등이 전전 유통되면서 경제시스템을 교란시키고 이로 인해 다시 특정범죄가 조장되는 것을 방지하기 위함이다. 그런데 수수된 범죄수익 등을 다시 가장·은닉하는 행위는 경제시스템을 교란시키고 특정범죄를 조장하는 또 다른 불법성을 가지고 있으므로 단순히 수수의 증거를 인멸하기 위한 행위로 평가할 수 없다. 따라서 수수 후의 가장·은닉 행위는 수수죄와 별개로 은닉죄에 해당하게 된다.

---

13) 최초 계약시에 당사자가 갱신특약을 한 경우, 민법 등 법률에 의해 법정 갱신권이 부여된 경우 등.

14) 97다16077 판결 참조.

제5절 금융기관 등의 미신고죄

범죄수익은닉규제법은 범죄수익 등의 가장·은닉행위와 수수행위를 처벌하고 있는 동시에 금융기관 등에 종사하는 자에게 신고의무를 부과하고 이를 이행하지 아니하는 행위도 처벌하고 있다.

즉 ① 「특정금융거래정보의 보고 및 이용 등에 관한 법률」 제2조 제1호 규정에 의한 금융기관등에 종사하는 자는 동법 제2조 제2호의 규정에 의한 금융거래와 관련하여 수수한 재산이 범죄수익 등이라는 사실을 알게 된 때 또는 금융거래의 상대방이 제3조의 죄에 해당하는 행위를 하고 있다는 사실을 알게 된 때에는 다른 법률의 규정에 불구하고 지체 없이 관할수사기관에 신고하여야 하고, ② 금융기관 등에 종사하는 자는 제1항의 규정에 의하여 신고를 하고자 하거나 신고한 경우 그 사실을 당해 신고에 관련된 금융거래의 상대방 및 그의 관계자에게 누설하여서는 아니 되며, ③ 위 규정에 위반한 자는 2년 이하의 징역 또는 1천만원 이하의 벌금에 처한다(법 제5조).

일반적으로 일반국민들은 물론 범죄의 피해자도 수사기관에 범죄사실을 신고할 의무가 없다. 그러나 본조는 자금세탁방지 대책의 실효성을 제고하고 금융기관 등의 건전성 및 이에 대한 국민의 신뢰를 보호하기 위해서는 금융기관 등의 신고가 필수적인 것으로 보아 이를 의무화하고 신고의무를 이행치 않는 행위를 범죄로 규정한 것이다. 자금세탁범죄는 극히 은밀하게 행해지고 관련자가 비밀을 지키기 때문에 수사기관이 자금세탁범죄의 단서를 확보하기란 매우 곤란하다. 따라서 실효성 있는 자금세탁방지 대책이 되기 위해서는 자금세탁행위를 범죄화하는 것만으로는 부족하고 금융기관 등으로 하여금 수사의 단서가 되는 정보를 제공하게 할 필요가 있다. 또한 금융기관 등의 신고제도는 범죄자에게 심리적 부담감을 주어 금융기관 등의 예금서비스나 결제시스템을 이용하는 것을 회피하게 함으로써 금융시스템의 건전성을 보호하는 데도 기여하게 된다.[15]

제6절 범죄수익 등의 몰수제도

1. 의 의

특정범죄를 근원적으로 근절시키고 이로부터 유래한 재산이 경제시스템 내에 투입되는 것을 막기 위해서는 범죄수익과 관련된 행위를 형사 처벌하는 것으로 부족하고 범죄로 인하여 취득한 모든 경제적 이익을 박탈할 필요가 있다. 그러나 형법상 몰수는 범죄행위로 인하여 생하였거나, 이로 인하여 취득한 물건 또는 그 대가로 취득한 물건만이 몰수가 가능하므로 범죄수익 등을 원천적으로 박탈하기에는 미흡하다.

이런 취지에서 범죄수익은닉규제법은 특정범죄에 의해 취득된 재산이 전환되거나 변형된 경우에도 특정되어 추적이 가능하면 몰수할 수 있도록 규정하고 있다. 다만 범죄수익은닉규제법이 형법에 대해 몰수의 특례를 규정하고 있으나 형법과 마찬가지로 임의적 몰수에 그치고 있으므로 특정범죄와 관련하여 필요적 몰수를 규정하고 있는 개별법[16]이 존재한다면 범죄수익은닉규제법

15) 범죄수익은닉규제 및 처벌 등에 관한 법률해설(법무부, 2002).

16) 형법(제134조), 관세법(제282조), 국제상거래에 있어서의 외국공무원에 대한 뇌물방지법(제5조), 변호사법 (제116조), 상표법(제97조의2), 특경법(제10

보다 우선하여 적용된다. 범죄수익은닉규제법상의 몰수도 부과형의 일종이기 때문에 특정범죄 또는 범죄수익은닉법의 범죄행위에 대해 공소가 제기되고 공소사실에 대해서 유죄가 선고되어야 한다. 다만 책임조각사유(심신상실, 형사미성년자 등)로 무죄가 선고되었을 때에는 몰수만을 선고할 수 있다.

2. 몰수대상 재산

범지수익은닉법은 몰수대상 재산으로 ① 범죄수익, ② 범죄수익에서 유래된 재산, ③ 범죄수익 가장·은닉죄 또는 수수죄의 범죄행위에 관계된 범죄수익 등, ④ 위 범죄행위에 의하여 생긴 재산 또는 그 범죄행위의 보수로서 얻은 재산, ⑤ ③, ④에 의한 재산의 과실 또는 대가로서 얻은 재산 또는 이를 재산의 대가로서 얻은 재산 그 밖에 그 재산의 보유 또는 처분에 의하여 얻은 재산을 규정하고 있다(제8조 제1항). 범죄수익과 범죄수익에서 유래된 재산에 대해서는 앞에서 설명하였으므로 나머지 몰수대상 재산에 대해 살펴본다.

(1) 범죄수익 가장·은닉죄 또는 수수죄의 범죄행위에 관계된 범죄수익

범죄수익 가장·은닉죄 또는 수수죄(이하 '자금세탁범죄'라고 한다)의 범죄행위에 관계된 범죄수익이란 위 범죄의 객체가 되는 범죄수익 등을 의미한다.

대부분 범죄수익이나 범죄수익에서 유래된 재산과 중첩되나 위 범죄행위에 의하여 범죄수익과 혼화된 합법재산이 과연 몰수의 대상이 되는지가 문제된다. 만약 합법재산이 위 범죄의 수단

조), 특가법(제13조), 공무원범죄에 관한 몰수특례법(제3조, 제6조).

으로 범죄행위와 불가분의 관련이 있는 경우 예를 들어 범죄수익 등이 입금되어 있는 계좌에 합법재산을 예치시키고 그 전체를 다른 계좌로 순차적으로 이체시킨 경우 합법재산은 위 은닉행위와 불가분의 관계를 가지고 있으므로 전체금액 모두가 몰수의 대상이 된다고 해석하여야 한다. 그러나 합법재산이 단순히 범죄행위에 이용되는 경우 예를 들어 합법재산이 입금되어 있는 수개의 계좌에 범죄수익만을 순차적으로 이체시키는 경우에는 각 계좌의 합법재산은 몰수의 대상이 되지 않는다. 또한 이러한 합법재산은 형법 제48조 제1항의 물건이 아니기 때문에 형법에 의해서도 몰수할 수 없다.

(2) 자금세탁범죄행위에 의하여 생긴 재산 또는 그 범죄행위의 보수

자금세탁범죄행위에 의하여 생긴 재산 또는 그 범죄행위의 보수란 자금세탁범죄에 의하여 처음으로 생겼거나 범인이 취득한 재산 또는 자금세탁범죄를 행하는 보수로서 범인이 취득한 재산을 의미한다. 이들 재산은 자금세탁범죄로 인한 범죄수익에 상당하는 것이지만 자금세탁범죄에 관계된 범죄수익이 아니므로 별도의 규정을 둔 것이다.

(3) (1), (2)에 의한 재산의 보유·처분에 기하여 취득한 재산

자금세탁범죄에 관계된 재산 또는 자금세탁범죄로 인하여 처음 생긴 재산이나 취득한 재산 및 이에 대한 보수로부터의 과실이나 이를 처분한 대가를 몰수하기 위한 규정이다. 예를 들어 자금세탁범죄의 보수로서 받은 돈을 예금하여 이자가 발생한 경우에는 이러한 이자도 위 규정에 의해 몰수의 대상이 된다. 이러한 재산도 자금세탁범죄로 인한 범죄수익에 상당하는 것이지만 자금세탁범죄에 관계된 범죄수익이 아니므로 별도의 규정을 둔 것이다.

3. 혼화된 재산의 몰수

앞에서 설명한 몰수대상 재산이 몰수재산 이외의 재산과 혼화한 경우에는 어떻게 하여야 하는가?

이에 대해 범죄수익은닉규제법은 범죄수익의 근원적 박탈을 위해 혼화에 의하여 생긴 재산 중 몰수대상재산의 금액 또는 수량에 상당하는 부분을 몰수할 수 있다고 규정하고 있다(제8조 제2항). 문제는 혼화재산 중 몰수대상 재산을 몰수하기 위해서는 몰수가액이나 수량이 특정되어야 하는데, 가액이나 수량의 특정에 대한 기준을 법에서는 특별히 규정하지 아니하고 있다는 것이다. 예를 들면 여러 종류의 밀수품을 정상적인 수입품들과 합하여 매도하고 이에 대한 대금을 받은 경우 각각의 밀수품 가액을 어떤 방식으로 특정할 것인지, 정상적인 예금계좌에 몰수대상재산이 혼화되고 이후 그 일부가 인출된 경우 실제 인출된 금액을 몰수의 대상으로 삼아야 하는지 혹은 남아 있는 잔고를 몰수의 대상으로 삼아야 하는지 등에 관하여 그 기준이 설정되어 있지 아니하다. 이러한 현실은 검사에게 입증책임을 부여하고 있는 형사소송법구조와 결합하여 혼화재산 몰수의 가능성을 낮추는 결과를 야기할 수 있으나, 한편으로는 수사기관의 무리한 특정으로 말미암아 범죄자나 제3자의 재산권을 침해할 우려를 동시에 가지고 있다. 따라서 법원에서는 혼화재산 중 몰수대상재산을 특정할 수 있는 기준을 제시하여야 할 것이다.

법에서는 혼화된 재산에 대해서만 몰수 가능성을 규정하고 있으므로 몰수대상 재산과 합법적인 재산이 결합되어 불가분물(부동산, 주식 등)이 되었을 경우에는 혼화재산으로 몰수할 수 없다고 해석하여야 할 것이다. 다만 앞에서 살펴본 바와 같이 불가분물은 범죄수익에서 유래하는 재산으로 볼 수 있기 때문에 법 제8조 제1항에 의하여 몰수할 수 있을 것이나 재산의 성질로 보아 그 전체를 몰수하기보다는 몰수대상 재산가액만큼 추징하는 것이 바람직하다고 생각한다.

4. 범죄피해재산의 예외

범죄수익은닉규제법은 몰수대상재산이 범죄피해재산[17]인 경우에는 몰수할 수 없음을 규정하고 있다(법 제8조 제3항). 문제는 범죄피해재산에 관한 규정과 제9조 제1항과의 관계를 어떻게 해석할 것인가이다.

결국 몰수할 수 없다는 결론에 이르는 것은 동일하지만 그 논리구조가 상이할 수 있다. 즉 제8조 제3항을 범죄몰수재산의 범위를 한정하는 규정으로 해석한다면 범죄피해재산은 처음부터 몰수대상재산에 포함되지 않는다는 결론에 도달한다. 이러한 해석의 장점은 범죄피해재산을 구성하는 구체적 범죄에 있어 각각이 다른 규정에 의해 몰수가 되지 아니하는 단점을 극복할 수 있다. 예를 들어 절도나 강도의 경우 범죄피해재산 자체가 범죄자에게 귀속되지 아니하므로 제9조 제1항에 의해 몰수가 불가능하고, 사기나 배임, 공갈의 경우 형식적으로 재산이 범인에게 귀속하므로 몰수대상재산에는 해당하나 제8조 제3항에 의하여 몰수할 수 없다고 해석될 수 있다. 그러나 이러한 해석은 형법 제48조의 해석과 충돌할 가능성이 있다. 형법은 범인에게 소유권이 귀속되는 경우 몰수요건에 해당되어 몰수할 수 없다고 규정하고

---

17) 재산에 관한 죄, 특가법 제5조의2 제1항 제1호(재물·재산상 이득 취득 목적 미성년자 약취·유인), 제2항 제1호(미성년자 약취·유인 후 재물·재산상 이익 취득·요구)의 죄, 채무자 회생 및 파산에 관한 법률 제650조(사기파산죄), 제652조(일정한 지위에 있는 자의 사기파산 및 과태파산죄), 제654조(제3자의 사기파산죄)의 범죄행위에 의하여 피해자로부터 취득한 재산 또는 그 재산의 보유·처분에 의하여 얻은 재산을 말한다(범죄수익은닉규제법 제8조 제3항).

있는데, 동일한 범죄에 대해 범죄수익은닉규제법에서는 아예 몰수대상재산에서 이를 제외하는 것은 몰수에 대한 통일적 해석에 반할 수 있다.

다음으로 제8조 제3항을 몰수요건을 충족한 재산의 몰수를 금지하는 특칙으로 해석할 수 있다. 이러한 해석은 형법과의 통일적 해석을 기할 수 있다는 장점이 있으나, 위에서 살펴본 바와 같이 각각의 범죄에 따라 적용규정이 달라질 수 있다는 단점이 있다. 생각건대 제8조 제3항의 입법취지를 원칙적으로 범죄인으로부터 박탈하여야 하는 범죄수익 등에 대하여 피해자가 그 재산에 대하여 정당한 권리를 가지고 있는 경우에 범죄수익을 몰수하는 것은 피해자의 범인에 대한 손해배상청구권 등 사법상 청구권의 실현을 곤란하게 하기 때문에 피해자보호의 관점에서 몰수를 금지한 것[18]으로 새긴다면 형법상 몰수규정과의 통일적 해석을 위해서도 몰수요건을 충족한 몰수대상재산의 몰수를 금지하는 특칙으로 해석하는 것이 타당하다고 할 것이다. 앞으로 판례의 명확한 기준제시가 있기를 바란다.

5. 몰수의 요건

제8조 제1항에 의한 몰수를 하기 위해서는 몰수대상재산 또는 혼화재산이 범인 외의 자에게 귀속되지 아니하거나 범죄 후 범인 이외의 자가 정을 알면서 취득하여야 한다(제9조 제1항).

(1) 범인 외의 자에게 귀속되지 아니할 것

형법 제48조 제1항은 몰수의 요건으로 "범인 이외의 자의 소유에 속하지 아니하거나 … 물건은 … 몰수할 수 있다"라고 규정

18) 범죄수익은닉규제 및 처벌 등에 관한 법률해설(법무부, 2002).

하여 형법상 몰수대상은 물건에 한정된다. 그러나 범죄수익은닉규제법은 재산의 귀속이라는 용어를 사용함으로써 물건뿐 아니라 채권과 무체재산권도 몰수할 수 있음을 천명하고 있다. 범인 이외의 자가 몰수대상 재산을 소유하고 있지 아니하면 족하므로 제3자가 위 재산 위에 담보물권이나 용익물권을 가지고 있더라도 당해 물건을 몰수할 수 있다. 이와 관련하여 제9조 제2항은 지상권·저당권 그 밖의 권리[19]가 그 위에 존재하는 재산을 몰수하는 경우에 범인 이외의 자가 범죄 전에 그 권리를 취득한때 또는 범죄 후 그 정을 알지 못하고 그 권리를 취득한 때에는 그 권리를 존속시킨다고 규정하여 선의의 제3자를 보호하고 있다. 제9조 제2항에 의해 범죄 전에 권리를 취득하기만 하면 선의의 제3자로 보호되므로 권리를 취득한 후에 범죄행위를 알게 되었다 하더라도 선의의 제3자로 보호되어야 한다. 범인에는 공범도 당연히 포함되므로 몰수대상물건이 공범에게 귀속된 경우도 몰수할 수 있다.

(2) 범인 외의 자가 정을 알고 취득한 경우[20]

원칙적으로 범인 이외의 자에게 귀속되는 재산은 몰수할 수 없으나 제3자가 범죄 후 그 정을 알고 취득한 몰수대상재산 또는 혼화재산은 몰수할 수 있다. 이는 이들 재산을 취득한 제3자에 대한 제재와 동시에 범죄수익을 철저히 추적·박탈하기 위한 것이다. 정을 알고 취득한다고 함은 취득 당시에 그 재산이 제8조 제1항 각호에 해당하는 사실을 알면서 취득하는 것을 말한다. 다만 이 경우에도 법 제4조 단서에 해당하는 경우에는 몰수를 할 수 없도록 하였는바 이는 법령상의 의무이행을 확보함과 동

19) 대항력 있는 임차권, 부동산에 대한 가등기 권리, 채권에 대한 상계권 등이 이에 해당한다.

20) 범죄수익은닉규제 및 처벌 등에 관한 법률해설(법무부, 2002).

시에 거래안전을 보호하려는 제4조 단서의 취지를 몰수에 있어서도 동일하게 적용하여 범죄수익 등 수수죄의 성립범위와 몰수의 가능범위가 일치하도록 하기 위한 것이다.

제7절 범죄수익 등의 추징제도

1. 의 의

추징은 몰수 대상물의 전부 또는 일부가 몰수하기 불가능한 때에 몰수에 갈음하여 그 가액 상당의 납부를 명하는 부수처분이다.[21] 추징은 이와 같이 몰수에 갈음하는 환형처분으로서 부정이익의 박탈이 그 주목적이라고 할 수 있다. 그런 의미에서 추징은 형은 아니나 실질적인 의미에서 형에 준하여 평가하여야 한다.[22]

범죄수익은닉규제법에서는 형법상의 추징과 달리 몰수할 재산을 몰수할 수 없는 경우뿐만 아니라 그 재산의 성질, 사용상황, 그 재산에 관한 범인 외의 자의 권리유무, 그 밖의 사정으로 몰수함이 상당하지 아니하다고 인정될 때에는 가액을 범인으로부터 추징할 수 있도록 규정하고 있다(법 제10조). 위와 같이 추징의 요건을 확대하고 있는 것은 범죄수익은닉규제법상의 몰수가 물건 이외의 재산에 대해서도 가능하여 몰수에 있어 고려하여야 할 요소가 많기 때문이다.

즉 몰수하여야 할 권리가 일신전속적인 경우, 권리관계가 복잡한 재산의 경우, 국가에 의한 관리가 적합하지 아니한 경우,

21) 형사판결서작성실무(사법연수원, 2008).
22) 4294형상572.

몰수대상재산이 범인 및 가족의 생계유지에 특히 중요하고 몰수에 갈음하여 그 가액에 상당하는 금전의 납부를 명하는 것이 상당한 경우가 발생할 수 있으므로 이러한 경우에는 법관에게 몰수나 추징에 대한 선택권을 부여하는 것이 구체적인 경우 정의의 관념에 적합할 수 있다.

2. 추징의 요건

(1) 재산을 몰수할 수 없는 때

몰수대상 재산을 몰수할 수 없는 때라 함은 몰수의 요건을 구비하고 있으나 사실상·법률상의 장애로 말미암아 몰수할 수 없는 경우를 말한다. 그 장애사유는 판결 당시에 재산이 멸실되었거나, 소재가 불분명하여 사실상 몰수할 수 없는 경우 또는 선의의 제3자에게 양도되어 법률상 몰수할 수 없는 경우 등이다. 제10조 제2항은 제8조 제3항과 같이 제8조 제1항의 재산이 범죄피해재산인 경우에는 그 가액을 추징할 수 없다고 규정하고 있다.

(2) 몰수하는 것이 상당하다고 인정되는 않는 때[23]

그 재산의 성질, 그 사용상황, 그 재산에 관한 범인 외의 자의 권리유무 기타의 사정으로 이를 몰수하는 것이 상당하지 않다고 인정되는 때라 함은 재산의 몰수가 불가능한 것은 아니지만 제반사정을 고려할 때 몰수함이 상당하지 않다고 인정되는 경우를 말한다.

형법 제48조 제2항은 몰수대상인 물건의 몰수가 불능인 때에만 가액을 추징하도록 규정하고 있으나 본조는 재산의 몰수가 가능하더라도 특별한 사정으로 인하여 몰수함이 상당하지 아니하

---

23) 범죄수익은닉규제 및 처벌 등에 관한 법률해설(법무부, 2002).

다고 인정되는 경우에도 법관의 재량에 의하여 추징으로의 전환을 인정한 것이다. ① 재산의 성질이라 함은 그 재산의 객관적 성질을 말한다. 예컨대 특허권 등 무체재산권이나 임차권 등은 국가에 의한 관리가 곤란하여 몰수가 상당하지 않는 경우가 있을 수 있다. ② 사용상황이라 함은 당해 재산의 현재 사용상황을 말하며, 예컨대 부동산인 몰수대상재산이 임대되어 제3자가 이를 점유하고 있는 경우에는 그 부동산을 몰수하는 것보다는 범인의 다른 재산으로부터 추징을 하는 것이 상당할 것이다. ③ 그 재산에 관한 범인 외의 자의 권리유무라 함은 몰수대상재산에 대한 저당권 등과 같은 제3자의 권리 유무를 말하고 예컨대 선의의 제3자의 저당권이 설정되어 있어 그것이 실행된 경우에 잉여금이 예상되지 않는 경우에는 일반적으로 몰수는 상당하지 않다고 할 것이다.

3. 추징의 방법 등

추징은 범인에게서 하여야 한다. 문제는 공범이 있는 경우 각 공범자에게 어떤 방식으로 추징할 것인가이다.

판례(99도5294, 94도268, 93도2056 등)는 "형법상 수뢰죄에 있어 수인이 공모하여 뇌물을 수수하였을 경우 각자가 실제로 수수 또는 분배받은 금품을 몰수하거나 몰수할 수 없는 경우에는 그 가액을 개별적으로 추징할 것이며 수수한 금품을 개별적으로 알 수 없는 경우에는 평등하게 몰수·추징할 것이고 전원으로부터 몰수·추징할 수는 없다"고 판시하고 있다.

이에 반해 관세법, 마약류관리에 관한 법률, 외국환거래법, 특정경제범죄가중처벌 등에 관한 법률 등은 필요적 몰수, 추징규정을 두고 있는바 각 법률의 몰수·추징규정에 대해 판례[24]는

24) 2007도8041, 2001도5158, 95도2002(전원합의체) 판결 등 참조.

"형법상의 그것과 달리 법위반자에 대한 징벌적 제재이므로 피고인들 각자에게 전액의 추징을 명하여야 한다"고 판시하면서 그 의미에 대해 "공범자 중 어떤 자가 전부 납부한 때는 모든 범칙자에 대한 추징이 면제되지만 전부 납부되지 아니한 때에는 각 범칙자가 추징에 복종하여야 한다는 뜻이다"라고 하고 있다.

그럼 과연 범죄수익은닉규제법상의 몰수·추징은 징벌적 성격을 띠고 있는 것일까? 이에 대한 명확한 판례는 아직 찾아볼 수 없다. 관세법의 공동연대 추징의 경우와 같이 소지하고 있는 것 자체로 몰수나 추징의 대상이 되거나, 추징대상자를 포괄적으로 별도 규정하고 있지 않는 이상 이를 징벌적 성격으로 보아 공동연대 책임을 지울 수는 없을 것이다. 더군다나 징벌적 성격을 가지고 있다면 그 집행여부에 대해 법원에 재량권을 주어서는 아니 된다. 어떠한 형벌에 대해서도 법원에게 완전한 재량권을 부여하는 경우는 없기 때문이다.

다음으로 추징가액의 산정시기를 언제로 할 것인가가 문제된다. 관세법 제282조 제3항은 "범칙 당시의 국내 도매가격에 상당하는 금액"이라고 하여 범행시를 기준으로 하고 있다. 범죄수익은닉규제법에는 이러한 특칙이 존재하지 아니하므로 판례(91도352)[25]의 태도와 같이 재판선고시의 가격을 기준으로 추징액을 결정하여야 한다.

---

25) 몰수의 취지가 범죄에 의한 이득의 박탈을 그 목적으로 하는 것이고 추징도 이러한 몰수의 취지를 관철하기 위한 것이라는 점을 고려하면 몰수하기 불능한 때에 추징하여야 할 가액은 범인이 그 물건을 보유하고 있다가 몰수의 선고를 받았더라면 잃었을 이득상당액을 의미한다고 보아야 할 것이므로 그 가액산정은 재판선고시의 가격을 기준으로 하여야 할 것이다.

제 7 장

'정보 비대칭성 해소'는 기업범죄 해결의 첩경

현대사회에서의 거래는 '정보'를 기초로 이루어진다.

그런데 문제는 거래 당사자들이 고려하고 분석해야 할 정보의 양은 급증하는 반면, 실제 거래를 결정짓는 정보를 획득하기는 점점 더 어려워진다는 것이다.

우리 경제체제를 유지하고 발전시키기 위해서는 거래에 중대한 영향을 주는 정보를 공개시키는 강제적 시스템이 확립되어야 한다.

사법기관 역시 이러한 경향을 반영하여 법률을 해석하여야 한다는 점에는 이론의 여지가 없다.

제1절 대출사기에 있어서 인과관계

1. 대출사기에 있어 기망행위의 태양

회계장부상의 실적에 의해 재무상태가 불량하게 되면 기업의 입장에서는 자금조달이 어려워지게 된다. 따라서 필요자금을 금융기관으로부터 대출받기 위해 재무제표 등을 허위로 작성하여 금융기관으로부터 자금을 대출받는 경우가 있다. 또한 자금대출 시에 금융기관이 요구하는 사업계획서에 아직 계획단계인 사업이 시행 준이거나 수익창출이 불확실함에도 이미 이익이 현실화되고 있다는 내용을 기재함으로써 금융기관을 기망하는 경우가 있다.

이러한 공식적인 서류 등에 허위의 사실을 기재함과 동시에 가장납입으로 자본금 등이 충분하다는 의견을 피력하거나 자신의 재력을 과시하여 기업의 재산상황과 지불능력에 대하여 금융기관을 기망하는 방법이 흔히 관찰된다.

2. 기망과 착오, 재산적 처분행위 사이에 인과관계를 부정한 사례(2000도1155)

(1) 사실관계

피고인은 경기은행에 대한 대출금채무 중 50억원 및 기타 타인에 대한 채무 약 30억원을 변제기 안에 변제하지 못하고 있었고, 보유하고 있던 중기들도 제3자에게 허위양도하고 더 이상 중기임대사업을 경영하지 않고 있어 위 은행으로부터 추가로 대출을 받더라도 이를 변제할 의사나 능력이 없음에도 불구하고, 1998.5. 중순 “중기 12대를 보유하고 있고 피고인이 경영하는 중기회사는

1996년 매출액 17억 4,700만원을 올렸으며, 인천공항, 송도신도시, 인천지하철공사 등으로 동 업종의 현황이 양호하다"는 내용의 사업계획서를 위 은행에 제출함으로써 마치 피고인이 여전히 위 중기회사를 경영하고 있는 것으로 가장하여, 위 중기회사의 운영자금 명목으로 20억원의 대출을 신청하여 15억원을 대출받았다.

(2) 원심판단

피고인은 보유하고 있던 유일한 재산인 중기에 대하여도 강제집행을 면탈할 목적으로 허위채무를 부담하거나 허위양도를 한 후 더 이상 중기임대사업을 하지 않고 있음에도 중기 12대를 보유하고 있고 인천공항공사 등으로 동 업종의 현황이 양호하다는 허위 내용의 사업계획서를 작성하여 위 은행에 제출하면서 20억원의 대출을 신청하고 이에 속은 은행장이 대출을 지시함으로써 위 은행으로부터 15억원을 대출받은 사실을 인정할 수 있고 위 인정사실에 의하면 피고인으로서는 자금사정이 어려워 변제기에 대출금을 변제하지 못할 수도 있음을 알고서 허위 내용의 사업계획서를 작성하여 은행장을 속여서 대출받았다 할 것이고, 은행장이 위 사업계획서의 내용이 허위의 사실이라는 사실을 알았더라면 대출하여 주지 아니하였으리라는 사정이 엿보이므로 피고인에 대하여 편취의 범의를 충분히 인정할 수 있다고 판시하였다.

(3) 대법원의 판단

이 사건 대출신청 당시 위 중기회사는 이미 부실징후가 큰 기업으로 만약 경기은행이 피고인에게 대출을 하게 되면 부실채권으로 될 것임을 쉽게 예상되어 영업부에서는 절대로 신규여신을 하여서는 아니 된다는 의견을 올렸음에도 불구하고, 은행장이 영업부장에게 빨리 여신신청서를 올리라는 지시에 마지못해 "본건 신청대로 품의합니다"라고 기재하여 결재를 올렸으며, 은행장은 피고인이 IMF 외환위기 이후 사업운영상 사정이 어렵다고 하면서 20억원 정도의 신용융자를 부탁하기에 다른 업체와 비교하여 융자신청액이 적고 담보력도 상대적으로 괜찮은 편이며 피고인이 위 은행주식을 16만주 이상 보유하고 있는데다가 그 동안의 거래관행 등으로 보아 15억원 정도는 신용으로 대출해 주어도 고객관리 차원에서 괜찮겠다고 생각되어, 피고인에게 곧바로 대출서류를 구비하여 제출하라고 하였고 피고인의 사업계획서에 속아서 한 것은 아니라고 진술하고 있어 피고인의 사업계획서 내용에 속아서 대출을 하였다고 보기 어렵고, 일반 사인이나 회사가 금원을 대여한 경우와는 달리 전문적으로 대출을 취급하면서 차용인에 대한 체계적인 신용조사를 행하는 금융기관이 금원을 대출한 경우에는, 비록 대출신청 당시 차용인에게 변제기 안에 대출금을 변제할 능력이 없었고, 금융기관으로서는 신용조사결과에 관계없이 "변제기 안에 대출금을 변제하겠다"는 취지의 차용인 말만을 그대로 믿고 대출하였다고 하더라도, 차용인의 이러한 기망행위와 금융기관의 대출행위 사이에 인과관계를 인정할 수 없다고 판시하였다.

3. 기망과 착오, 재산적 처분행위 사이에 인과관계를 인정한 사례

(1) 2006도1813

주식회사의 외부감사에 관한 법률은 위 법 제2조에서 정한 주식회사는 제13조 제1항에 의한 회계처리기준에 따라 재무제표를 작성하여야 한다고 하면서(제13조 제3항), 위 회계처리기준을 위반하여 허위의 재무제표를 작성·공시하는 행위를 각종 행정제재 및 형사처벌 대상으로 삼고 있는바, 위 법 제2조에서 정한 주식회사의 여신 신청을 심사하는 금융기관으로서는 특별한 사정이 없는 한 그 회사의 특정 회계연도 재무제표는 당해 회계연도에 적용되는 회계처리기준에 따라 작성된 것으로 신뢰하게 될 것이다. 따라서 주식회사가 위 법률의 회계처리기준이 개정되었으나 그 부칙 조항에 따라 아직 개정 전 회계처리기준이 적용되어야 하는 회계연도 재무제표를 작성함에 있어 개정 전 회계처리기준에 의할 경우 당기 순손실이 나타나는 것을 숨기기 위하여 아직 적용시기가 도래하지 않은 개정 회계처리기준을 미리 적용하는 방법으로 당기 순이익이 발생한 것으로 처리된 재무제표를 작성하면서도, 이를 분명하게 주석 처리하는 등의 방법으로 명시하지 아니하고, 이와 같이 편법을 사용하여 작성된 재무제표를 금융기관에 제출하게 되면 금융기관으로서는 원래 해당 회계연도에 적용되는 개정 전 회계처리기준에 의하여 위 재무제표가 작성되었고 그 결과 당기 순이익이 발생한 것으로 잘못 인식할 수 있는바, 이는 해당 회계연도의 회사 재무상황에 대하여 금융기관의 착오를 일으키는 것이어서 기망행위에 해당한다. 이는 개정 회계처리기준이 회계기법상 기업의 재무상황을 상대적으로 더 정확하게 반영하는 내용으로 개선된 경우라고 하여 달리 볼 수는 없고, 위와 같은 행위 이후에 개정 회계처리기준이 실제 시행되었다고 하더라도 이는 형법 제1조 제2항이 적용되는 범죄 후 법률이 변경된 경우에 해당하지 않는다.

개정 전의 회계처리기준에 따라야 할 재무제표를 개정 후의 회계처리기준에 따라 작성 제출함으로 인하여 금융기관이 개정 전 회계처리기준에 따라 회사에 해당 회계연도 당기 순이익이 발생한 것으로 믿고 이로 인하여 여신을 결정한 것이고, 만약 개정 전 회계처리기준에 따라 재무제표가 작성되었다면 당기 순손실이 나타날 것인데 이를 숨기기 위해서 위와 같은 방법으로 재무제표를 작성하였다는 사실을 금융기관이 여신심사 당시 알았다면 당해 여신이 불가능하거나 곤란하였다고 볼 사정이 인정된다면, 회사의 변제의사나 변제능력, 담보제공 여부와는 무관하게 부실 재무제표 제출로 인한 기망행위와 여신결정 사이의 인과관계는 인정되는 것이며, 금융기관이 제출된 재무제표를 면밀히 분석해 보았다면 위와 같은 회계처리를 알 수 있었을 것이라고 하여 달리 볼 것은 아니다. 또 금융기관의 통상적인 여신처리기준에 의하면, 적자 상태인 당해 기업에 대한 여신이 가능했을 수도 있다고 하더라도 이로 인하여 획일적으로 부실 재무제표 제출로 인한 기망행위와 여신결정 사이의 인과관계가 단절된다고 볼 수는 없고, 기업이 적자 상태를 숨기기 위하여 흑자 상황인 것처럼 작성한 재무제표를 제출하였다는 사실이 발각될 경우 초래될 수 있는 신뢰성 평가에 있어서의 부정적인 영향까지 적절하게 고려·평가하여 인과관계 단절 여부를 살펴보아야 한다.

(2) 2000도1447

원심판결 이유에 의하면, 원심은 공소외 주식회사가 1996년도에 금 34억 원, 1997년도에 금 50억 원 정도의 손실(1997년 말 누적된 손실액의 합계 금 200억 원)을 보았음에도 피고인이 위 공소외 회사의 경리이사를 통하여 1995년에 금 920,452,438원, 1996년에 금 1,659,044,044원, 1997년에 금 2,439,634,216원의 이익이 발생한 것처럼 이른바 분식결산서를 작성한 사실, 당해 회계연도의 결산이 적자인 경우 다음해에 관급공사를 수주하거나 금융기관으로부터 대출을 받는 것이 어려워지게 되므로 피고인은 영업자금의 대출을 받기 위하여 위와 같이 회사의 재무상태를 분식하기에 이른 사실, 피고인은 동남은행에 대출신청을 함에 있어 위 각 허위작성된 결산서 등과 이를 토대로 허위내용이 포함된 1998년도의 예상신규수주액, 공사대금계획 등을 제시하였는바, 동남은행은 자체적으로 공소외 회사의 신용도, 사업전망, 상환가능성 등을 조사·검토한 다음 기존의 기업체종합평가표, 정밀신용조사서 등을 참작한 끝에 자금지원을 하기로 결정하였고, 그 상환을 담보하기 위하여 피고인을 비롯한 공소외 회사의 개인 주주로부터 주식 및 경영권포기각서 등을 징구하는 등의 조치를 취하였으며, 그 과정에서 직원을 파견하여 공소외 회사의 자금 입출금을 관리·감독하게 하고 그 상황을 보고하게 한 사실은 인정되나, 이러한 기업체종합평가표, 정밀신용조사서를 비롯하여 공소외 회사의 신용도, 상환가능성 등에 대한 동남은행의 조사는 어느 것이나 공소외 회사가 제시한 위 1996년도 결산서, 1997년도 가결산서와 자금수지계획서 등을 토대로 한 것이어서 위 결산서 등이 허위의 것인 이상 이를 기초로 한 신용도 및 상환가능성 등에 대한 판단 역시 잘못된 것일 수밖에 없었던 사실을 각 인정한 다음, 피고인이 분식결산을 통하여 동남은행으로부터 대출금을 교부받은 행위가 사기죄에 해당한다고 판단하였는바, 기록에 비추어 살펴보면, 원심의 위와 같은 인정 및 판단은 정당한 것으로 수긍이 가고, 한편 기록에 의하여 인정되는 이 사건 대출 당시의 공소외 회사의 재무구조와 경영상태 등에 비추어 보면, 피고인에게 변제의 의사와 능력이 있었다고 보기도 어렵다.

4. 인과관계에 대한 판례태도 분석

판례는 기망행위와 착오, 재산적 처분행위의 인과관계를 엄격하게 해석하고 있다. 판례의 이러한 태도와 특경법 제3조 제1항의 형식이 미수범 처벌을 예정하고 있지 않는 점을 합하여 고려하면 실무상 특경법상의 사기죄가 성립하기가 더욱 어려워진다.

즉 판례는 ㉠ 기업의 대표이사 등이 허위의 재무제표나 사업계획서를 금융기관에 제출하고, ㉡ 금융기관은 이러한 자료에 기초하여 대출여부를 심사하여야 하며, ㉢ 금융기관이 자체적인 대출심사에도 불구하고 허위의 자료에 속아 ㉣ 대출을 해줌으로써, ㉤ 대출금을 취득하여야 사기죄가 성립한다고 판시하고 있다. 따라서 ① 금융기관이 허위의 재무제표 등에도 불구하고 자체심사 결과 대출 희망자의 자산상태가 부실하다는 점을 인식하고도 대출을 감행하거나, ② 내부규정에 따른 소정의 대출심사를 게을리하여 대출을 해준 경우 판례의 태도에 따르면 특경법상의 사기죄로 처벌할 수 없다는 결론에 이르게 된다.

인과관계가 부정되어 사기죄가 성립하지 아니하는 ①의 경우에는 대출을 해준 금융기관의 대표자나 실무자를 업무상 배임죄로 처벌할 수 있는 가능성이 있다. 하지만 ②의 경우 내부징계 사유는 될 수 있을지언정 대출심사에 관계한 자를 업무상 배임죄로 처벌하기에는 무리가 따른다. 따라서 ②의 경우에는 부정한 방법에 의한 대출로 사회적 신용질서가 파괴되었음에도 불구하고 이를 처벌할 수 없다는 결론에 이르게 된다. 따라서 독일 형법과 같이 신용질서를 해하는 부정한 대출신청 행위 그 자체를 처벌하는 '신용사기죄'를 새로이 규정하는 등의 해결책을 모색하여야 할 때가 도래한 것으로 판단된다.

제2절 허위광고에 대한 기업의 형사책임

1. 의 의

현대사회에 있어 기업이 자신의 상품 또는 용역을 소비자에게 알려 이를 구매하도록 하는 가장 보편적인 방법이 광고[1]이

1) 표시광고법상의 표시 및 광고에 대한 정의는 다음과 같다.

표시광고법 제2조(정의) 이 법에서 사용하는 용어의 정의는 다음과 같다.

1. "표시"라 함은 사업자 또는 사업자단체(이하 "사업자 등"이라 한다)가 상품 또는 용역(이하 "상품 등"이라 한다)에 관한 다음 각 목의 어느 하나에 해당하는 사항을 소비자에게 알리기 위하여 상품의 용기·포장(첨부물 및 내용물을 포함한다), 사업장 등의 게시물 또는 상품권·회원권·분양권 등 상품 등에 관한 권리를 나타내는 증서에 쓰거나

다. 광고는 소비자에게 기업이 생산한 제품(상품 또는 용역)에 대한 정보를 제공하여 합리적인 선택을 할 수 있도록 하는 순기능을 가지고 있으나, 다른 한편으로 제품에 대한 정보를 과장하거나 허위의 사실을 알려 소비자의 구매의욕을 높이는 경우에는 시장의 공정한 경쟁을 해치고, 소지자의 판단을 오도하여 피해를 입히게 되는 역기능을 가지고 있다.

기업의 입장에서는 광고를 통해 소비자를 유인하여야 하기 때문에 경쟁사업자의 제품보다 자신들의 제품이 우월하다는 사실을 알리기 위해 제품의 성능 및 가격 등을 과장하는 등의 부당한 광고의 유혹을 뿌리치기 쉽지 않다. 그러나 이러한 부당한 광고는 십중팔구 경쟁기업체의 저항에 직면하게 되고 양측 모두 막대한 액수의 마케팅 비용을 지출하게 하여 기업의 재무구조에 악영향을 미치게 되며, 사실관계의 진위를 떠나 종국적으로는 양측의 사회적 평판과 신용에 돌이킬 수 없는 상처를 남기기도 한다. 따라서 소비자와 기업 모두를 위해 부당한 광고는 근절되어야 한다.

이러한 맥락에서 그간 공정거래법상의 불공정거래행위의 일부로 규정되어 있던 부당한 표시·광고의 규정을 삭제하고 중요사항의 공개를 위한 고시제도, 광고실증제도, 임시중지명령제도 등을 주요내용으로 하는 「표시·광고의 공정화에 관한 법률」(이하 '표시광고법'이라 한다)이 제정되어 1997년부터 시행되어 오고

붙인 문자·도형 및 상품의 특성을 나타내는 용기·포장을 말한다.
가. 자기 또는 다른 사업자 등에 관한 사항
나. 자기 또는 다른 사업자 등의 상품 등의 내용·거래조건 기타 그 거래에 관한 사항

2. "광고"라 함은 사업자 등이 상품 등에 관한 제1호 각 목의 어느 하나에 해당하는 사항을 「신문 등의 자유와 기능보장에 관한 법률」 제2조 제1호의 규정에 의한 정기간행물, 동조 제5호의 규정에 의한 인터넷신문, 「방송법」 제2조 제1호의 규정에 의한 방송, 「전기통신기본법」 제2조 제1호의 규정에 의한 전기통신, 그 밖에 대통령령이 정하는 방법으로 소비자에게 널리 알리거나 제시하는 것을 말한다.

있다. 더불어 특정업종 및 특정거래형태에 있어서 부당한 광고를 규제하기 위하여 식품위생법, 약사법, 의료법, 담배사업법 등에도 부당한 광고를 규제하는 규정을 두고 있다.

아래에서는 먼저 광고규제의 대표적인 법률인 표시광고법상의 부당한 광고의 의미와 이에 대한 형사적 책임의 내용을 살펴보고 그 다음으로 부당한 광고는 형법상의 범죄를 구성할 수 있는바 이에 대해서도 논하도록 하겠다. 기업의 광고활동은 우리 헌법상의 영업의 자유의 한 내용이 되고 광고표현은 표현의 자유의 한 측면을 이루고 있기 때문에 광고의 규제는 헌법상의 기본권 제한의 원칙들을 준수하는 한계 내에서 이루어져야 하고, 광고의 이중적 성격(제품에 대한 정보의 제공과 소비의 유인)이 상호 충돌하지 않고 보완된 가운데 상승효과를 발휘할 수 있도록 각종 규정들을 해석하고 적용하여야 할 것이다.

2. 표시광고법상의 부당한 광고의 의미

표시광고법상의 부당한 표시·광고란 사업자 등이 소비자를 속이거나 소비자로 하여금 잘못 알게 할 우려가 있는 표시·광고행위로서 공정한 거래질서를 저해할 우려가 있는 ① 허위·과장광고, ② 기만적 광고, ③ 부당하게 비교하는 광고, ④ 비방적인 광고를 의미한다(표시광고법 제3조 제1항).[2)]

---

2) 위반유형별 시정실적(공정거래위원회 통계자료)

(단위: 건)

	허위과장 광고	기만광고	부당비교 광고	비방광고	중요부분 고시위반	기 타	합 계
2004	266	45	7	5	101	12	436
2005	288	5	5	4	211	0	513
2006	303	13	5	4	98	2	425
2007	215	8	8	6	67	0	304
2008	281	11	6	6	23	0	327

(1) 사업자 등의 의미

사업자란 공정거래법 제2조 제1호의 규정에 의한 사업자를 말하고 사업자단체란 공정거래법 제2조 제4호의 규정에 의한 사업자단체를 말한다(표시광고법 제2조). 사업자 등의 의미와 관련하여 최근 사이버몰 운영자가 광고행위의 주체인 사업자에 해당하는가에 대한 문제가 제기되었다.

이에 판례(2003두8296)는 "사이버몰 운영자가 입점업체의 광고행위에 대하여 입점업체와 공동으로 또는 입점업체와 독립하여 광고행위의 주체로서 행정적 책임을 지는지 여부는 ① 사이버몰 운영자와 입점업체 사이의 거래약정의 내용, ② 사이버몰 운영자의 사이버몰 이용약관의 내용, ③ 문제된 광고에 관하여 사이버몰 운영자와 입점업체가 수행한 역할과 관여 정도, ④ 광고의 구체적 내용은 물론 광고행위의 주체에 대한 소비자의 오인가능성 등을 종합하여 구체적 · 개별적으로 판단하여야 한다"고 판시하면서 이른바 입주형몰에서 공동구매형식의 통신판매 광고를 한 경우 사이버몰 운영자의 광고행위 주체성을 부인하였다.

광고주체도 오인가능성의 판단과 같이 소비자를 기준으로 하여야 한다는 견해가 있을 수 있으나, 이는 소비자주의(Consumerim)에 경도된 주장이라고 아니 할 수 없다. 표시광고법상의 부당광고행위에 대해서 사업자는 시정조치이행책임 및 손해배상책임과 같은 행정상, 민사상 책임을 이행하여야 함은 물론 형사적 책임도 져야 하고, 형사적 책임에 있어 표시광고법상의 부당광고규제 규정 자체가 구성요건이 된다.

형사상 그 어떤 범죄도 피해자 내지 이해관계자의 주관적인 인식에 따라 범죄행위주체가 변경되는 경우는 존재하지 않는다. 따라서 부당광고의 형사적 책임범위가 죄형법정주의의 요청에 충실하기 위해서는 실질적 기준으로 광고주체를 판단하여야 한다. 즉 원칙적으로 광고를 제품판매에 이용하기 위하여 게재한 자만이 광고주체가 되어야 하며, 예외적으로 사안에서와 같이 제품판매의 이익을 공유하는 경우, 광고제작 및 배포에 실질적으로 참여한 자는 공동정범으로, 광고의 부당성을 알고 있었음에도 이의 게재를 의도적으로 방치한 경우에는 방조범으로 광고주체와 함께 처벌할 수 있을 뿐이라고 해석하여야 할 것이다.

이러한 관점에서 판례가 그 실질적 측면을 고려하여 광고주체를 판단하는 기준을 제시한 것은 타당하다고 할 수 있으나 그 구체적 기준의 하나로 광고주체에 대한 소비자의 오인가능성을 들고 있는 것은 문제가 있다고 생각한다. 이렇게 해석하는 경우 통신판매업자와 통신판매중개업자를 준별하면서 일정한 경우 통신판매업자를 주채무자로 하여 통신판매중개업자에게 민사상 연대배상 책임을 지우고 있는 「전자상거래 등에서의 소비자 보호에 관한 법률」(이하 '전자상거래법'이라고 한다)[3]과 해석의 통일성을 유지할 수 없기 때문이다.

(2) 소비자의 의미

표시광고법에 의하면 소비자를 속이거나 소비자로 하여금 잘못 알게 할 우려가 있는 표시광고는 부당광고로 규제의 대상이

---

3) 전자상거래법 제2조(정의) 이 법에서 사용하는 용어의 정의는 다음과 같다.
3. "통신판매업자"라 함은 통신판매를 업으로 하는 자 또는 그와의 약정에 따라 통신판매업무를 수행하는 자를 말한다.
4. "통신판매중개"라 함은 사이버몰(컴퓨터 등과 정보통신설비를 이용하여 재화 등을 거래할 수 있도록 설정된 가상의 영업장을 말한다. 이하 같다)의 이용을 허락하거나 그 밖에 총리령이 정하는 방법에 의하여 거래 당사자간의 통신판매를 알선하는 행위를 말한다.

전자상거래법 제20조(통신판매중개자의 책임)
① 통신판매중개자가 재화 등을 판매함에 있어서 책임이 없다는 사실을 약정하지 아니하거나 미리 고지하지 아니하고 통신판매의 중개를 한 경우에는 당해 통신판매와 관련하여 통신판매의 중개를 의뢰한 자의 고의 또는 과실로 소비자에게 발생한 재산상의 손해에 대하여 그 통신판매중개자는 중개를 의뢰한 자와 연대하여 배상할 책임을 진다.

된다. 상품의 다양성만큼이나 소비자의 수준도 다양하다. 따라서 위 규정을 적용함에 있어 어떠한 수준의 소비자들[4]이 오인가능성이 있을 때 부당광고로 인정할 것이냐의 문제가 발생한다.

판례(2002두6965, 2003두2008, 2008두6646 등)는 "광고가 소비자를 속이거나 소비자로 하여금 잘못 알게 할 우려가 있는지는 보통의 주의력을 가진 일반 소비자가 당해 광고를 받아들이는 전체적·궁극적 인상을 기준으로 하여 객관적으로 판단되어야 한다"고 판시하고 있다. 또한 판례(2003두806)는 "어느 광고가 특정 소비자를 대상으로 하는 경우에는 그 오인성 여부는 보통의 주의력을 가진 특정 소비자[5]가 그 광고를 받아들이는 전체적인 인상을 기준으로 판단하여야 한다"고 판시하였다. 그러나 판례는 판례상의 '보통의 주의력을 가진 소비자'가 어떤 의미인지를 설시하고 있지는 아니하다. 생각건대 보통의 주의력을 가진 소비자란 비교적 높은 지적 수준을 가지고 상품선택에 있어 공개된 모든 정보를 비교분석하여 최선의 선택을 하는 이른바 합리적 소비자가 아니라 평균적인 지적 수준 내지 이보다 낮은 지적수준을 가지고 광고의 내용에 쉽게 감흥하는 다소 즉흥적인 보통의 주의력을 가지는 소비자라고 새기는 것이 타당할 것이다. 왜냐하면 현대의 소비자들은 수많은 전문지식이 결집된 제품들을 다양하게 소비하고 있으며, 광고의 형태도 소비자에게 제품에 대한 정보를 충실히 전달하기보다는 소비자의 감정에 호소하는 감각적

4) 독일 판례는 소비자의 수준이 아니라 비율에 의하여 판단하고 있다. 즉 대상 거래권 주민의 10~15% 정도에 대한 오인야기도 독일공정거래법(UWG) 제3조에 해당한다고 판단하고 있다. 분명 이러한 태도는 불명확한 개념인 소비자 수준에 의한 기준설정 방법보다는 객관성을 담보할 수 있으나 실증적인 조사를 어떤 식으로 구현하여야 하는가 하는 또다른 문제에 봉착하게 된다.

5) 따라서 유아, 노약자, 불치병자 등과 같은 특별한 계층을 대상으로 삼는 경우에는 그러한 계층의 평균적인 소비자들을 기준으로 하여야 할 것이다.

인 광고가 대다수를 이루기 때문이다.

그러나 한 가지 짚고 넘어가야 하는 부분이 있다. 보통의 주의력을 가진 소비자의 의미를 위와 같이 새겨 소비자보호의 범위를 확장한다 하더라도 기업은 광고에 의해 야기되는 모든 가능한 오해에 대하여 책임을 질 필요가 없으며 무의미하고 대표적이지 않은 계층의 사람들이 비정상적으로 오인에 이르게 된다 하더라도 이에 대해 책임을 질 필요가 없다. 소비자들도 정보의 비대칭성에도 불구하고 자신의 책임하에 소비의 선택을 하는 위험을 일정부분 부담하여야 하기 때문이다.

(3) 소비자의 구매의사결정에 대하여 영향을 미치는 사실의 존재

표시광고법에는 구체적으로 규정되어 있지 아니하나 부당한 표시광고 즉 소비자를 속이거나 잘못 알게 할 광고가 되기 위해서는 그러한 광고가 소비자의 구매의사 결정에 영향을 미쳐야 한다.[6)]

소비자의 구매의사 결정에 아무런 영향을 미칠 수 없는 부

---

6) FTC(Federal Trade Commission)의 정책지침서(FTC Policy Statement on Deception)에서는 미연방거래위원회법(FTC Act) 제5조의 기만적인 행위의 의미를 설명하면서 기만적이기 위해서는 표현, 생략 또는 관행이 소비자의 구매의사결정에 실질적인 요소가 되어야 한다고 하고 있다. 또한 오인을 야기할 수 있는 광고에 대한 EU지침(The Misleading Advertising Directive)에 따르면 오인야기적 광고란 소비자를 기만하거나 기만할 가능성이 있고, 그러한 기만적인 속성 때문에 소비자의 경제행위에 영향을 줄 가능성이 있거나 그러한 이유 때문에 경쟁사업자를 해하거나 해할 가능성이 있는 모든 광고라고 정의하고 있다. 또한 소비자의 경제행위에 영향을 미치는 사항들로 상품과 서비스의 유효성, 성질, 성능, 성분, 제조·공급방법 및 날짜, 목적의 적합성, 사용방법, 수량, 특수기능, 지리적 상업상의 원산지, 사용효과, 상품 및 서비스에 실시된 검사의 결과 및 원료의 성질, 가격 또는 가격결정의 방법 및 상품의 공급 또는 서비스의 제공조건, 광고주의 명칭, 자산, 산업적·상업적 또는 지적재산권에 관한 권한 및 소유권 또는 수상경력과 지명도 등 광고주의 특질 등을 예시하고 있다.

분은 비록 부당성을 띠고 있다 하더라도 인과관계가 인정될 수 없으므로 부당한 광고라고 할 수 없다.[7)] 판례(97도1561, 2001도1429, 2007다441)는 "거래에 있어 중요한 사항에 관하여 구체적 사실을 거래상의 신의성실에 비추어 비난받을 정도의 방법으로 허위로 고지한 경우에는 기망행위에 해당한다"고 판시하고 있는데 이는 민법상 사기취소와 형법상 사기죄에 있어서 기망성을 판단하는 경우이다. 따라서 표시광고법상 부당광고가 성립하기 위해서 광고가 소비자의 구매의사 결정에 영향을 미쳐야 하는가에 대하여 판례는 침묵하고 있다고 할 수 있다. 또한 공정거래위원회의 「부당한 표시·광고행위의 유형 및 기준 지정고시」(제2008-10호)에서는 오인을 야기할 수 있는 광고에 대한 EU지침과 유사하게 사업자(구성사업자 포함) 규모, 연혁, 생산시설, 수상경력, 사업계획, 사업실적, 기술제휴, 가격, 원재료, 성분, 품질, 성능, 효능, 규격, 용량, 수량, 제조일자, 유효기간, 제조방법, 상품의 특징, 원산지, 제조자, 보증, 용기, 포장, 용도, 사용방법, 주의사항, 경쟁사업자 및 경쟁상품, 기타 거래내용을 부당광고의 대상으로 들고 있는데, 위에 열거한 대상들이 고시의 내용처럼 일반거래상에 흔히 나타나고 있는 대표적이고 공통적인 사항만을 추출한 것인지 아니면 소비자의 구매의사 결정에 영향을 미치는 사항을 예시한 것인지 정확히 파악할 수 없다. 따라서 향후 판례에서 부당광고죄가 성립하기 위해서는 부당한 광고가 소비자의 경제행위에 영향을 미쳐야 한다는 요건을 명

---

7) 표시광고법상의 부당한 표시·광고죄가 성립하기 위해서는 ① 사업자의 광고→② 소비자의 오인 내지 오인가능성→③ 소비자의 구매의사에 영향 사이의 인과관계가 필요하고 실지로 제품을 구매하는 단계까지 나아갈 필요는 없다고 하겠다. 만일 ① ②단계까지만 인정되면 부당한 표시·광고죄가 성립한다고 한다면 사업자의 내심의 의사(오인을 불러일으키게 하려는 고의 또는 과실)를 요구하지 않는다는 점과 결합하여 범죄의 성립범위가 너무 확대되어 법적 불안정성을 야기시킬 수 있는 문제점이 있다. 다만, 구성요건분석에 있어 '소비자의 구매의사에 영향'을 인과관계차원에서 논의하는 것이 바람직한가에 대해서는 심도 깊은 논의가 필요할 것이다.

시적으로 인정하고 위 고시에도 이러한 내용이 추가되어야 할 것이다.

그럼 소비자의 구매의사에 대한 영향을 부당광고가 성립하기 위한 요건으로 인정한다면 그 구체적 의미는 무엇인가?

객관적으로 실증될 수 있는 정보를 전달하는 경우에는 그것을 바탕으로 소비자가 구매의사를 결정하므로 그러한 정보가 과장되거나 허위인 경우에는 부당광고죄가 성립할 수 있다. 그러나 광고상 객관적 사실을 포함하지 아니하고 주관적인 주장을 통해 소비자에게 제품에 대한 일반적 개념만을 불러일으키고 이를 통하여 제품에 대한 호감을 갖게 한 경우에는 부당광고라 할 수 없다.

FTC(Federal Trade Commission) 역시 합리적으로 행동하는 소비자를 속일 가능성이 거의 없는 주관적인 주장(맛, 느낌, 이관, 냄새) 또는 정확하게 명시된 의견주장과 일반적으로 소비자가 심각하게 받아들이지 않을 정도로 과장되거나 확대 표현된 경우에 대하여 기만성이 없다고 하고 있다.[8] 그러나 한국최초, 세계최대, 한국유일 등 배타적 유일선언이 포함된 광고의 경우에는 그러한 주관적인 주장이 객관적으로 검증이 가능하므로 그것이 사실이 아닌 경우에는 부당한 광고가 될 수 있다. 부당한 표시·광고행위의 유형 및 기준 지정고시에서도 자기의 생산규모가 국내에서만 가장 큰 규모인데도 세계최대의 규모라고 표시·광고하는 경우 부당한 표시광고에 해당한다고 하고 있다.

---

8) 구체적인 예로 '미국에서 가장 사랑받는 커피', '지구상에서 가장 편안한 구두', '이 음료는 지구상에서 가장 좋은 재료로 만들어진다' 등이 있다. 그러나 국내에서 이러한 광고가 시행되었을 때 과연 정상적인 광고라고 인정될 수 있을 것인가는 의문이다.

(4) 기만성 내지 오인가능성[9)]의 의미

부당광고는 소비자를 오인시킬 우려가 있는 광고이다. 여기서 오인이란 상품의 품질, 가격, 거래조건 등에 관하여 광고로부터 소비자가 인식하는 것과 실제 사이에 차이가 있는 것을 말한다. 부당광고의 성립에는 소비자를 오인시킬 우려 즉 오인야기성만 있으면 족하므로 현실적으로 소비자의 오인발생을 요하는 오인야기 광고뿐만 아니라 소비자 오인의 잠재성 또는 오인의 가능성이 있는 오인야기적 광고도 규제대상이 된다.[10)]

미국의 경우에도 FTC는 기만적 광고를 규제함에 있어서 소비자가 실제로 기만당한 것을 입증할 필요는 없으며 광고가 기만할 경향 또는 힘(tendency or capacity to deceive)을 가지고 있다는 것만 입증하면 족하다고 한다.[11)]

판례(2008두6646)는 "허위·과장의 광고는 사실과 다르게 광고하거나 사실을 지나치게 부풀려 광고하여 소비자를 속이거나 소비자로 하여금 잘못 알게 할 우려가 있는 광고행위로서 공정한 거래질서를 저해할 우려가 있는 광고를 말하고, 광고가 소비자를 속이거나 소비자로 하여금 잘못 알게 할 우려가 있는지는 보통의 주의력을 가진 일반 소비자가 당해 광고를 받아들이는 전체적·궁극적 인상을 기준으로 하여 객관적으로 판단되어야 한다"고 판시하여 광고상의 개개의 사실뿐 아니라 전체적인 인상을 기준으로 하여야 한다는 기준을 제시하고 있다. 그러나 전체적·궁극적 인상이 구체적으로 어떤 의미인지 어떤 요소들이 결합되어 나타나는 것인지에 대해서는 판시하고 있지 아니하다.

---

9) 기만성과 오인가능성이 구별된다는 견해도 있으나 사업자의 의사(기만의 의사)는 부당광고성립에 영향을 미치지 아니하므로 개념적으로 구별된다 하더라도 표시광고법의 적용에 있어서는 구별실익이 없다. 따라서 오인가능성으로 통일하여 사용한다.

10) 부당광고의 오인야기성 판단기준(2002), 손수진.

11) Charles of the Ritz Dist. Corp. v FTC, 143 F. 2d 676, 680(20 cir. 1944).

이에 대해 EU지침을 참고할 만하다. 지침 제3조에서는 광고가 오인야기성이 있는지를 판단하기 위해서는 광고의 모든 특징, 특히 상품 또는 서비스의 특징, 가격 또는 가격이 산출되는 방법, 광고주의 성격, 속성, 권리에 관한 것에 대해서는 그것이 포함하고 있는 정보를 고려하여야 한다고 규정하고 있다.

이중의미(double meannings)를 가지는 광고에 있어 위 기준의 실효성이 극명하게 드러난다. 이중의미를 가지고 있는 광고란 일면 오인성이 없다는 해석이 가능하지만 다른 측면으로 오인성을 가지는 것으로 해석될 수 있거나 암시에 의하여 실제로 표현된 이상의 것이 주장된 것으로 소비자에게 믿음을 주는 광고를 의미한다. 이러한 이중의미를 가지는 광고에서는 전체광고, 광고에서의 다양한 문구의 나열, 본질, 그리고 거래의 본질과 같은 요소들의 평가를 포함한 표현 자체의 조사를 통하여 그 의미를 결정할 수 있는 가장 중요한 요소는 소비자에게 전달되는 전체적 인상이라고 할 수 있다.[12)]

판례는 소비자의 전체적·궁극적 인상을 기준으로 하여 객관적으로 판단하여야 한다고 하고 있다. 따라서 일반인에게 널리 인식되어 있는 사실에 대해서는 전체적 인상이 소비자의 오인을 야기할 수 있다 하더라도 부당광고라고 할 수 없다. 독일 판례는 부가가치세가 가격에 포함되는지의 여부에 관한 특별히 눈에 띄지 않는 표시는 일반에게 널리 인식되어 있기 때문에 허용된다고 판단하고 있다. 또한 앞에서 살펴본 2003두8296 사안에서도 공동구매의 경우 일반적으로 소비자들은 사이버몰 운영자 이외의

12) 생리촉진제를 수태제인 것으로 시사하는 광고, 구두가 맞지 않아서 생기는 고통을 제거하는 데 지나지 않는 주문제작 구두가 병을 치료하는 것에 효과가 있다고 표현한 광고(이상 미국판례), 효과가 없을 경우 수업료반환이라는 약속을 하는 보충수업광고는 소비자로 하여금 수업실패시 수업료가 반환된다는 것뿐 아니라 수업의 효과에 대한 보장이 부여된다는 폭넓은 부당한 약속을 의미할 수 있으므로 오인야기적이다(독일판례).

자가 판매자가 된다는 사실을 알 수 있었다는 사실을 광고주체 판단의 기준으로 삼고 있는바 소비자의 전체적 인상을 객관적 사실들로 제한하는 판례의 태도는 타당하다고 할 수 있다.

다음으로 오인가능성에서 문제되는 것은 제품 등에 대한 정보를 어느 정도 생략가능한가이다. 소비자들은 광고를 통해 제품의 정보 및 인상 등을 기초로 하되 실제 구매에 있어서는 당해 상품에 대한 각종의 거래조건 등을 고려하여 실제로 구매를 하게 된다. 따라서 구매의 기초로 광고의 내용 중에 구매결정에 있어서 중요하다고 생각되는 본질적 사실에 대한 누락은 기만적일 수 있다. 그럼 그 구체적 범위를 어떻게 한정할 수 있을까?

우선 ① 소비자의 신체의 위험이 야기될 수 있는 경우 그 위험이 고지되지 아니하면 기만적 광고일 수 있다.[13] ② 제품의 내용과 특징에 대하여 특히 소비자의 구매결정에 중요한 사실에 대해 생략하는 경우도 마찬가지이다.[14] 또한 ③ 중요한 거래조건을 생략하거나 투자의 위험성을 표시하지 아니한 경우도 기만성이 인정될 수 있다.[15] 그러나 표시광고법 제4조 제3항의 규정에

13) ① 담배의 경우 폐암의 위험이 있다는 등의 경고문 생략, ② 특정식품의 효능에 대하여 지방과 콜레스테롤 함량이 낮아 심장병을 감소시킬 수 있다고 광고하면서 소금함량이 높아 심장병 위험을 높일 수 있다는 사실을 생략한 경우, ③ 비만해소용 식품에 대하여 과다 섭취시에는 건강에 부작용이 있을 수 있음에도 불구하고 이를 표시하지 아니한 경우, ④ 장난감류의 제품에 대하여 사용상 주의사항을 표시하지 아니한 경우, ⑤ 놀이시설물에 대해 이용시 주의사항 등을 표시하지 아니한 경우 등.

14) ① 휘발류에 있어서의 옥탄가의 생략, ② 전구의 내구시간의 생략, ③ 휘발류 1L로 00km주행이라고만 표시한 경우, ④ 유행상품을 모아 한 세트로 판매하면서 상품구성에 있어서 구식모델을 일부 섞었음에도 불구하고 그 사실을 생략한 경우 등.

15) ① 광고하는 아파트가 실제 입주일까지 상당기간 걸릴 것이 예상됨에도 곧 입주가 가능한 느낌을 주는 표현을 하고 실제 입주일을 표기하지 않는 경우, ② 투자에서부터 성공까지 걸리는 시간을 고지하지 아니한 경우, ③ 아파트 또는 상가의 분양광고시 "도심으로부터 10분 거리"라고만 표시하고 그것이 출근시간 기준인지 아니면 조용한 밤 시간 기준인지를 밝히지 아니

의하여 제정된 공정거래위원회의 표시·광고에 대한 통합공고(제2009-19호)에서 정하고 있는 표시·광고의 의무사항과 권고사항을 누락하였다 하더라도 그 내용이 소비자의 구매결정에 본질적 영향을 미쳤는지를 검토하지 아니하고 바로 부당광고에 해당한다고 판단하여서는 아니 된다.

주요정보의 누락에 대해서는 단순히 과태료만이 부과될 뿐 형벌처벌까지 예정하고 있는 부당광고와는 논의의 평면이 다르기 때문이다.

(5) 공정거래저해 우려의 의미

부당한 광고가 되기 위해서는 "공정한 거래질서를 저해할 우려"가 존재하여야 한다. 공정한 거래질서를 저해할 우려란 모든 사업자가 경쟁의 요인에 대하여 자주적으로 판단하고 제품의 가격 및 품질, 기업의 능률 등에 의한 자유로운 경쟁을 해칠 가능성이 있는 것을 의미한다고 할 수 있다.[16] 그러나 이러한 일응의 정의에 따라서도 공정한 거래질서를 저해할 우려의 의미에 대해 구체적인 상이 그려지지 아니한다. 즉 위 개념은 다른 요소들에 의해 보충되어야 하는 불확정개념이라고 할 수 있다.

이러한 불확정성을 제거하기 위해 표시광고법 시행 전의 공정거래법에서는 구체적인 행위태양을 설정해 놓았고 그 중 하나의 행위태양이 부당한 광고 행위였다. 즉 부당한 광고행위는 불공정행위로 간주되었던 것이다. 그러나 표시광고법의 시행과 더불어 동법에서의 "공정한 거래질서를 저해할 우려"는 이제 다른 하위개념들로 보충될 수 없는 불확정개념으로 범죄구성요건으로

함은 물론 버스 기준인지 또는 택시 기준 등인지를 밝히지 아니하는 경우 등.

16) 위 개념을 넓게 해석하여 소비자의 합리적 선택을 방해하는 행위까지 포함한다는 견해도 있다. 그러나 이렇게 해석한다면 구성요건에 있어 불필요한 요건이 추가된 것이라고 이해할 수밖에 없다.

서의 위치를 차지하게 되었다. 따라서 "공정한 거래질서를 저해할 우려"는 범죄성립을 제한하는 적극적 요소로 해석하여야 할 것이다.[17)]

3. 오인야기성의 치유

부당한 광고가 있은 후에 시정광고나 구체적인 계약체결상에서의 설명에 의해 부당한 광고의 오인야기성이 치유될 수 있는가?

이 문제에 대해 미국의 FTC나 독일의 판례는 부정적 입장[18)]을 취하고 있다. 공정거래위원회(9903심이0381)도 "부당광고에 대한 판단은 광고 그 자체의 소비자 오인성을 판단하는 것이므로 설사 제품의 구매과정에서 안내책자, 영업사원과의 상담을 통해 광고의 오인성이 시정될 가능성이 있다고 하더라도 그러한 가능성은 부당광고행위 여부의 판단과는 관계없는 별개의 것으로서 광고의 소비자 오인성에 대한 책임을 조각한다고 볼 수 없다"고 판단하고 있다.

그러나 일률적으로 오인가능성이 치유될 수 없다고 보는 것은 다양한 광고기법이 시행되고 있는 광고실태를 무시한 기계적인 법적용이라는 비난을 면할 수 없을 것이다. 표시광고법의 부당광고의 성립에 광고주의 고의·과실이 필요 없다고 하지만 사후의 설명절차가 예정되어 있고 광고기법상 일정정보의 생략이나 누락이 필요불가결한 경우까지 부당한 광고로 의율하여 형사적 책임을 묻는 것은 너무 과도한 일이다.

---

17) 공정거래위원회의 심결례들을 살펴보면 공정거래저해성을 위법성 판단의 한 요소로 삼고 있다. 그러나 어떤 이유로 공정거래저해성을 인정하는지 자세하게 나타나고 있지 아니하다. 위반사실을 적시하고 그로 인해 공정거래성이 저하되었다고 판단하는 경우가 대부분이다.

18) American Home Proct Corp v. FTC: 광고가 기만적이라면 바로 법을 위반하는 것이고 다른 방법에 의하여 기만성을 수정하거나 무마할 수 없다.

최근 판례(2000두4187)도 "이 사건 주택할부금융상품들은 순수한 변동금리금융상품과 같이 우대금리 등의 기준금리에 연동되어 금리가 자동으로 변동되는 것이 아니라, 여신거래기본약관 제3조에 정하여진 금융사정의 변화 기타 상당한 사유가 있는 등 이른바 사정변경의 원칙에 따른 금리변경의 요건에 해당되어 원고들이 금리변경권을 행사하였을 경우에만 예외적으로 금리가 변동될 수 있는 상품임을 알 수 있는데, 이와 같이 ① 위 약관에 따라 일정한 경우 예외적으로 금리가 변동될 수도 있다는 사실은 소비자들이 원고들과 개별적인 할부금융거래약정을 할 때 약관의 규제에 관한 법률 제3조 등에 의하여 원고들로부터 위 약관의 내용을 명시받고, 그 중요한 내용에 대하여 설명을 받게 될 것인 점에 비추어, 이는 ② 주로 안내전단 형식인 이 사건 광고들에서 반드시 제공되어야 할 '소비자의 구매결정에 영향을 미칠 수 있는 중요한 사항'에 해당한다고는 할 수 없다 할 것이므로, 이를 이 사건 광고 내용에 포함시키지 않았다고 하여 그 광고의 내용이 허위라거나 과장된 것이라고는 할 수 없다 할 것이다"라고 판시하였다.

판례는 변동금리에 기초한 주택할부금융상품에 있어서 금리변동사유는 소비자의 구매결정에 영향을 미치는 중요한 사항이라는 전제하에 판단한 것으로 파악된다. 그런데 판례는 제한된 경우 광고의 오인야기성이 치유될 수 있는 여지를 열어두고 있다.

즉 일반적으로 부당한 광고의 오인가능성은 사후의 정정광고나 구체적인 계약체결과정에서의 부가적 설명에 의해 치유될 수 없지만, 법률상 체약체결과정에서의 설명의무가 강제되는 경우(이 사안에서는 약관의 규제에 관한 법률 제3조의 설명의무)에, 광고의 형식이 청약의 유인력과 전파력이 그다지 높지 아니한 경우(이 사안에서는 전단지 형식)에는 오인야기성이 치유될 수 있다는 결론을 내리고 있는 것처럼 보인다. 다만 치유가능성의 법리를 명시적으로 인정한 것은 아니라는 점에서 아쉬움이 남는다.

4. 부당광고와 사기죄

부당광고가 사기죄에 해당하기 위해서는 광고 자체가 사기죄의 기망행위에 해당하여야 하며 광고에 의해 착오에 빠진 소비자가 제품을 구매하여야 한다. 여기서 가장 중요한 것은 광고행위가 기망행위[19]에 해당하는가 하는 문제이다. 광고행위가 기망행위에 해당하는 가를 판단하기 위해서는 먼저 광고의 내용 중 어떤 내용에 대해 착오를 일으키게 하여야 하는가(기망의 내용)에 대해 알아보아야 하고, 두 번째로 어느 정도의 방법으로 허위를 고지하여야 신의칙에 반하는지(기망의 정도)를 살펴보아야 한다. 이하에서는 위 두 가지 기준을 중심으로 판례상 사기죄가 인정된 경우와 그러하지 아니한 경우를 분석하여 보고 이에 따라 사기죄 성부의 기준을 제시하려고 한다.

(1) 사기죄가 인정된 경우

광고에 있어 기망행위에 대해 일관하여 판례(2008도6549, 2004도45, 2001도1429 등)는 "사기죄의 요건으로서의 기망은 널리 재산상의 거래행위에 있어서 서로 지켜야 할 신의와 성실의 의무를 저버리는 모든 적극적 및 소극적 행위로서 사람으로 하여금 착오를 일으키게 하는 것을 말하며, 사기죄의 본질은 기망에 의한 재물이나 재산상 이익의 취득에 있고 상대방에게 현실적으로 재산상 손해가 발생함을 그 요건으로 하지 아니하는바, 일반적으로

19) 일반적으로 사기죄의 기망행위란 널리 거래관계에서 지켜야 할 신의칙에 반하는 행위로 사람으로 하여금 착오를 일으키게 하는 것을 말한다.

상품의 선전, 광고에 있어 다소의 과장, 허위가 수반되는 것은 그것이 일반 상거래의 관행과 신의칙에 비추어 시인될 수 있는 한 기망성이 결여된다 할 것이나 ① 거래에 있어서 중요한 사항에 관하여 ② 구체적 사실을 ③ 거래상의 신의성실의 의무에 비추어 비난받을 정도의 방법으로 허위로 고지한 경우에는 과장, 허위광고의 한계를 넘어 사기죄의 기망행위에 해당한다"고 판시하고 있다.

판례는 광고에 의한 사기죄에 있어 먼저 기망의 대상은 거래에 있어서의 중요한 사항에 관한 구체적 사실이라고 판시하고 있다. 그러나 거래에 있어서의 중요한 사항에 관한 구체적 사실이 어떤 의미인지에 대해서는 침묵하고 있다. 표시광고법상의 부당광고가 성립하기 위한 요건인 '소비자의 이사결정에 영향에 미치는 내용'을 '거래에 있어서 중요한 사항에 관한 구체적 사실'과 동일하게 해석할 수 있을 것인가?

공정거래위원회의 부당한 표시·광고행위의 유형 및 기준 지정고시에는 아파트 또는 상가의 분양시 "도심으로부터 10분 거리"라고만 표시하고 그것이 출근시간 기준인지 아니면 조용한 밤시간 기준인지를 밝히지 아니함은 물론 버스 기준인지 또는 택시 기준 등인지를 밝히지 아니하는 경우 부당광고에 해당한다고 예시하고 있다. 즉 아파트나 상가의 거래에 있어 입지조건은 소비자의 구매의사에 영향을 미치는 사유로 판단하고 있는 것이다. 같은 경우 위 광고가 사기죄의 기망행위에 해당할 수 있을까?

구체적인 사안에 따라 결과가 달라지겠지만 "도심으로부터 10분 거리"라는 표현이 거래에 있어 중요한 사항에 대한 구체적 사실이라고 쉽게 결론내리기 힘들 것이다. 즉 광고에 의한 사기죄가 성립하기 위해서는 소비자의 의사결정에 영향을 미치는 사항 중에서 피기망자의 입장에서 거래에 참가하게 된 동기를 참작하여 구체적인 거래절차에서 기망사실을 알았더라면 그러한 거래에 참여하지 않았을 것이 경험칙상 명확한 경우에만 기망행위가 성립한다고 해석하여야 할 것이다.

판례는 광고에 의한 사기에 있어 기망의 정도에 관하여 거래상의 신의칙에 반하는 방법으로 허위 고지하였을 때 기망행위가 성립된다고 하고 있다. 거래상의 신의칙에 반하는 방법이란 무엇을 의미하는가?

이는 거래에 있어 광고가 피기망자를 거래에 참여하도록 적극적으로 유인하는 경우에 인정될 수 있을 것이다. 즉 사실과 광고 사이의 간격이 피기망자가 거래에 참여하도록 하는 데 충분한 경우 신의칙에 반하는 기망행위를 인정할 수 있다. 종합하여 보면 피기망자를 기준으로 사실이 아니라는 것을 알았다면 거래에 참여하지 않았을 내용을 사실과 차이가 크게 광고하여 피기망자로 하여금 거래에 참여하도록 만들었다면 광고에 의한 사기죄에서 기망행위를 인정할 수 있을 것이다.

문제는 광고가 불특정다수인을 상대로 한 경우[20] 피기망자의 수준을 어떻게 설정하여야 하는 것이다. 비록 허위의 사실을 고지하였다 하더라도 평균인의 수준에서 이를 사실로 받아들이지 않는 정도의 허위의 사실이라면 기망행위 자체가 성립하지 아니할 수 있다. 그럼 피기망자가 일반적인 평균인에 미달하는 지적 수준을 가지고 있어 이에 속아 처분행위를 한 경우 사기죄를 인정할 수 있을 것인가?

비록 기망행위의 상대방이 불특정다수인이라 하더라도 구체적 피기망자를 특정할 수 있을 때에는 그 피기망자가 속하는 집단의 평균인을 기준으로 판단하여 사기죄의 성부를 판단하면 될 것이다.

---

20) 유아, 노약자, 장애인 등 특정집단을 상대로 한 광고에서는 이러한 문제가 발생하지 아니하다.

판례에서 광고에 의한 사기죄를 인정한 대표적 경우를 정리하면 아래 표와 같다.

판례번호	판시사항
2008도 6549	부동산 관련 업체가 지방자치단체의 특정 용역보고서만을 근거로 확정되지도 않은 개발계획이 마치 확정된 것처럼 허위 또는 과장된 정보를 제공하여 매수인들과 토지매매계약을 체결함.
2008도 1664	신생 수입브랜드의 시계를 마치 오랜 전통을 지닌 브랜드의 제품인 것처럼 허위광고 함으로써 그 품질과 명성을 오인한 구매자들에게 고가로 판매한 행위가 사기죄의 '기망행위'에 해당함.
2001도 1429	오리, 하명, 누에, 동충하초, 녹용 등 여러가지 재료를 혼합하여 제조·가공한 '녹동달오리골드'라는 제품이 당뇨병, 관절염, 신경통 등의 성인병 치료에 특별한 효능이 있는 좋은 약이라는 허위의 강의식 선전·광고행위를 하여 이에 속은 노인들로 하여금 위 제품을 고가에 구입하도록 한 것은 그 사술의 정도가 사회적으로 용인될 수 있는 상술의 정도를 넘은 것이어서 사기죄의 기망행위를 구성함.
2001도 5789	통신판매에 있어 소비자가 갖는 상품의 품질, 가격에 대한 정보는 전적으로 유통업자의 광고에 의존할 수밖에 없고, TV홈쇼핑업체에 대한 소비자들의 신뢰는 TV라는 영상매체를 이용한 스스로의 강도 높은 광고에 의하여 창출된 것인 만큼 이에 대한 소비자들의 신뢰와 기대는 특별히 보호되어야 할 것인바, 농업협동조합의 조합원이나 검품위원이 아닌 자가 TV홈쇼핑업체에 납품한 삼이 제3자가 산삼의 종자인지 여부가 불분명한 삼의 종자를 뿌려 이식하면서 인공적으로 재배한 삼이라는 사실을 알면서도 광고방송에 출연하여 위 삼이 위 조합의 조합원들이 자연산삼의 종자를 심산유곡에 심고 자연방임 상태에서 성장시킨 산양산삼이며 자신이 조합의 검품위원으로서 위 삼 중 우수한 것만을 선정하여 감정인의 감정을 받은 것처럼 허위 내용의 광고를 한 것은 진실규명이 가능하고 구매의 결정에 있어 가장 중요한 요소로

	서 구체적 사실인 판매물품의 품질에 관하여 기망한 것으로서 그 사술의 정도가 사회적으로 용인될 수 있는 상술의 정도를 넘은 것이어서 사기죄의 기망행위를 구성함.
97도1561	식육식당을 경영하는 자가 음식점에서 한우만을 취급한다는 취지의 상호를 사용하면서 광고선전판, 식단표 등에도 한우만을 사용한다고 기재한 경우, '한우만을 판매한다'는 취지의 광고가 식육점 부분에만 한정하는 것이 아니라 음식점에서 조리·판매하는 쇠고기에 대한 광고로서 음식점에서 쇠고기를 먹는 사람들로 하여금 그 곳에서는 한우만을 판매하는 것으로 오인시키기에 충분하므로, 이러한 광고는 진실규명이 가능한 구체적인 사실인 쇠갈비의 품질과 원산지에 관하여 기망이 이루어진 경우로서 그 사술의 정도가 사회적으로 용인될 수 있는 상술의 정도를 넘는 것이고, 따라서 피고인의 기망행위 및 편취의 범의를 인정하기에 넉넉하다고 본 사례.
91도2994	현대산업화 사회에 있어 소비자가 갖는 상품의 품질, 가격에 대한 정보는 대부분 생산자 및 유통업자의 광고에 의존할 수밖에 없고 백화점과 같은 대형유통업체에 대한 소비자들의 신뢰(정당한 품질, 정당한 가격)는 백화점 스스로의 대대적인 광고에 의하여 창출된 것으로서 이에 대한 소비자들의 신뢰와 기대는 보호되어야 한다고 할 것인바, 종전에 출하한 일이 없던 신상품에 대하여 첫 출하시부터 종전가격 및 할인가격을 비교표시하여 막바로 세일에 들어가는 이른바 변칙세일은 진실규명이 가능한 구체적 사실인 가격조건에 관하여 기망이 이루어진 경우로서 그 사술의 정도가 사회적으로 용인될 수 있는 상술의 정도를 넘은 것이어서 사기죄의 기망행위를 구성함.

(2) 사기죄가 부정된 경우

사기죄를 인정한 판례를 반대해석하면 ① 거래에 있어서 중요한 사항에 관한 것이 아닌 경우, ② 구체적 사실이 아닌 경우, ③ 거래상의 신의성실의 의무에 비추어 허용되는 정도의 방법으로 고지한 경우에는 기망행위가 인정되지 않아 사기죄가 성립할 수 없다. 그러나 판례는 사기죄를 부정하면서 위 요건 중 어디에 해당하는지를 정확하게 판시하지 않고 대부분의 경우 광고가 거래상의 신의성실 의무에 비추어 허용되어 사기죄가 성립하지 않는다고 판시하고 있다. 사기죄를 부정한 대표적 판례를 살펴봄으로써 어떤 경우에 사기죄가 부정될 수 있는지 알아보겠다.

먼저 판례(2004도45)는 "피고인들이 매수인들에게 언급한 내용은 객관적 사실에 부합하거나, 비록 확정된 것은 아닐지라도 충청남도가 연구용역을 주어 보고받은 보고서 내용에 포함된 것으로서 신문에 대대적으로 보도된 것이고, 위 피고인들이 위와 같이 언급하면서 보고서와 신문스크랩 등을 보여주었으므로 매수인들이 그보다 과장되게 오해할 여지도 없었다고 할 것이며, 위 피고인들이 자료를 제공하여 방영된 매일경제 TV 부동산 전망대의 방송내용은 위 피고인들이 언급한 내용에서 크게 벗어나지 않는 것으로 매수인들이 이 사건 토지의 매수 여부를 결정하는 데 크게 영향을 미치는 것이라고 보이지 아니하므로, 위 피고인들이 한 매수권유 행위 등이 일반 상거래의 관행과 신의칙에 비추어 시인될 수 있는 정도를 벗어나거나 사기죄에 있어서의 기망행위에 해당한다고 보기는 어렵다"고 판시하였다.

위 사례는 사기죄의 성립을 인정한 2008도6549 판결과 사실관계에 있어 비슷한 점이 많다. 모두 지방자치단체의 용역보고서를 기초로 아직 확정되지 아니한 개발계획을 확정된 것처럼 광고한 점, 피고인들이 불특정다수인을 대상으로 전화 등을 사용하여 광고한 점 등이 그러하다. 그러나 판결의 결과는 정반대로 나타나고 있는데 그 이유는 무엇일까? 2004도45 판결은 피고인들의 광고행위가 일부 객관적인 사실에 기초하고 있고, 그러하지 아니한 부분은 이미 언론에 보도된 내용을 인용·설명하는 데 그쳤으므로 허위의 사실을 고지하지 않았다고 보고 있는 듯하다. 즉 판례는 사안에서 피고인들의 피기망자를 착오에 빠뜨리기 위한 적극적인 허위사실 창출행위가 존재하지 않았다고 보고 있다.

이에 반하여 2008도6549 판결에서는 피고인들이 지방자치단체의 용역보고서를 기초로 허위의 사실(정보)을 적극적으로 창출하여 이를 광고한 결과 피고인들의 기망행위가 인정되었다고 보는 것이 타당한 해석일 것이다. 2004도45 판결은 이른바 이중의미를 가지는 광고의 예에 해당할 수 있다. 즉 언론보도나 TV의 보도내용을 광고의 내용으로 사용함으로써 상대방에게 암시를 통해 당해 지역이 개발지역으로 확정될 것으로 인식시키는 경우에 해당한다. 이러한 경우 표시광고법상의 부당광고에는 해당할 수 있으나 사기죄에 있어서는 단순한 인용으로는 부족하고 이에 더하여 적극적인 기망행위가 있어야 한다. 이런 맥락에서 판례의 태도는 타당하다고 할 것이다.

다음으로 판례(99다55601, 55618)는 "상품의 선전 광고에 있어서 거래의 중요한 사항에 관하여 구체적 사실을 신의성실의 의무에 비추어 비난받을 정도의 방법으로 허위로 고지한 경우에는 기망행위에 해당한다고 할 것이나, 그 선전 광고에 다소의 과장·허위가 수반되는 것은 그것이 일반 상거래의 관행과 신의칙에 비추어 시인될 수 있는 한 기망성이 결여된다고 할 것이고, 또한 용도가 특정된 특수시설을 분양받을 경우 그 운영을 어떻게 하고, 그 수익은 얼마나 될 것인지와 같은 사항은 투자자들의 책임과 판단하에 결정될 성질의 것이므로, 상가를 분양하면서 그곳에 첨단 오락타운을 조성하고 전문경영인에 의한 위탁경영을 통하여 일정 수익을 보장한다는 취지의 광고를 하였다고 하여 이로써 상대방을 기망하여 분양계약을 체결하게 하였다거나 상대방이 계약의 중요부분에 관하여 착오를 일으켜 분양계약을 체결하게 된 것이라 볼 수 없다"고 판시하였다. 또한 같은 취지에서 판례(95다7031)는 "피고 회사의 특수시설 분양담당 직원이 원고에게 이 사건 특수시설의 1/2개 지분을 분양함에 있어 피고 회사의 지분보유율이나 원고의 이익배당률에 관하여 다소 과장된 설명을 한 사실은 인정되나, 위에서 본 분양광고와 분양계약서의 내용 등에 비추어 볼 때, 이는 단지 특수시설의 분양이 쉽게 이루어지도록 하려는 의도에서 그 수익성 등에 관하여 다소 과장된 표현을 한 것에 지나지 아니한다고 할 것이므로, 피고 회사 직원이 원고에게 위와 같은 설명을 한 것이 거래에 있어 중요한 사항에 관하여 구체적 사실을 거래상의 신의성실의 의무에 비추어 비난받을 정도의 방법으로 허위로 고지함으로써 사회적으로 용인될 수 있는 상술의 정도를 넘어 기망행위에 해당한다고는 보여지지 아니한다"고 판시하였다.

판례는 표의자가 위험을 의식적으로 인수하는 소위 '모험적 거래'에 있어 수익률 등 미래의 확정할 수 없는 사항은 일방 당사자가 광고를 통해 이를 확정적인 것처럼 고지하였다고 하더라도 일반인의 입장에서 이를 사실로 받아들이지 않는 것이 경험칙상 타당하다는 취지로 기망행위를 부정하고 있는 것으로 판단된다. 즉 수익률, 운영방법 등은 피기망자의 책임영역에 속하는 것으로 이 부분에 대한 착오의 유발은 기망행위가 되지 않는다는 것이다.

그러나 거래의 안정성을 확보하는 것이 중요한 가치라고 인정하더라도 모험적 거래의 모든 위험을 일방당사자에게 부담시키는 것은 공평의 원칙에 어긋나는 것이라 아니 할 수 없다. 따라서 모험적 거래에 있어 거래의 안전과 공평의 원칙을 조화시킬 수 있는 기준이 필요하다. 생각건대 기본적으로 수익률, 운영방법 자체는 그 위험을 인수하는 자의 책임영역이라는 점은 타당하다. 그러나 광고주가 수익률을 산정하여 광고하게 된 기초사실에 대하여 허위의 사실을 고지하여 위험인수자가 착오에 빠졌다면 이러한 영역까지 위험을 부담시키는 것은 공평의 원칙에 반한다고 할 것이다. 위 사례에서 분양자가 전문경영인에게 위탁경영을 하게 하겠다고 한 사실, 회사 지분율을 50% 이상 유지하겠다고 한 사실[21] 등은 자신의 책임영역에 있는 수익률 산정에 중요한 판단 요소로, 이러한 사실이 허위의 사실이었다면 위험인수자가 분양 계약을 체결하지 않았으리라는 것은 일반인의 관점에서 인정할 수 있으므로 사기에 의한 취소를 인정하더라도 거래의 안전을 해한다고 볼 수 없을 것이다.

마지막으로 판례(91도788)는 "아파트를 분양함에 있어 아파트 평형의 수치를 다소 과장하여 광고를 한 사실은 인정되나 분양가 결정방법, 분양계약 체결의 경위 및 최종대금의 절충과정 등 제반 사정에 비추어 볼 때 위 광고는 그 거래당사자 사이에서 매매대금을 산정하기 위한 기준이 되었다고 할 수 없고, 단지 분양대상 아파트를 특정하고 나아가 위 아파트의 분양이 쉽게 이루어지도록 하려는 의도에서 한 것에 지나지 않는다고 하여 위 과대광고가 기망행위에 해당하지 않는다"고 판시하였다. 아파트 분양광고에서 평수를 과장한 광고는 표시광고법상의 부당한 광고라고 할 수 있다. 그런데 판례는 왜 위 광고의 기망성을 인정하지 않았을까?

사기죄가 성립하기 위해서는 피기망자가 기망행위에 의해 착오에 빠져 처분행위를 하여야 한다. 그런데 광고에 의해 즉각적인 구매의사 결정을 내리는 물품(즉 청약의 유인과 청약의 경계가 모호한 물품)과 다르게 아파트 분양(다른 제품에 비해 고가인)과 같이 복잡한 구매절차가 따로 존재하는 경우 그 구매절차 안에서 광고내용이 다시 검증되고 조정되어 의사 합치에 이르게 되는 구조가 존재하였다면 광고행위 당시에 광고주에게 사기의 고의 즉 광고를 통해 피기망자를 착오에 빠뜨리고 이로 인해 처분행

21) 광고내용에 위 사실이 명시적으로 표시된 것을 기초로 함. 사안에서는 분양회사의 직원이 위 사실을 고지하였다.

위를 하려고 하는 의사(사기의 고의)가 있었다고 쉽게 단정할 수는 없을 것이다. 위 판례에서 광고주의 의사를 “아파트 분양이 쉽게 이루어지도록 하려는 의도”라고 판시한 것도 같은 취지라고 이해된다.

(3) 죄수의 판단

광고에 의한 사기는 통상 불특정다수인을 상대로 행하여지고 다수의 피해자가 발생한다. 그럼 피해자들의 피해금액을 합산하여 「특정경제범죄 가중처벌 등에 관한 법률」위반으로 처벌할 수 있을까?

이에 대해 정면으로 다루고 있는 판례는 찾아보기 힘들다. 문제는 광고에 의한 사기를 포괄일죄로 인정할 수 있을 것인가인데 이를 인정하기 위해서는 ① 범의의 단일성이 인정되어야 하고 ② 개개의 행위가 단일한 법익을 침해하여야 하며, ③ 개개의 범죄형태가 유사하여야 하고, ④ 개개의 행위의 시간적·장소적 연속성이 인정되어야 한다. 광고에 의한 사기는 위 요건들을 충족시킬 가능성이 높으므로 구체적 사안에 따라 죄수를 판단하여야 할 것이다.

5. 부당광고와 명예훼손죄 등

소비자의 입장에서는 부당광고가 사기죄에 해당하는가가 문제되지만 경쟁업체 등의 입장에서 보면 명예훼손죄(내지 신용훼손죄)에 해당하는지가 문제될 수 있다.

판례(92도3035)는 “한국소비자보호원이 ○○우유를 포함한 시판우유를 수거하여 우유의 살균방법에 따른 영양가 등에 대한 시험검사를 실시하고 언론매체를 통하여 시험대상우유 전제품이 전반적으로 우수하며 시험항목별로 약간의 차이는 있으나 영양가 등 전체적으로 큰 차이가 없는 것으로 분석되었다는 검사결과를 발표하자, 피고인은 이에 불만을 가지고 소비자보호원의 직원이 취미삼아 연습삼아 시험을 하고 과학술어조차도 자기의 형편대로 해석·사용하였다거나, 사과도 삶아 먹어야 비타민C가 5배로 증가한다는 식의 분석결과나 장난 같은 무기분석데이타를 마치 영양과 직결되는 양 발표하고, 소비자보호원의 직원이 경제기획원이나 기타 이해관계인의 비위에 맞춰 출세를 꿈꾸어 국민보건에 해를 준다는 취지를 광고의 형식으로 일간신문에 게재한 것은, 피고인이 자사의 제품인 ○○우유의 장점을 선전하기 위하여 소비자보호원의 발표내용을 임의로 과장·왜곡하고 발표에 들어 있지 아니한 내용을 삽입하는 등의 방법으로 그 광고를 보는 불특정다수인에게 소비자보호원의 발표내용을 본래의 의미나 내용과 전혀 다른 의미나 내용으로 이해되도록 한 것으로서, 피고인이 한국소비자보호원을 비방할 목적으로 출판물에 의하여 공연히 허위의 사실을 적시·유포하여 한국소비자보호원의 명예를 훼손하고 업무를 방해한 것이다"라고 판시하였다.

명예훼손죄가 성립하기 위해서는 공연히 사실이나 허위의 사실을 적시하여 사람의 명예를 훼손하여야 한다. 먼저 기업이 명예의 주체가 될 수 있는지에 대해 살펴보면, 명예훼손죄의 명예란 사람의 사회적 가치에 대한 사회적 평가를 의미하므로 기업 또한 영리'법인'으로서 이러한 명예의 주체가 될 수 있다고 할 수 있다. 현대사회에서 기업은 자신이 생산하는 제품뿐만 아니라 기업 이미지의 개선을 위한 막대한 마케팅 비용을 지출하고 있으므로 오랜 시간동안 구축된 기업의 사회적 평판은 당연히 보호되어야 한다.

다음으로 명예훼손죄가 성립하기 위해서는 사실 내지 허위의 사실을 적시하여야 한다. 그런데 문제는 광고의 내용이 경쟁기업 자체에 대한 것이 아니라 경쟁기업체의 제품을 비방하거나 자신의 제품과 부당하게 비교하는 경우가 대부분이라는 것이다. 기업은 자신의 상품과 용역의 생산이 주된 사회적 활동이고, 기업 자신의 사회적 평판도 기본적으로 기업의 제품에 의해 형성된다고 할 수 있다. 따라서 이러한 제품에 대한 비방은 기업의 사회적 활동 및 평판에 대한 비방이라고 할 수 있고 기업이 생산한 제품에 대한 허위의 사실의 적시는 명예훼손죄의 구성요건을 충족시킬 수 있다.

한편 광고에 의한 명예훼손죄가 성립하기 위해서는 어느 정도의 허위의 사실의 적시가 필요한지가 문제된다.

경쟁기업의 제품에 대한 비방이나 부당한 비교는 명시적으로 나타나는 경우가 드물기 때문이다. 표시광고법상의 비방광고나 부당한 비교광고가 성립하기 위해서는 소비사의 오인가능성이 존재하여야 하고 이는 광고의 전체의 인상을 기준으로 판단하여야 한다는 것은 이미 설명한 바 있다. 그럼 광고에 의한 명예훼손죄가 성립하기 위해서는 소비사의 이러한 오인가능성이 매개되어야 하는가가 문제된다. 생각건대 소비자의 보호라는 표시광고법의 보호법익과 형법상 명예훼손죄의 보호법익이 다르고 그 판단 기준도 상이하므로 소비자의 오인가능성은 명예훼손죄에서는 고려하지 아니하는 것이 타당할 것이다. 그러나 허위사실의 적시에 있어 광고전체의 인상을 기준으로 판단하는 방법은 명예훼손죄에도 원용될 수 있다. 특히 경쟁제품이나 기업의 특정이 음운효과나 암시효과에 의해 교묘하게 포장되어 있는 경우 광고 전체의 인상으로 보아 평균적인 사람이 인식할 수 있는 경우에는 제품이나 기업이 특정되었다고 할 수 있다.

광고에 의한 명예훼손죄는 대부분 출판물 등을 통해 이루어진다. 그런데 출판물에 의한 명예훼손죄가 성립하기 위해서는 사람을 비방할 목적이 존재하여야 한다. 비방할 목적 또한 광고의 전체적 인상을 기초로 판단하여야 할 것이다.

한편 광고에 의한 신용훼손죄가 성립하기 위해서는 허위의 사실을 유포하여 사람의 신용을 훼손하여야 하는바, 사람의 신용이란 사람의 지불능력 또는 지불의사에 대한 사회적 신뢰를 의미[22]하므로 광고의 내용이 기업의 지불능력이나 신용을 훼손하는 경우에만 신용훼손죄가 성립한다. 신용은 명예의 일종이므로 신용훼손죄가 성립하는 경우에는 명예훼손죄는 이에 흡수된다고 보아야 할 것이다.

---

22) 2004도1313, 68도1660 판결 등 참조.

참고문헌

단 행 본

김규진, 『파생상품의 활용과 사례』, 새로운 제안, 2009.
김성태 · 이희동, 『대한민국을 바꾸는 자본시장통합법』, 한스미디어, 2008.
김영헌, 『기업범죄, 어떻게 예방할 것인가?』, 삼성경제연구소, 2005.
김정환, 『한국의 작전세력들』, 한스미디어, 2009.
대검찰청, 『M&A 법제연구』, 2009.
법무부, 『범죄수익은닉규제 및 처벌 등에 관한 법률해설』, 2002.
사법연수원, 『경제범죄론』, 2008.
이구현, 『광고법학』, 법문사, 2001.
이상돈, 『조세형법론』, 세창출판사, 2009.
이재상, 『형법 각론』, 박영사, 2009.
이재상, 『형법 총론』, 박영사, 2008.
이재상, 『형사소송법』, 박영사, 2009.
이철송, 『상법강의』, 박영사, 2009.
이철송, 『회사법강의』, 박영사, 2009.
임웅, 『형법 각론』, 법문사, 2009.
임웅, 『형법 총론』, 법문사, 2009.
임재연, 『미국증권법』, 박영사, 2009.
최혁, 『2008 글로벌 금융위기』, K-books, 2009.

논 문

곽병훈, "미국회사법의 경영판단원칙," 재판자료 제98집, 2002. 12.
구회근, "이사의 회사에 대한 손해배상책임에 대한 분석," 기업소송연구 2005(Ⅱ), 2006. 3.

권기환, "조세범처벌법과 형법과의 관계," 검찰 제115호, 2002. 12.

권오승, "비자금과 정경유착에 대한 경제법적 검토," 법과 사회 제13호, 1996. 6.

김대섭, "2006년도 증권거래법 주요판례의 분석과 평가," 상사판례연구 제20집 제1권, 2007. 3.

김병연, "미국증권거래법상 Regulation FD," 상사법연구 제21권 제1호, 2005. 5.

김병연, "증권거래법상의 공시의무론," 상사법연구 제20권 제2호, 2001. 8.

김용세, "뇌물과 사교의례, 사회과학논문집," 제15권 제1호, 1996. 2.

김용세, "뇌물규제를 위한 현행법제," 법학연구 제9권 제1호, 1998. 10.

김준호, "형법상 경영판단의 원칙 도입론에 관한 비판적 검토," 법조 제636호, 2009. 9.

노태악, "증권거래법상 미공개 내부정보 이용행위," 형사재판의 제문제 제4권, 2003. 12.

박동진, "과장광고의 기망성 판단," 저스티스 제409호, 2006.

박수영, "부당한 표시, 광고행위의 성립요건과 유형," 기업법연구 제13권, 2003. 6.

박해식, "부당표시광고에 대한 규제," 재판자료 제87집, 2000. 7.

서명수, "법인의 비자금과 횡령죄," 형사재판의 제문제 제3권, 2000. 11.

설민수, "M&A의 한 방법으로서의 LBO에 대한 규제, 그 필요성과 방법, 그리고 문제점," 사법논집 제45집, 2007.

성시웅, "알선뇌물범죄 상호간의 관계," 사법연수원논문집 제1집, 2004.

손수진, "부당광고의 오인야기성 판단기준," 강의중 교수 정년기념논문집. 2002. 2.

신동운, "조세범칙사건의 처리절차," 서울대 법학 제39권 제2호, 1998. 8.

신용석, "배임수증재죄의 부정한 청탁 : 유형화 시도," 형사판례연구 제12호, 2004. 7.

안수현, "불공정거래행위 규제법의 새로운 전개," BFL 제22호, 2007.

오경식, "한국의 금융범죄의 실태와 형사법적 대책," 비교형사법연구 제8권 제2호, 2006. 12.

오영근, "신용위험 공유자에 대한 대출과 배임죄," 형사정책연구 제15권 제2호, 2004. 6.

이경열, "경영판단의 과오와 업무상배임죄의 성부," 법조 제603호, 2006. 12.
이동흡, "뇌물죄에 있어서의 뇌물과 직무관련성," 재판자료 제50집, 1990. 9.
이민걸, "가장납입과 형사책임," 형사재판의 제문제 제5권, 2005. 10.
이승선, "의견광고의 법적 책임에 관한 고찰," 언론중재 제23권 제1호, 2003. 3.
이승호, "배임수증재죄의 본질과 부정한 청탁의 판단기준," 법조 제614호, 2007. 11.
이영환, "증권범죄에 대한 양형의 현황과 문제점," 재판실무자료, 2004.
이철송, "자본거래와 임원의 형사책임," 인권과 정의 제359호, 2006. 7.
임채웅, "주가조작 관련 범죄에 대한 법리의 연구," 인권과 정의 제343호, 2005. 3.
장승혁, "과장광고와 사기죄의 성부," 판례와 실무, 2004. 12.
정찬형, "전환사채의 발행," 고시연구 제31권, 2004. 10.
조광훈, "가상납입죄의 발생원인과 대응방안," 형사정책연구소식 제99호, 2007. 1.
진현섭, "LBO와 이사의 배임죄의 성부," 인천법조 제8집, 2007. 12.
최무희, "경영자의 배임죄와 회사법상 이사의 의무," 저스티스 제112호, 2009. 8.
최병규, "분식회계와 이사의 책임," 기업소송연구, 2003. 3.
한정환, "뇌물죄의 보호법익 그리고 뇌물과 직무행위와의 대가관계," 형사법연구 제9호, 1996. 12.
허태일, "가장납입과 형사책임," 형사법연구 제23호, 2005. 6.

찾아보기

저자약력

성주목

휘문고등학교 졸업
연세대학교 법학과 졸업
사법연수원 수료
육군 제3심판부 군판사
국방부 법무관리관실 인권정책 및 침해구제담당
(現) 육군 제2심판부 부장군판사

강석민

창원고등학교 졸업
경희대학교 법학과 졸업
경희대학교 법과대학원 수료(전자상거래법)
사법연수원 수료
육군 제2심판부 군판사
대통령소속 군의문사진상규명위원회 법무팀장
(現) 육군 제2군단 법무참모

강선일

대구 경상고등학교 졸업
경북대학교 법과대학 졸업
경북대학교 법과대학원 졸업(법학석사)
공인노무사 시험 합격
(現) 노무법인 창조컨설팅 노사전략팀

강성용

부산 사직고등학교 졸업
연세대학교 법학과 졸업
연세대학교 법과대학원 수료(상법)
사법연수원 수료
육군 제3군단 법무참모
국방부 검찰단 검찰1과장
(現) 방위사업청 내자법무담당

이장준

광주 금호고등학교 졸업
연세대학교 법학과 졸업
사법연수원 수료
육군 보통검찰부 수석 검찰관
육군 제2군단 법무참모
(現) 방위사업청 송무/징계담당

정재진

대구 경상고등학교 졸업
경북대학교 법학과 졸업
사업연수원 수료
국방부 법무관리관실 국회담당
국방부 특별배상심의위원회 위원
(現) 제2작전사령부 법무과장

기업법무 매뉴얼 시리즈 1

기업범죄의 이론과 실제

2010년 3월 8일 초판 인쇄
2010년 3월 15일 초판 발행

저 자 성주목 · 강석민 · 강선일
강성용 · 이장준 · 정재진
발행인 이 방 원
발행처 세창출판사
서울 서대문구 냉천동 182 냉천빌딩 4층
전화 723-8660 팩스 720-4579
e-mail: sc1992@empal.com
http://www.sechangpub.co.kr
신고번호 제300-1990-63호

 정가 24,000원

ISBN 978-89-8411-301-5 93360